陳榮灼——著

氣與論
宋明儒
三系說
新解

國立清華大學出版社
NATIONAL TSING HUA UNIVERSITY PRESS

清華哲學
書系 TSING HUA
PHILOSOPHY

謹以此誌念
牟師宗三先生
（1909-1995）

銘謝楊儒賓教授
劉立葳編輯與
向富緯助理之
熱力支持與協助

目 次

導論

在當代關於宋明儒學的研究領域中，「分系問題」是一重要的項目。學界傳統以來，順著著名的「朱陸異同」之分，於是也有「陸王心學與程朱理學」的二分。不過，當代新儒家奠基人之一的牟宗三 (1909-1995) 獨樹一幟地引入「第三系」的說法，其主要代表人物包括胡五峰 (1100-1155) 與劉蕺山 (1578-1645)，而其特色在於主張「以心著性」和「歸顯於密」。此一「宋明儒三系說」於港臺及海外學界引起很大的迴響。另一方面，在大陸學術界則提倡以張載 (1020-1077) 與王船山 (1619-1692) 為代表的「宋明儒第三系」。此中特別標示其「氣論」立場作為特色。但是，大陸學者都將「唯氣論」誤解作「唯物論」。與此不同的是，在臺灣學術界，自牟宗三之後，雖然向來以作為「心學」之繼承者的「當代新儒家」蔚為主流，然而主張張載與王船山的氣論為「第三系」者亦日益增多。其中主要推動與研究者以楊儒賓與筆者最為引人注目。基本上，迄今國內「氣論」方面的研究已經經歷兩大階段：第一階段，研究主題集中於「氣」與「身體」之關係，成果方面以楊儒賓之著作最為具代表性，其《儒家身體觀》可以說是這方面的里程碑。而在第二階段，研究主題則是集中於「氣論」與「三系說」之關連。此中有兩種立場：一方面，楊儒賓主張以張載與王船山的「氣學」作為「第三系」，來推翻牟宗三以胡五峰與劉蕺山為代表的「第三系」；另一方面，筆者雖然亦同意以張、王的「氣學」作為「第三系」之主軸，但卻主張將之與胡、劉的「性學」合流。本書的主旨，便是展示此一擴充義的宋

明儒「第三系」之特質所在，從而釐清「氣論」與「三系說」之關連。

本書的內容範圍，包括了對於張載、胡五峰、劉蕺山、黃宗羲與王船山的「氣論」思想之釐清，乃至與其相應的西方哲學家或學派如畢達哥拉斯學派 (Pythagoreanism)、萊布尼茲 (Leibniz, 1636-1716)、海德格 (Martin Heidegger, 1889-1976) 華特・班雅明 (Walter Benjamin, 1892-1940) 和米歇爾・亨利 (Michel Henry, 1922-2002) 等加以比對。於內容要旨方面，目的在於勾畫出擴充義的「第三系」之特質所在，以及釐清「氣論」與「宋明儒三系說」之關連。此中首先指出張載的「一物兩體，氣也」一論旨，作為擴充義的「第三系」之「公理」(Axiom) 的地位；而於釐清此一論旨的涵義上，首先將張載的「氣」與 萊布尼茲之「力」(force) 相提並論。這有助於揭示張載首言「形上之氣」的劃時代意義，從而展示出其有進於「漢代元氣論」的革命性貢獻。其次，透過對於一些學者關於黃宗羲思想的誤解之批評，來重新為其「氣論」定位。這樣的作法，有類於分別立足於佛家「圓教」和「別教」的立場來凸顯劉蕺山的「性學」與王陽明 (1472-1529)「心學」的本質差異。而且，於這一分際上，還可對牟宗三的「圓教」概念作出批判性的修正。於此分際，將可見出：只有重詮的「第三系」方稱得上天台式「圓教」。此外，透過對比的進路，既立足於海德格早期的三種「超越性」(transcendence)（「差異性」(difference)）來探索與極成牟宗三的「三系說」之起源與成立根據，又進而點出劉蕺山和亨利之「生命現象學」的異同。總括而言，本書旨在建立一種嶄新的「宋明儒三系說」，並且於釐清「氣論」的本質後，進一步究明兩者之關連。換言之，不但對

於宋明理學中的屬於「第三系」之哲學家思想作出擴充義的、嶄新的詮釋，而且特別通過與西方哲學家對話的方式，從一「跨文化」的角度來開發此系的潛力。簡言之，本書首先通過海德格義「存有」(Sein / Being) 釐清胡五峰與劉蕺山所言之「性」義，其次通過萊布尼茲義「力」(force) 來釐清張載與王船山所言之「氣」義。於此意義上，本書可以說是在前沿發展中國哲學。眾所周知，牟宗三的鉅著《心體與性體》乃是當代宋明儒學研究的里程碑。但是，本書無論於「氣論」還是「三系說」的區分標準之理解，均已異於牟著原有者。

　　本書的組織架構是順著時間軸，即依照哲學家的年代先後，以其「氣論」之主張及其與「宋明儒三系說」之關連，雙軌並行開展，而其中多參以相應的西方哲學作對比照，從而彰顯其學說之本質特徵和重要性。特別地，對比於「當代新儒家」的困囿於「心學」傳統，「宋明儒第三系」應該叫做「性學」，而且這個「性」字是可以跟海德格義「Being」(Sein) 相提並論。由此也可以讀出此「第三系」跟程朱「理學」的本質差異。簡單而言，通過海德格所言的「存有論的差異」(ontological difference) 來看，無論「心學」也好、「理學」也好，還是落在「現實的向度」(ontic dimension)，尚未達致「存有論的向度」(ontological dimension)。職是之故，一方面，「心學」與「理學」均無法逃過海德格對於「形而上學」之批判；另一方面，「性學」則可以跟海德格的「存有思想」並存。準此而觀，中國儒家的發展如果不以「第三系」為圭臬，那麼便前途堪虞了！

各章摘要：

第一章　萊布尼茲與中國自然哲學

　　在西方哲學家中，對中國哲學感興趣者不多，間有論及者亦多抱負面之態度，著名的例子就有來自黑格爾 (Georg W. F. Hegel, 1770-1831) 之批評。相比之下，萊布尼茲與海德格的熱情可說是稀有之例外。所差別者是萊布尼茲更有專門討論中國哲學的作品，就是於其晚點所寫之致雷蒙 (Nicolas Remond) 的通信——《中國自然神學論》。基本上，本章研究的重點是落在萊布尼茲與中國哲學之比較上。一方面，為了顯示萊布尼茲自然哲學在今日仍有其相干性，我們將探討通過中國自然哲學，來為萊布尼茲的自然神學提供一「非神學式」安立之可能性！另一方面，萊布尼茲原來以「朱子學」作為中國自然哲學的代表與核心，可是我們將論證：在中國自然哲學家中，反而是以張載與王船山方為其真正的對話人。此中，我們將凸顯出萊布尼茲所言的「力」，和張載與船山所言的「氣」有十分相應的關聯。此外，基於萊布尼茲的力學思想的近代性格，這種相應可以幫助中國自然哲學走向現代化之途。

第二章　氣與力：「唯氣論」新詮

　　本章首先旨在對牟宗三和唐君毅 (1909-1978) 關於張載和王船山的「元氣論」之解釋分別作出批判性檢視；其次透過橫渠和船山的「元氣論」與萊布尼茲「自然哲學」之比較，提出一個對「唯氣論」的嶄新解釋。這固然可支持唐、牟二氏之「反唯物論」的詮解立場，但同時將修正兩者對張載和王船山的「元氣

論」之解釋。基本上，本章嘗試指出：橫渠和船山透過「氣」一概念的提出，在傳統中國自然哲學中產生了一「反實體主義的轉向」(anti-substantialist turn)。而從這一「非實體主義」的「元氣論」出發，我們可以勾畫出一條重建中國自然哲學之途徑。特別地，可以將傳統儒學「智性實踐」的一面再度彰顯出來。

第三章　論唐君毅與牟宗三之「蕺山解」

　　劉蕺山向來被視為宋明儒學之殿軍，對於其思想之正確了解不但涉及對整個宋明儒學之了解，而且影響中國傳統哲學於當代相干性的發展。牟宗三與唐君毅都先後都對蕺山思想提出了新穎的解釋。牟宗三首先通過「歸顯於密、以心著性」之架構來詮解蕺山思想，並石破天驚地進而主張將蕺山與胡五峰定為同屬獨立於朱子「理學」和陸王「心學」之外的「第三系」。其次，唐君毅則偏重蕺山之「純情自感、大氣流行」思想格局。不過，可惜的是：雖然認為必須高看其「情」與「氣」的觀念，唐君毅卻仍堅持說蕺山為陽明心學之承傳。本章嘗試將唐、牟兩位之解釋加以結合，論證兩者之相互補充性。這除了可證成牟宗三所提出之「超越的心」是「可以現象學地而且是體性學地給指點出來或反顯出來」的聲稱外，還顯示出蕺山其實主張「心」乃是通過「純情」來彰顯「性體」，其所言之「理」則首先為「氣之理」。而在「方法論」之層次上，真正的「逆覺體證」只有透過「歸顯於密」方能達致。這一綜合性進路不但可為牟宗三之解釋作出辯護，同時修正唐君毅對蕺山思想的定位方式，並且進一步有助於發現蕺山思想與米歇爾・亨利的「生命現象學」(phenomenology of life) 之間的本質相似性，從而見出其於解決當代哲學問題上之可能貢獻。

第四章　劉蕺山的「生命現象學」

　　傳統以來對於宋明儒學派系的劃分均主張「兩派說」：一方面是以陸象山 (1139-1193) 與王陽明 (1472-1529) 所代表的「心學」，另一方面是以程伊川 (1033-1107) 與朱子 (1130-1200) 所代表的「理學」。作為新儒家的代表人物的牟宗三石破天驚地提出「三系說」：就是另外加上由胡五峰 (1105-1161) 與劉蕺山 (1578-1645) 所代表的「第三系」，我們現在把它稱為「性學」。本章旨在疏解牟宗三「三系說」之同時，特別採用亨利的「生命現象學」作為參照架構 (frame of reference)，以圖顯示只有「第三系」可以稱為「生命現象學」，藉此證成牟宗三的「三系說」之主張。此外，由於近來學界出現不少對牟宗三的「三系說」之反對聲音，本章之成果亦可以收到將這些挑戰與異議克服之效。

第五章　回歸「徹底內在性」──東西「生命現象學」之比較研究

　　亨利於聲稱其「生命現象學」之思想本質時，提出了「生命就是自感」一口號。「生命現象學」之出現，乃是對胡塞爾的「超越現象學」和海德格的「存有現象學」之反動。簡言之，亨利認為古典現象學只注目於「外出性」，卻漠視了「內在性」，即忽略了「生命」。由於亨利認為「徹底的內在性」方是真正的「生命」，所以他要發展一套「生命現象學」來補救此一缺失。本章將透過深入地比較劉蕺山與亨利的思想，試圖指出兩者間一

些本質相似性，因為這可有助於見出蕺山之思想於何義上也是一套「生命的現象學」，而且，相對於亨利之以「神學」作為「生命的現象學」之基礎的立場，蕺山之思想可為「生命現象學」之發展另闢新途。然而，依亨利，「父位的上帝」是永遠不會直接為人所彰顯，其中必經通過耶穌基督作為中介，且是可以自存的。不過，按蕺山之立場，雖然「性天之奧」使得「心體」只能「逐步地」、而不可「全幅地」彰著「性體」，但是這並不意謂其中有某些內容永不會被彰著；更重要的是：蕺山肯定「天非人不盡，性非心不體」。此外，於蕺山的進路卻可見出「純情」與「意」之本質性關連，這不會像亨利只是順著一根源性被動的情感而難以真正奠立「自我性」。

第六章　蕺山性學與陽明心學的本質差異——一個佛教的觀點

作為當代新儒家的奠基人之一，牟宗三有兩項重要的學術貢獻：首先，於《佛性與般若》一書，史無前例地將天台宗「圓教」的「存有論性格」凸顯出來；其次，於《心體與性體》一書，石破天驚地把劉蕺山與胡五峰共判歸於程朱理學與陸王心學之外的「第三系」。雖然近來學界對於劉蕺山是否屬於「第三系」出現不少批評甚至反對的聲音，可是，卻罕見有人把牟宗三這兩大發現綜合起來，以見出其對於新儒學開拓上的巨大潛力。本章將透過將與天台圓教相提並論，以為其「三系說」提供一種嶄新的辯護與證成方式的嘗試，主旨在於闡明：一方面蕺山之學屬天台「圓教」類型，另一方面，「陽明心學」屬「別教」立場。

第七章　牟宗三與岡田武彥「蕺山解」之互補性

　　在當代中日學界中，「蕺山學」研究之受到重視，主要分別歸功於牟宗三與岡田武彥 (1908-2004) 兩位大家的貢獻。一方面，眾所周知，牟宗三對於蕺山學之定位有先後期之分。早期牟宗三雖然指出蕺山「歸顯於密」的立場，但仍然將之歸宗於「王學」；後期則明顯地將蕺山與胡五峰歸入主張「以心著性」的「第三系」。另一方面，儘管岡田致力於闡明蕺山以陽明所言之「良知為第二義」的論旨，卻仍認為蕺山忠實於陽明「知行合一說」而強調其為「王學」的一支。雖然牟宗三與岡田的解釋存在差異，但是，本章將試圖論證兩者可以有一互補的關係。基本上，這可以分開兩點來說明：

　　首先，立足於岡田對蕺山「意」之概念的分析，可進一步釐清其與陽明「良知說」之本質分歧，此有助於牟宗三「三系說」之成立。其次，從牟宗三肯定蕺山之「歸顯於密」的立場出發，可以修正岡田未能看出蕺山此一「方法論」特色的侷限。

第八章　海德格與劉蕺山

　　海德格在其《康德與形上學問題》(*Kant and the Problem of Metaphysics*) 提出要釐清康德 (Immanuel Kant, 1724-1804) 所言的「道德情感」的「存有論結構」。儘管與康德一樣，他能夠提出「自感」觀念作為個體的「存有模式」。不過，值得指出的是：海德格忽略了下面這一可能性：與康德之「道德底形上學」(metaphysics of moral) 殊異之儒家的「道德形上學」(moral metaphysics) 能否對於探究「人之存在的存有論結構」有所貢獻？

於邁向此一重要問題之解決上，於本章我們將論證：儒家的「道德形上學」不必然要以柏拉圖式或亞里士多德式之「實在論」形式（如在「理學」中所見），或者「德國觀念論」形式（如在「心學」中所見）來表述。因此，於接受牟宗三所提出之「道德形上學」觀念上，我們擯棄了他以陸象山和王陽明學派為圭臬之偏見。反而，我們會追隨他提出之由胡五峰、劉蕺山所代表的「第三系」宋明儒學。在這一分際上，我們將同時細緻地勾畫出海德格與劉蕺山的本質相似性。

第九章　黃宗羲氣論之重新定位

於當代學界中，迄今對黃宗羲哲學之「定位」，大致上分成兩種方式：一是將之歸入陽明的「心學」傳統，如劉述先；另一則視之為「自然主義」，如牟宗三；或「唯物論」，如大陸學者。本章旨在否證黃宗羲哲學屬陽明的「心學」之主張，同時對其「氣論」發展出一嶄新的「非自然主義」、「非唯物論」之解讀方式。特別地，透過對早期牟宗三和劉述先所作之解釋的批判，本章對黃宗羲哲學作出一全新之「定位」。這不但可還與黃宗羲哲學之本來面目，同時展示於何義上其對蕺山哲學之忠實繼承。

第十章　黃宗羲之孟學解釋——從劉蕺山到王船山

本章旨在釐清黃宗羲「孟子解」之諦義。於達至這一目標上，本章首先批判了牟宗三、劉述先、黃俊傑、黃敏浩與蔡家和的誤解。此中不但揭示《孟子師說》對於劉蕺山之忠實追隨，而且劃分了其與「心學」進路的本質區別，同時還凸顯出黃宗羲的

思想既非自然主義、亦不是唯物論。正面而言，這表明了黃宗羲從蕺山之「純情說」出發，成功地使孟子之「四端良能說」復見於世，一反王陽明以「良知」為首出之立場。而於論證劉蕺山黃宗羲師徒與王船山之「元氣論」的一致性上，亦將指出其以「道德純情」作為道德實踐的「決定因」有進於王船山之處。此外，本章對唐君毅與牟宗三關於劉蕺山之詮釋，作出了進一步的批判性檢討，從而為「三系說」提供一嶄新的支持。

第十一章　《周易》重建與智測現象學

　　《周易》所隱含的「自然哲學」不但以「氣」作為核心概念，而且在方法論上乃是採取一種「數」的觀點。於後一意義上，《周易》十分吻合肇始於西方古希臘哲學畢達哥拉斯學派的進路。青年牟宗三在其今之正名為《周易自然哲學與道德涵義》一著作中，借用懷德海 (Alfred N. Whitehead, 1861-1947) 的自然哲學作為「解釋學的架構」，特別地重建了清代胡煦 (1655-1736) 與焦循 (1763-1820) 的《易經》解釋。其中，「和諧」與「比例」構成了其兩大支柱。立足於牟宗三此一靈光爆破之著作上，本章特別地透過奧斯卡・貝克 (Oskar Becker, 1889-1964) 的「智測現象學」(mantic phenomenology) 來顯現牟宗三詮釋之箇中奧義，進而為其提供一種嶄新的重建方向。

第十二章　王船山的時間觀

　　雖然王船山本人並沒有系統地發展其「時間理論」，然而其「時間觀」可以說是整個明清哲學中最重要的代表作。基本上，王船山的「時間觀」包含了「超歷史」(supra-historical) 與「歷

史」(historical) 兩個層面，而通過綜合兩者並行而成。這首先充分地表現在其一連串對於《周易》的解釋著作；其次，則見諸其《讀通鑑論》與《宋論》。可以說，其中既有自然哲學的時間觀，也有歷史哲學的時間觀。此外，他還特別對於「知幾乘時」一概念多有勾畫。本章特別透過畢達哥拉斯學派的時間觀來凸顯其於「自然哲學」的時間觀之殊義，而另一方面則把其「歷史哲學中的時間觀」關聯到華特・班雅明 (Walter Benjamin, 1892-1940) 的歷史哲學時間觀之特色。此外，本章還透過對之與唯識宗（包括新、舊學）乃至華嚴宗的時間觀作比較來凸顯出王船山時間觀的「分位」，乃至其侷限所在。

第十三章　牟宗三與海德格

　　作為當代新儒家的主要創建者，牟宗三也因提出宋明儒學「三系說」而著名於世。依牟宗三，在朱熹 (1130-1200) 所代表的「理學」及陸象山與王陽明所代表的「心學」之外，胡五峰與劉蕺山形成了「第三系」。但是，雖然牟宗三的「宋明儒三系說」已經改變我們對傳統中國哲學的瞭解，至今卻似仍沒有學者試圖找出此一學說的可能來源。為了填補此一空白，本章旨在探索「三系說」某些隱藏的根源。我們將指出：首先，牟宗三「宋明儒三系說」可能受到早期海德格在其《存有與時間》第二卷手稿中「三種超越性」（或差異）之劃分所影響。其次，就某種程度而言，海德格的「三種倫理學」的區分也對牟宗三的「宋明儒三系說」有所影響。這揭示海德格對於牟宗三的可能影響遠超出其對「康德圖式論」之解釋，特別是其中牟宗三藉深化其對「本質倫理學」一概念之了解，而對於前後期朱熹之分別作出一嶄新的

鏊清。此外，通過劉蕺山對於朱熹早年與胡五峰學派之關連的評述作為證據，本章將指出：雖然劉蕺山事實上沒有引述胡五峰，但這不足以否定他對後者理論的熟稔。總而言之，於面對現今不少學者提出質疑的情況下，本章將發展出一對於牟宗三之「宋明儒三系說」的嶄新辯護。

第十四章　圓善與圓教

在將儒家重建為一「道德形上學」之後，牟宗三又致力於建立一「儒家」式「圓善論」。基本上，牟宗三這種透過「道德形上學」進路對「圓善（最高善）問題」的解決方案，其關鍵在於肯定人作為「無限心」之可能。針對牟宗三此一重建工作，本章提出一些反思式的置疑。首先，我們認為牟宗三這種作法在本質上只是將「圓善問題」完全「存有論化」。雖然這種解決方法毋須肯定依靠外在的上帝，但這種建基在「無限心」的「存有論義」之「創生作用」之上所能談到的「福」，頂多只能算是「天福」，而沒有涉及「人爵」。其次，牟宗三認為只有進至「圓教」的立場方能解決「圓善」之問題，可是「正統的儒家」是否有一種「圓教」的立場呢？牟宗三實際又於何意義上肯定儒家唯一「圓教呢」？針對這些關鍵性的問題，我們將提出負面的答案。

附錄　純情自運，交感互通──《色‧戒》之哲學涵義

本文嘗試以哲學的觀點來分析《色‧戒》本身從張愛玲的原著小說到李安導演之電影所涵攝的意義。此中特別將之與由關錦鵬改編張愛玲另一部同名小說而成的電影《紅玫瑰‧白玫瑰》

作出比較。而通過亨利之身體現象學，與德國哲學家馬克斯・謝勒 (Max Scheler, 1874-1928) 之「情感現象學」的對照作為架構，對《色・戒》與《紅玫瑰・白玫瑰》的思想內涵作出一嶄新之闡釋；另一方面，以這兩部電影作為一種具體的證據來嘗試仲裁當代現象學內部所出現的一些論爭。這顯示從哲學來看小說或電影可以得到不同層面的見解，而從小說或電影出發來處理哲學問題也可以獲得新的啟發。本章之主要論點是：從亨利之「主體的身體」一概念出發，可以證立李安之透過性愛場面演繹張愛玲之純情世界的手法；而對比於謝勒之將純情建基於客觀價值，亨利之「生命就是自感」一主張亦可於張愛玲之愛情觀得到奧援，作為附錄，本文的貢獻在於通過一有血有肉的例子來展示出「具體的主體性」之特質所在。

第一章
萊布尼茲與中國自然哲學

自然厭惡真空。

——萊布尼茲

在西方哲學家中，對中國哲學感興趣者不多，間有論及者亦多抱負面之態度，著名的例子就有來自黑格爾之批評。相比之下，萊布尼茲與海德格的熱情可說是稀有之例外。所差別者是萊布尼茲更有專門討論中國哲學的作品，就是於其晚年所寫之致雷蒙的通信——《中國自然神學論》。[1] 十分可惜，雖然萊布尼茲這本著作早已廣為流傳，但迄今只受到漢學家的垂注。而在已刊行的研究中，可以看見其焦點多放在「萊布尼茲本身之思想是否受到中國哲學之影響」這類問題上。簡言之，對此一問題持肯定之立場的著名代表有李約瑟 (Joseph Needham, 1900-1995)，[2] 而近年來則轉成以批評李約瑟之論點為風尚。[3] 總括而言，這種思想

---

1   此信寫於 1716 年，可說是萊布尼茲最後作品之一。原文為法文。德譯本收於下書：Gottfried W. Leibniz, *Zwei Briefe über Das Binäre Zahlensystem Und Die Chinesische Philosophie*, eds. Renate Loosen and Franz Vonessen (Stuttgart: Chr. Belser Verlag, 1968).

2   Joseph Needham, *Science and Civilization in China*, vol. II (Cambridge: Cambridge University Press, 1954), p. 499.

3   David E. Mungello, *Leibniz and Confucianism: The Search for Accord*

使得進路是完全侷限於「實然」(de facto) 之層面來研究萊布尼茲
與中國哲學之關聯。不過,雖然我們的進路是偏重於理論上之
「當然」(de jure) 這層次,但所得出之成果,亦可有助對萊布尼
茲與中國哲學在實然上之關係的澄清!基本上,本章研究的重
點是落在萊布尼茲與中國哲學之比較上。正如森柏拉納 (Arthur
Zempliner, 1921-) 所指出:萊布尼茲所謂的「中國自然神學」實際
上是指「中國自然哲學」。[4] 至於萊布尼茲本人所以將「中國自
然哲學」稱作「中國自然神學」,原因在於他認為「中國自然哲
學」比「希臘自然哲」學更接近基督教神學。不過,萊布尼茲這
種將基督教神學投射至中國思想的做法,在今日已很少人採信。
即使近年來在西方學界對萊布尼茲的自然哲學研究有一復興的趨
勢,但亦罕見有不反對其神學基礎者。況且在當今「上帝退隱」
(賀德林 (Friedrich Hölderlin, 1770-1843))或「上帝已死了」(尼
采 (Friedrich Nietzsche, 1844-1900))的年代,一種要訴諸神學的自
然哲學系統很難再有立足之地!因此之故,為了顯示萊布尼茲的
自然哲學在今日仍有其相干性,我們將探討通過中國自然哲學,
來為萊布尼茲的自然神學提供一「非神學式」安立之可能性!

　　但必須強調的是:儘管萊布尼茲的自然哲學具有濃厚的神學
色彩,不過,在本質上,這是一同時具有鮮明之「現代性格」的

(Honululu: University of Hawaii Press, 1997); Daniel J. Cook and Henry
Rosemont, Jr., "The Pre-Established Harmony between Leibniz and Chinese
Thought," *Journal History of Ideas* 42(1982): 253-267。

4　Arthur Zempliner, "Leibniz und die chinesische Philosophie," in *Studia
Leibnitana, Supplementa* V (1971): 16.

自然哲學。十分明顯，萊布尼茲一生的目標始於笛卡兒之近代的
「機械論自然哲學」和傳統的亞里士多德「目的論自然哲學」。
簡言之，笛卡兒相信一切自然現象均可通過質量、形狀和運動來
加以說明，而亞里士多德則堅持自然是能動的和充滿生機的！雖
然萊布尼茲強調批評機械論自然哲學，但他仍於「現象」之層次
肯定其成就。可以說，內在於「現象界」，萊布尼茲是一位廣義
的機械論者。相比之下，中國傳統然哲學卻完全缺乏機械論的觀
點，這可以說是中國過去無法闖出近代物理學的一個主因。所以
在這一點上，通過對萊布尼茲自然哲學的吸納，倒可反過來幫助
中國自然哲學對此一缺陷的彌補！

　　一言以蔽之，在對從事萊布尼茲與中國自然哲學之比較研究
中，我們是朝著下列之「雙重遠程目標」而進行：一方面為萊布
尼茲的自然哲學提供一「非神學式」的安立；另一方面則尋找使
得中國自然哲學「近代化」途徑！

　　基本上，本章的工作只集中於萊布尼茲的「力」之理論與中
國的「氣論」之比較上。無疑，強調「數之宇宙論意義」亦為萊
布尼茲和中國自然哲學之共同特色，然而關於這方面之研究，惟
待他日另文處理。[5]

I

　　在《中國自然神學論》中，萊布尼茲用了不少篇幅討論「理

5　萊布尼茲本人在《中國自然神學論》之第四部分論及八卦及與其二位算
　　數之關係。

氣問題」；這裡他明顯地以朱子理論作為代表。簡言之，依萊布尼茲，「理」可等同於精神性的「單子」，而「氣」可等同於「原始（物）質料」。我們當然不能接受這種解釋！因為這不但未能忠實地反映朱子的思想，而且還掩蓋了其本身可與中國自然哲學真正溝通之處。我們認為：在中國傳統自然哲學思想中，以張載和王船山所發展出來的「元氣說」，方更接近萊布尼茲以「力」為核心概念的自然哲學。換言之，在中國傳統自然哲學中，真正可以與萊布尼茲的自然哲學相溝通者，並非主張「理氣二分」的朱子思想，而仍是提出「理氣一元」的張載－王船山之哲學。

在以下兩個主要部分中，我們將首先檢討萊布尼茲對朱子「理氣論」之解釋，然後再揭示萊布尼茲之「力之思想」與張載－王船山的「元氣說」之本質相通處。

完全迥異於後來黑格爾之論斷，萊布尼茲於《中國自然神學論》中，開宗明義地肯定中國古代之思想是「理性的」。在萊布尼茲眼中，中國上古之思想正將「理」視作「第一原理」，並將由「理」所生出之「氣」視為「物質」或「質料」(materie)。他進而肯定古代之中國人承認有精神性或屬靈的實體之存在，而且認為代表「秩序」之「理」即萬物的「第一推動者」和「根據」。換言之，「理」乃是整個自然的「基礎」所在。理由是除了這一普遍的理性實體之外，便沒有任何比之更偉大的東西能夠成為萬物之根據。由於「理」本身是「純粹的、不動的、精細的，不具有肉體與形狀的，且只能通過禮制才能掌握得到」；[6] 因而中國人

6　Leibniz, *Zwei Briefe über Das Binäre Zahlensystem Und Die Chinesische*

所謂「實體」乃是「無限的、永恆的、非被創造的、不滅的、無始無終的」。[7] 為了顯示「理」之「唯一性」，故又稱之為「太一」。此外，在強調其「普遍存在性」上，又名之曰「太虛」。因此，萊布尼茲認為中國人所瞭解之「空間」，並不是由不同的部分所構成之集合性實體，而是一讓萬物共存於其他「秩序」。他還指出：中國人之所以用「球」或「圓」來表示「理」，其主旨在於肯定「理」是「最完美的」。

一言以蔽之，在萊布尼茲眼中：中國哲學中的「理」絕對是「精神性」與「完全不可視的」。[8] 他之所以反對龍華民 (Nicolas Longobardi) 將「理」等同於「第一（物）質料」之作法。這裡萊布尼茲作出以下之論證：因為「第一質料」在本質上是全屬被動，既無秩序，亦乏形式，而中國人之所謂「理」不僅是能動的，且其本身就代表了秩序，況且「理」與「形式」毫無二致，所以「理」不可能是「第一質料」。

此外，順著「理」之能動性，萊布尼茲將朱子的「氣之靈」解作「氣之力」；進而宣稱朱子會同意「理不外就是萬物之精粹、強度、力和真正的本質」。[9] 並在此意義上，萊布尼茲把朱子的「理」等同為「靈魂」一類的「精神性實體」。不過值得指出的是：萊布尼茲明言反對朱子將「理」視作「世界靈魂」。因為

Philosophie, p. 45. 這裡萊氏所指是「位移義」之「不動」。

7　Leibniz, *Zwei Briefe über Das Binäre Zahlensystem Und Die Chinesische Philosophie*, p. 40.

8　Ibid., p. 49.

9　Ibid., p. 55.

「世界靈魂」一概念會抹殺「個別靈魂」之間的本質差別性。相當明顯，萊布尼茲將朱子的「理一分殊」理解為「有不同的個別靈魂存在」。[10]

其次，關於「氣」這一概念，萊布尼茲寫道：「氣在我們這裡可以稱之為『以太』，因為物質最初完全是流動的、毫無硬度、無間斷、無終止、不能分為部分，他是人們所想像的最稀薄的物體。」[11] 而「氣」乃由「理」所生，「太極」不過是作用於「氣」的「理」。[12] 對於萊布尼茲來說，「雖然古代中國人正是說氣永遠不能消滅，他們卻並不是很明確地說它從來沒有起始」。[13] 因此，朱子之「氣」應是那永無止息的「太極」的產物！十分明顯，萊布尼茲認為「理和太極並沒有不同」，[14] 所差別者只是名稱而已。換言之，「普遍精神，在絕對的意義上叫做理或規律，在作用於造物的意義上叫做太極，或者使萬物完成或建立起來的東西」。[15] 因此之故，順著朱子的「理氣二分」和「理先氣後」之主張，萊布尼茲反對「將氣和太極混為一談」。[16] 這是說：朱子之「氣」只能是「太極」或「理」之工具，而不能

10　Ibid., p. 68.

11　此處我們採取龐景仁之漢譯，見：萊布尼茲著，龐景仁譯，〈萊布尼茲致雷蒙的信：論中國哲學〉（續一），《中國哲學史研究》5（1982）：89。

12　同上註。

13　同上註。

14　同上註。

15　同上註，頁 92。

16　同上註，頁 89。

成為實體！

　　總而言之，借用亞里士多德之術語來陳述，萊布尼茲將朱子的「理」解作「形式」，而將朱子的「氣」解作「質料」。

　　針對這種解釋方式，最近韓國學者 Ahn 提出反對說：朱子的「氣」不能被視為「原始物質」：因為按萊布尼茲自己的定義，「原始物質」本身具有「抵抗性」、「不可穿透性」和「廣延性」，而朱子的「氣」則是一種「力」。[17] 但是，我們認為這一批評未能成立。理由是：萊布尼茲的「抵抗性」、「不穿透性」和「廣言性」並非「原始質料」本身乃是「物體」之特性。「原始質料」只是那使得「物體」具有此三種特性之「原因」而已！況且萊布尼茲本人也確知朱子之「氣」是「流動的」。當然這並不表示我們贊成萊布尼茲上述之解釋方式。首先，朱子明言：「氣，形而下者」；[18] 但萊布尼茲的「原始質料」仍屬「形而上」者，所以兩者不能等同。其次，依萊布尼茲，「單子」在本質上是一種「活動」：「實體是第一能動的存在。」[19] 特別地，他在《神正論》中宣稱：「靈魂就是活力或能動原則。」[20] 可

17　Ahn Tong-su, *Leibniz und die chinesiche Philosophie* (Diss. Konstanz: Hartung-Gorre Verlag, 1990), pp. 79-88.

18　朱熹，《朱子全書》第十四冊（上海：上海古籍出版社，2002），頁115。

19　Gottfried W. Leibniz, *Vernunftprinzipien der Natur und der Gnade/ Monadologie* (Hamburg: Meiner, 1982), p. 3.

20　Gottfried W. Leibniz, *Die philosophischen Schriften von Gottfried Wilhelm Leibniz* VI, hrsg. von C. J. Gerhardt (Frankfurt/M: Weidmannsche Buchhandlung, 1875-1990), p. 45. (Hereafter: GP.)

是，「理」首先在朱子不外是事物之「所以然」之「故」，[21] 即「理」首先是「氣化之因」。然而，正如牟宗三所指出：朱子的「理」本身是「存有而不活動的」。[22] 因此，縱然朱子的「理」與萊布尼茲的「單子」同屬「形而上」之層次，但兩者在本質上並不能等同！

然則，朱子的「氣」又能否與「單子」等同呢？因為 Ahn 認為朱子的「氣」是一「精神性存在」，[23] 所以才有此問題出現。但這一問題根本無大價值，因為朱子早已明言：「氣也者，形而下之器也，生物之具也。」[24] 而「單子」則是一「形而上」之「實體」！

一言以蔽之，朱子之「理」根本無法等同於萊布尼茲之「單子」，而其「氣」亦有別於「原始質料」。由於「理」和「單子」分別是朱子和萊布尼茲哲學中之核心概念，這當然蘊含著兩者之不可等同！不過，這卻並不意謂萊布尼茲和中國哲學便再無溝通之可能。

---

21 牟宗三，《周易的自然哲學與道德函義》（臺北：文津出版社，1988），頁 130 下。

22 牟宗三，《心體與性體》第一冊（臺北：正中書局，1968），綜論部分。

23 Ahn 雖也指出「理」不是活動者，但卻未能注意及此只與朱子（或伊川）方如是。且又誤以為朱子之氣為一實體。見 Ahn Tong-su, *Leibniz und die chinesiche Philosophie*, p. 85, 234.

24 朱熹，〈答黃道夫〉，《朱子文集》，卷 58（臺北：德富文教基金會，1990），頁 2799。

II

　　萊布尼茲將其「單子」與朱子的「理」混做一談雖屬錯誤，然而他之解釋動機中有一點值得注意：他渴想朱子的「理」是一種「活動」！儘管朱子的「理」未能如其所願，不過，這不表示中國傳統自然哲學中，便沒有可與萊布尼茲之「力」或「單子」相提並論之概念。實際上，中國哲學家討論理氣問題者，並不是只有朱子一人。如在朱子之前的張載以及在朱子之後的王船山，便共同地提出了一種嶄新的「元氣論」，這完全殊異於朱子的「理氣二分論」。我們認為：張載－王船山之以「元氣」為中心概念的自然哲學，與萊布尼茲之以「力」為中心概念的自然哲學有相匯通之處。

　　眾所周知，萊布尼茲的哲學發展是與其物理學思想攜手並進的，正如加勒 (George Gale) 所指出：「力是萊布尼茲哲學系統的中心概念。」[25] 在其一段著名的文字中，萊布尼茲清楚地指出：「力 (force) 或者能力 (powers)，在德文中稱作 Kraft，在法文中為 la force。為了說明它，我練就了『動力學』這一特殊的科學，從而為我們對於『實體』一真正概念帶來最大的光明。」[26]

　　基本上，依萊布尼茲，「力」可以區分為「原始力」和「派生力」。前者被哲學家稱之為「第一活力」，而我們更加清楚地

25　George Gale, "Leibniz' Force: Where Physics and Metaphysics Collide?" in *Leibniz' Dynamica*, ed. Albert Heinekamp (Stuttgart: Franz Steiner, 1984; Studia Leibnitiana – Sonderheft 13), p. 62.

26　Gottfried W. Leibniz, *Philosophical Papers and Letters*, 2nd ed., ed. and trans. Leroy E. Loemker (Dordrecht: D. Reidel, 1976), p. 433.

稱之為「原始力」。²⁷ 因此之故，正如加爾貝 (Daniel Garber) 所指出：「力是屬於單一體本身。」²⁸ 另一方面，「派生力」顧名思義就是「原始力」的「模態」(mode)。換言之，「派生力」源自對於「原始力」之「規定」。嚴格來說，「派生力」是「使得物體在實際上彼此作用和受動的力……這是與運動相關連的力」。²⁹ 職是之故，雖然萊布尼茲明顯地堅持「原始力」相對於「派生力」之優先性，但他了解到光靠「原始力」不足以說明物理現象，因而強調只有通過「派生力」才能形成物理定律。這也是「派生力」又被稱作「物理學之力」之由來。如果訴諸於「現象界」與「實在界」之區分，那麼可以說：「原始力」屬於「實在界」，而「派生力」則屬於「現象界」。

其次，「原始力」和「派生力」又各自再區分為「主動力」和「受動力」。嚴格來說，只有「原始主動力」方能與亞里士多德的「第一活力」或「實體性形式」(substantial form) 相提並論。這是說，只有「原始的主動力」才有資格作為「靈魂」。至於「原始受動力」則相當於亞里士多德之「原始質料」。另一方面，「派生力」仍是（位移義）「運動」之原因。而此一「派生力主動力」又可進一步區分為「活力」和「死力」兩種。簡言之，「活力」乃是內在「推動力」，他在本質上與「速率」有

27　GP IV, p. 473.

28　Daniel Garber, "Leibniz and the Foundations of Physics: The Middle Years," in *The Natural Philosophy of Leibniz,* ed. Kathleen Okruhlik and James R. Brown (Dordrecht: D. Reidel, 1985), p. 83.

29　Leibniz, *Philosophical Papers and Letters*, p. 437.

關。而「死力」則是「傾向運動之力」，其中包括了物理學中的「離心力」、「向心力」和「地心吸力」；「死力」在本質上是與「加速度」相關連。[30]

綜括而言，正如羅姆科 (Leroy E. Loemker, 1900-1985) 所說，萊布尼茲的「原始力是形而上的」，[31] 相應地其「派生力」則是「現象」中之存在。可以說，於萊布尼茲之自然哲學中，「原始力」是屬於「自然的形而上學」之一面，而「派生力」則是屬於「自然的物理學」之一面。若果說萊布尼茲是以「派生力」作為樞紐來縱攝物理學，從而吸納笛卡兒以降的機械論自然哲學之長處，那麼，其提出「原始力」之原委便是重建形而上學，特別是要復興亞里士多德式有機論自然哲學。十分明顯，「力」是萊布尼茲用來貫通形而上學與物理學，以及綜合「機械論」和「有機論」自然哲學的關鍵概念。因此，加勒頗為恰當地稱萊布尼茲之「力」為「物理學與形而上學之結合點」。[32] 不過，萊布尼茲並非單純地將既有的物理學與形而上學思想加以拼湊，而乃於這兩門學科同時作出了本質之革新！首先，他以「原始力」為基點，把傳統之「實體」改造成一「純粹的活動」；即「實體」不能為靜態而必須為動態。無可置疑，萊布尼茲同時復興了亞里士多德式「運動」(Kinesis) 義。與近代機械論者不同，萊布尼茲並不認

30　關於此方面的詳細討論除 Graber 之文外，還可參考：Richard S. Westfall, *Force in Newton's Physics* (New York: MacDonald & Co., 1972), ch. 6.

31　Leibniz, *Philosophical Papers and Letters,* p. 450.

32　Gale, "Leibniz' Force: Where Physics and Metaphysics Collide?" In *Leibniz' Dynamica*, ed. Albert Heinekamp, p. 62.

為「運動」只是一種「位移」，他還肯定「生化」(becoming) 這種古義的運動。簡單而言，後者就是指「潛能」到「實現」之過程。[33] 其次，在承認位移之運動的重要性的同時，萊布尼茲又提出比之更為基本的「力」這一概念，從而使得近代物理學從「運動學」和「靜力學」進一步發展為「動力學」。[34] 從這一方法論的觀點來看，萊布尼茲這種以「力」為中心概念的自然哲學，可說是採取「由上而下」之途徑！其中，相當明顯，形而上學優先於物理學，而「力」又優先於（位移義）物理運動。

III

在中國哲學中，「元氣」概念很早已受到重視。如柳宗元 (773-819) 於宣稱「龐昧革化，惟元氣存」[35] 時，便已凸顯了其宇宙論之意義！然而，能夠系統地建立以「元氣」為中心概念之自然哲學，則似首先見於張載，這一條思路後由王船山所繼承。此由張載和王船山一脈貫穿所發展出的「元氣說」，其本質特色在於主張「理氣合一」。借用王廷相之話來陳述，則張、王二人認為：「天地未生，只有元氣，元氣具則造化人物之道理即此而在。在元氣之尚無物、無道、無理。」[36] 因此之故，雖然張載的

---

33 Ivor Leclerc, *The Philosophy of Nature* (Washington: Catholic University of America Press, 1986), p. 75ff.

34 事實上，「動力學」（Dynamics）一詞便是由萊布尼茲首先提出的。

35 柳宗元，〈天對〉，《柳宗元集》（北京：中華書局，1979），頁194。

36 王廷相，《雅述》，《王廷相集》第三冊（北京：中華書局，1989），

「元氣論」也影響了朱子，但是，兩者對於「氣」之瞭解，卻存在著本質上的分歧！朱子之「氣」，純屬「形而下」者也。

於《正蒙·太和篇》中張載開宗明義地宣稱：

太虛無形，氣之本體；其聚其散，變化之形爾。[37]

太虛不能無氣，氣不能不聚而為萬物，萬物不能不散而為太虛，循是出入是皆不得已而然也。[38]

知虛空即氣……太虛即氣，則無無。[39]

氣聚則離明得施而有形；氣不聚則離明不得施而無形。[40]

由此可見：張載是以「氣」為宇宙之本體。而其「理氣一體」之精蘊，於王船山手上得到淋漓之發揮。王船山明言：

人之所見者為太虛者，氣也，非虛也。虛含氣，氣充虛，無有所謂無者。[41]

太虛雖虛而理氣充凝。[42]

其幾，氣也；其神，理也。[43]

頁 841。

37　張載，《張載集》（北京：中華書局，1978），頁 7。

38　同上註。

39　同上註，頁 8。

40　同上註。

41　王夫之，《船山全書》第十二冊（湖南：岳麓書社，1992），頁 30。

42　同上註，頁 430。

43　同上註，頁 434。

氣外更無虛托孤立之理。[44]

氣之妙者,斯即為理。[45]

理即氣之理,氣當得如此便是理,理不先氣不後。[46]

陰陽二氣充滿太虛,此外更無他物,亦無間隙,天之象,地之形,接其所範圍也。[47]

陰陽之外無理數。[48]

十分明顯,張載與王船山均主張「氣」為宇宙之本體,而且「理氣不二」!其次,他們認為宇宙之本體乃是「動態」的!如張載便指出:

氣塊然太虛,升降飛揚,未嘗止息,《易》所謂『絪縕』……者與!此虛實、動靜之機,即陰陽剛柔之始。[49]

而王船山更直接了當地斷言:

太虛者,本動者也。[50]

動者,道之樞。[51]

44　王夫之,《船山全書》第六冊(湖南:岳麓書社,2011),頁 1054。

45　同上註,頁 718。

46　同上註,頁 1111。

47　王夫之,《船山全書》第十二冊(1992),頁 90。

48　王夫之,《船山全書》第一冊(2011),頁 659。

49　張載,《張載集》,頁 8。

50　王夫之,《船山全書》第一冊(2011),頁 1044。

51　同上註,頁 1033。

　　動為造化之權輿。[52]

　至於「道者，一定之理也。」[53] 因此之故，張、王二人所了解之
「理」乃是「活動」者，這在本質上完全有別於朱子之「理」
義！

　　跟著，張載明言：「凡圜轉之物，動必有機，既謂之機，
則動非自外也。」[54] 這很清楚地可以看到：依張載，不但宇宙
的本體是「活動的」，而且其「動因」是「內在的」、「本具
的」！對此一特徵，船山做出下列之闡釋：「至虛之中，陰陽之
撰具焉，氤氳不息，必無止機。」[55] 至於這「不息」的根據則源
自「氤氳而含健順之性」。[56] 因為對船山而言：「天不聽物之自
然，是故氤氳而化生。」[57] 關於「氤氳」一詞之含義，船山說：
「《易》曰『天地氤氳』本作壹壹。」[58] 又道：「謂之『氳』，
言其充滿無間。」[59] 因此之故，「氤氳不息」其實就是「太極本
然之體」。此外，對於「機」，船山還作出以下之解釋：「機
者，飛揚升降不容已之幾。」[60] 「機者，發動之繇，只是動於此

52　王夫之，《船山全書》第十二冊（1992），頁 298。
53　王夫之，《船山全書》第六冊（2011），頁 994。
54　張載，《張載集》，頁 11。
55　王夫之，《船山全書》第十二冊（1992），頁 364。
56　同上註，頁 76。
57　同上註，頁 402。
58　王夫之，《船山全書》第九冊（2011），頁 387。
59　王夫之，《船山全書》第一冊（2011），頁 658。
60　王夫之，《船山全書》第十二冊（1992），頁 26。

而至於彼意。」[61] 正如蕭漢明所指出：「機是使氤氳太和中之『升降飛揚』的包孕運動不能停止的力量，是事物產生運動的內在根由。總之，『機』被看作是貫穿太極氤氳狀態及其自我蓬勃發展全過程的內在根據和動力。」[62]

非常明顯，張載－王船山之自然哲學與朱子存在下列鮮明的區別：前者主張「理氣一元，無分先後」，後者則認為「理氣二分，理先氣後」；前者之「理」是動態的，後者之「理」則是靜態的；在前者中「氣」與「理」合而為一，同為本體；在後者中，「氣」是形而下，「理」則是形而上。因此之故，縱使朱子的自然哲學不能與萊布尼茲等同，但這卻不妨礙張載－王船山之自然哲學可與萊布尼茲者相提並論！

IV

那麼，張載－王船山的自然哲學於何義上能與萊布尼茲的「原始力」一概念相溝通呢？我們認為兩者在本質上存在下列之對應關係：張載－王船山的「元氣」一概念可與萊布尼茲的「原始力」一概念相通。因為這兩個概念同指宇宙生化之本體。而作為宇宙之本體，不論「元氣」或「原始力」均屬「非目力所及，不可得而見」的運動。換言之，均非位移義之運動過程。並且，在其內部結構上，我們還可發現以下之相似性：一方面，「元氣」中的「陽氣」對應於「原始力」中的「主動力」，而

61　王夫之，《船山全書》第九冊（2011），頁 434。

62　蕭漢明，《船山易學研究》（北京：華夏出版社，1987），頁 178。

「元氣」中的「陰氣」對應於「原始力」中的「受動力」。從形
式看，這種「二分性結構」絕非偶然，一方面張載明言：「一
物而兩體，其太極之謂與！」[63]「一物兩體，氣也；一故神，兩
故化，此天之所以參也！」[64] 而另一方面，在萊布尼茲，正如柯
尼西 (Josef König) 所指出：「進行綜攝的普遍者……是由存在這
一自身統一的對偶這一事實所決定的。」[65] 其次，從「氣」的內
容上看，則誠如船山所說：「陰氣之結，為形為魄，恆凝而有
質；陰氣之行於形質之外者，為氣為神，恆舒而畢通。」[66] 陰陽
二氣在本性上與原始的主動、受動二力之可以相提並論，明矣！
特別地，船山之強調「陰氣」之「重濁而柔順」、「滯於形質」
的本性，與萊布尼茲之重申「原始的受動力」作為「原始（物）
質料」的特徵，可說是有異曲同工之妙！此外，雖然萊布尼茲劃
分主、受動力，然如柯尼西所強調：「主動力與受動力並非兩
彼此對立的力。」[67] 無獨有偶，為了強調「二氣合一」，船山堅
持「絪縕」不外「陰陽之混合而已，而不可名之為陰陽」，[68] 蓋
「陰陽二氣絪縕於宇宙，融結於萬彙，不相離，不相勝，無有陽

63　張載，《張載集》，頁 48。

64　同上註，頁 10。

65　Josef König, *Leibniz's System*, trans. E. Miller, *Contemporary German Philosophy* 4 (1984): 104-125, 108.

66　王夫之，《船山全書》第一冊（2011），頁 43。

67　Hans H. Holz, *Leibniz, eine Einführung* (Frankfurt/M. & New York: Campus Verlag, 1992), p. 106.

68　王夫之，《船山全書》第一冊（2011），頁 561。

而無陰，有陰而無陽」。[69]

以下兩點亦可佐證我們的論點：

首先，萊布尼茲的「預定和諧說」是廣為人知的！然而，施奈德斯 (Werner Schneiders) 最近卻指出：其實這一理論預設了一更基本的概念——「宇宙性和諧」，並且，只有這一「宇宙性和諧」，才是整個萊布尼茲思想的核心所在！[70] 對於「和諧」一詞，萊布尼茲做出了以下之定義："Harmonia est disversitas idenditate compensata. Sed Harmonicum est unifomiter difforme."[71] 這是說：所謂「和諧」就是將不一致的東西協調起來，但卻不抹煞其原有之獨特性。另一方面，從張載以〈太和篇〉為其《正蒙》諸篇之首，「太和」在其「元氣論」之崇高地位，於此可見一斑！蓋「太和所謂道」也！而從「太和」之具有「兩不立，則一不可見，一不可見，則兩之用息」這樣的特質，已在結構上與萊布尼茲之「宇宙性和諧」十分相似。這點在船山之闡釋中更清楚地浮現出來。依船山，所謂「太和」就是指「陰與陽和，氣與神和」。[72] 若問及「和」之界說，則船山明言：「同而異則為和。」[73] 相當明顯，這一界說簡直就可視為 "Harmonia est disversitas idenditate compensata" 一語之漢譯！從而其「神化者，

69　同上註，頁 74。

70　Werner Schneiders, "Harmonia universalis," *Studia Leibnitana* 16 (1984): 27-44。

71　*Gottfried Wilhelm Leibniz* VI (Berlin: Akademie-verlag, 1990), Band 1 (1663-1672), p. 484. (Hereafter: A)

72　王夫之，《船山全書》第十二冊（1992），頁 16。

73　同上註，頁 720。

天地之和也」[74] 一語,「太和」一詞之宇宙性含義,可謂表露無遺。事實上,船山本人便把「絪縕」稱作「太和之真體」。[75] 這樣,當我們將其「天地之和」一概念與萊布尼茲的「宇宙性和諧」(Harmonia universalis) 或「世界和諧」(Harmonia mundi) 相提並論時,應無牽強附會之虞!況且,船山在宣稱「太和,和之至也」時,不但將「和」之結構性特徵歸結為「兩相倚而不離」,[76] 且能動態地將「和」視為「兩端生於一致」。[77] 這與萊布尼茲所宣稱的 "Harmonicum est unifomiter difforme" 可說是毫無二致!事實上,當張載強調「參兩」之重要性時,早已蘊含了船山所言「太和之有一實,顯矣。非有一,則無兩也」。[78] 換言之,「和」在本質上是同是「合同而不相悖害」。[79]

　　其次,針對笛卡兒和牛頓主張力是外來之說法,萊布尼茲堅持力是具於物體中。正如 Richard Westfall 所指出:萊布尼茲「仍然接受這樣的前提:力並非外加於物體上而使之運動者,他是物體所本有」。[80] 這種立場,從形而上學的角度來陳述則是:「除非我們之中有一些原始的活動原則,否則我們不可能有派生力

74　王夫之,《船山全書》第十二冊,頁 406。

75　同上註,頁 34。

76　王夫之,《船山全書》第一冊(2011),頁 525。

77　王夫之,《船山全書》第十三冊,頁 18。

78　王夫之,《船山全書》第十二冊(1992),頁 36。

79　同上註,頁 15。

80　Richard S. Westfall, *The Construction of Modern Science* (New York: MacDonald & Co., 1972), p. 137.

和行動。」[81] 另一方面，如前所見，張載明言：「動非自外」。而船山亦說「太虛者，本動者也。動以入動，不息不滯」。[82] 又曰：「天地之間，流行不息，皆其生焉者也。」[83] 十分明顯，萊布尼茲和張、王二人不但同樣地主張「動因內具說」，且均視宇宙之本體為一充滿生機的動態過程！

眾所周知，在與克拉克 (Samuel Clarke, 1675-1729) 之通訊中，萊布尼茲強烈地反對牛頓式「真空說」。他明顯地宣稱：「自然是一充滿。」[84] 而當張載指出「太虛即氣則無無」、「太虛不能無氣」時，正是要反對一「空無一物的絕對真空」之存在！而後來船山補充道：「謂之蘊，其言充滿無間。」[85]

此外，船山之所以主張「天地之數，聚散而已矣。其實均也」，[86] 誠如蕭漢明所說，其目標在於強調：「由於陰陽在總體上的均衡，故整個自然界總是通過自我調節使自己始終在總體上的均衡狀態……而陰陽在總體上既不會增加，也不會減少，更不會消滅。」[87] 船山這一論調可說道出了萊布尼茲著名的「力之守恆原理」之個中三昧！依萊布尼茲：「力不會絕對地在宇宙中消失」，因為「上帝常規地保存同樣的力」。[88]

81　Leibniz, *Philosophical Papers and Letters*, p. 537.

82　王夫之，《船山全書》第一冊（2011），頁 1044。

83　同上註，頁 1042。

84　Leibniz: *Vernunftprnzipien der Natur and der Gnade/Monadologie*, p. 4.

85　王夫之，《船山全書》第一冊（2011），頁 658。

86　王夫之，《船山全書》第十二冊（1992），頁 434。

87　蕭漢明，《船山易學研究》，頁 106。

88　Westfall, *Force in Newton's Physics,* p. 295; Leibniz, *Philosophical Papers*

　　萊布尼茲並且由此「力之守恆原理」出發，進一步論證「宇宙無生滅」。他明言：「全將歸於自然之蒼穹中。」[89] 這與張載之「聚亦吾體，散亦吾體」、[90] 船山之「故曰往來……而不曰生滅」[91] 的主張，非常吻合！

　　最後值得補充的事：依萊布尼茲，作為精神性實體，「單子……既不能自然地有始亦不能有終」。[92] 這與船山言「事物有終始，心無終始」[93] 幾乎同出一轍！蓋兩者均旨在強調：「其本體不為之損益。」[94]

　　由於「力」和「氣」分別是萊布尼茲和張載、王船山二人的核心哲學概念，因而兩者的本質相似性，可為匯通萊布尼茲和中國自然哲學提供一座橋樑。

　　無可置疑，與萊布尼茲對比，張載和王船山偏於「自然的形而上學」一面。不過，雖然萊布尼茲能夠做到對「自然的物理學」之照顧，然其於「自然的形而上學」方面之論點並不很系統化，且其神學色彩過於濃厚，加上晚年把「單子」化歸於「靈魂」，以致有走上觀念論之虞。而在今天，萊布尼茲之自然哲學所遭人詬病者，正是其神學基礎與觀念論之偏失。因此若能借助張載－王船山之自然哲學來加以補充，則除了可以通過其「元氣

---

and Letters, p. 314; GP VI, p. 452.

89　Leibniz, *Vernunftprnzipien der Natur and der Gnade/Monadologie*, p. 12.

90　張載，《張載集》，頁 7。

91　王夫之，《船山全書》第十二冊，頁 22。

92　Leibniz, *Vernunftprnzipien der Natur and der Gnade/Monadologie*, p. 2.

93　王夫之，《船山全書》第十二冊（1992），頁 306。

94　同上註，頁 17。

說」來「系統化」萊布尼茲之「自然的形而上學」外，還有助於
洗脫其神學和觀念論之性格。關於後者現分開兩點來說明。首
先，在《中國自然神學論》中，萊布尼茲把古代中國人所謂之
「上帝」與基督教之「神」等同起來；但是若果將此一程序倒逆
過來，即以張載－船山之「神」來取來萊布尼茲「上帝」之地
位，則便可以一洗其基督教神學之色彩。因為，對張、王而言，
所謂「神」不外是指「氤氳而含健順之性，以升降屈伸，條理必
信者」。[95] 此「不測之神」顯非一人格義之「上帝」。船山說：
「神者非他，二氣清通之理也。」[96] 其次，對於朱子之析「心」
「理」為二，張載言「天心」，而船山說「天地之心」。不過，
在這裡，「心」不外是「無一息而不動，無一息而非復，不怙其
自然」[97] 之謂。如果說，「理」是「氣之妙」，而「神」是「氣
之靈」，那麼「心」便是「氣之無止息」。所以，若通過此義
之「心」來重釋萊布尼茲之「單子」，則不但可更加凸現其本質
上為一「不斷之活動」之義，且使之避免踏上「觀念論」之不歸
路！

　　另一方面，如上所指出：中國傳統自然哲學沒有開出「近
代物理學」。近代物理學是十九世紀由西方傳入，純是舶來品。
但這並不表示中國傳統自然哲學不存在開出物理學之要求。實際
上，船山早已喊出了「從象以順觀物理」之口號。且其「據氣而

95　同上註，頁 76。
96　同上註，頁 16。
97　王夫之，《船山全書》第一冊（2011），頁 229。

道存，離器而道毀」[98] 立場，必蘊含對現象界之肯定。不過，問題在於缺乏「開出之法門」與相應之「觀念架構」而已。因此之故，如能吸納萊布尼茲關於「派生力」之理論，以之作為中介，則中國自然哲學既可有一通至近代物理學之途徑，且更能將船山「道器不二」之論旨充分地開展！特別是船山之「物物有陰陽，事亦如此」[99] 一命題，可惜「派生力」之有「主動力」和「受動力」又有「活力」和「死力」之區分，在物理學上得到真正之落實。[100]

在整體上，無論萊布尼茲或張載、王船山之自然哲學，均強調「宇宙」之「循環不息」：換言之，他們都主張「能動的自然觀」。這種立場很符合當代物理學中「宇宙學」之「反宇宙熱寂說」的主流趨勢。[101]

總而言之，我們雖然不能接受萊布尼茲對於朱子自然哲學之解釋，但卻認為其自然哲學可與張載與王船山相匯通。這表示即使萊布尼茲本身誤解了中國自然哲學，然而卻並不排斥兩者在實質上仍存在有相對應之處。換言之，在「置換配搭」之後，萊布尼茲的自然哲學自可與中國自然哲學相提並論！不過，這也證明

98　同上註，頁 861。

99　王夫之，《船山全書》第十二冊（1992），頁 107。

100　雖然萊布尼茲本人之物理學因對「死力」之重視不足，以致未能與牛頓力學相抗衡，但是通過對其有關「死力」理論之修正，則仍可接通至牛頓力學。

101　鄔焜，〈在循環中永生——「宇宙熱寂論」批判〉，《人文雜誌》2（1991）：27。

了事實上萊布尼茲本身並沒有真正了解中國自然哲學。此點有利於說明他之思想並沒有受到中國哲學之影響。

第二章
氣與力：「唯氣論」新詮

太虛即氣。

——張載

　　在宋明儒學中張載和王船山的「元氣論」可謂獨樹一幟，而與程朱之「理學」和陸王之「心學」鼎足三立。可是於當代對宋明儒學之研究中，橫渠和船山一系之獨立性不但未受到應有之重視，而且往往被誤解為「唯物論」。例如馮友蘭 (1890-1990) 和張岱年便將張載和王船山的「元氣論」定性為「唯物論」。[102] 與此對比，牟宗三和唐君毅兩位先生則反對以唯物論的角度來詮解橫渠和船山的「元氣論」。無可置疑，唐、牟二氏之工作刷新了我們對宋明儒學的理解，但可惜仍未能對橫渠和船山的「元氣論」作出諦釋。特別地，牟宗三完全漠視了橫渠和船山的「氣」一概念之「形而上」的性格；而另一方面，儘管唐君毅很能夠確認出橫渠「氣論」之「宇宙論」涵義，但他卻傾向於以「精神」來理解「氣」，且認定船山之最大貢獻只在於其為一「歷史文化哲學家」。不過，無獨有偶，唐、牟二氏都堅拒以「唯氣論」來標稱橫渠和船山的哲學。

102　馮友蘭，《中國哲學史新篇》第五冊（臺北：藍燈文化，1991），頁298；張岱年，〈關於張載的思想和著作〉，收入〔宋〕張載著，章錫琛點校，《張載集》，頁2。

本章首先旨在對牟宗三和唐君毅關於張載和王船山的「元氣論」之解釋分別作出批判性檢視；其次透過橫渠和船山的「元氣論」與萊布尼茲「自然哲學」之比較，提出一個對「唯氣論」的嶄新解釋。這固然可支持唐、牟二氏之「反唯物論」的詮解立場，但同時將修正兩者對張載和王船山的「元氣論」之解釋。基本上，本章嘗試指出：橫渠和船山透過「氣」一概念的提出，在傳統中國自然哲學中產生了一「反實體主義的轉向」(anti-substantialist turn)。而從這一「非實體主義」的「元氣論」出發，我們可以勾畫出一條重建中國自然哲學之道。特別地，可將傳統儒學「智性實踐」的一面再度彰顯出來。

I

首先讓我們展述牟宗三對橫渠和船山之解釋的要點。基本上，大概由於受到周敦頤和朱子的影響，牟氏將「氣」了解為「材質的」(material)[103]，因而認為橫渠和船山之「氣」只屬於「形而下」，即完全歸於康德義之「現象界」。這因為張載的「氣質之性」與「天地之性」一區分，對他來說恰好對應康德之「現象界」與「物自身」的區分。依牟氏，當橫渠宣稱：「凡可狀皆有也，凡有皆象也，凡象皆氣也。氣之本性本虛而神，則神與性乃氣所固有。此鬼神所以體物而不可遺也。」[104] 且說：「散

---

103 牟宗三，《心體與性體》第一冊（臺北：正中書局，1968），頁 471。
104 張載，《張載集》，頁 63。

殊而可象為氣，清通而不可象為神。」[105] 這不外意謂：「『氣之性』即氣之體性。此體性是氣之超越的體性，遍運乎氣而為之體者。此性是一是遍，不是散殊可象之氣自身之曲曲折折之質性。氣自身曲曲折折之質性是氣之凝聚或結聚之性，是現象的性，而橫渠此處所說之『氣之性』是『遍運乎氣而為之體』之『超越的性』，本體的性，乃形而上者。氣以此體即以此為性。橫渠以『虛而神』規定此體胜，故此體性是遍是一，是清通而不可象者。謂此為氣所固有，此『固有』乃是超越地固有，因『運之而為其體』而為其所固有，不是現象地固有。」[106] 一言以蔽之，「言天地之性只能植根于道，不能植根于氣也」。[107] 職是之故，橫渠方言：「未嘗無之謂體，體之謂性。」[108] 與此相對，其「說『氣化』乃只就化之實，化之事而言耳」。[109] 十分明顯，牟氏反對將橫渠所說之「神」理解為「氣之質性」。以傳統哲學術語來說，他認為：橫渠之「神」和「天地之性」是「體」，而另一方面其「氣」或「氣質之性」則屬「用」。十分明顯，體是體，用是用；是以兩者不能混淆。而兩者之本質區別，正可以通過康德之「現象與物自身」這一「超越區分」來加以說明。不過，在牟氏眼中，橫渠所引入之「德性之知」與「見聞之知」的這另一區分，卻顯示了其有進於康德之處。因為如橫渠所指出：

105　同上註，頁 7。

106　牟宗三，《心體與性體》第一冊，頁 442-443。

107　同上註，頁 491。

108　張載，《張載集》，頁 21。

109　牟宗三，《心體與性體》第一冊，頁 474。

「誠明所知乃天德良知，非聞見小知而已。天人異用，不足以言誠。天人異知，不足以盡明。所謂誠明者，性與天道不見乎小大之別也。」[110] 牟氏認為這實質上表明了「德性之知」可以直貫「物自身」。眾所周知，本來康德主張人類不可能有「智的直覺」，而只可具「感性直覺」。與此相比，牟氏指出：橫渠義的「見聞之知」雖然侷限於「現象界」，不過其「德性之知」標示了人類其實也可具有「智的直覺」。正在此一意義上，橫渠超出了康德。[111] 然而，於牟氏眼中，這一與康德之對比表明了當橫渠宣稱「太虛即氣」或「虛空即氣」時，他並未將兩者視作同一。按牟氏之分析：「此『即』字是圓融之『即』，不離之『即』，『通一無二』之『即』，非等同之即，亦非謂詞之即。顯然神體不等同于氣。」[112] 這因為「神固不離氣，然畢竟神是神，而不是氣，氣是氣，而不是神，而神與氣可分別建立。」[113] 相當清楚，底子裡牟氏將橫渠之「即」字只了解為「不離」之義。他認為橫渠上述之命題只表示一「體用不二」之立場，因為「神為體，為形而上，化為用，就氣言，為形而下。」[114] 準此而觀，當橫渠說「太虛無形，氣之本體」時，他不外是將太虛了解為「氣之超越的體性」。[115] 無可置疑，橫渠亦嘗聲言：「太虛為清，

---

110 張載，《張載集》，頁 20。
111 牟宗三，《智的直覺與中國哲學》（臺北：商務印書館，1971），頁 184-202。
112 牟宗三，《心體與性體》第一冊，頁 459。
113 同上註，頁 442
114 同上註，頁 454。
115 同上註，頁 443。

清則無礙，無礙故神；反清為濁，濁則礙，礙則形。凡氣清則通，昏則壅，清極則神。」[116] 這顯示出他似乎主張：「太虛」＝「神」＝「氣」。為了斷絕這一可能性，牟氏堅持：「橫渠此處順清氣直線地說通說神，只能算作領悟太虛神體之引路。就清氣之質性，可對于太虛神體之清通得一經驗的徵驗。而經驗的徵驗究不是太虛神體本身也。對此太虛神體之先天的、超越的徵驗，惟在超越的道德本心之神。至此，則神體之非可視為氣之質性全部明朗。」[117] 十分明顯，他認為橫渠之「氣」只能屬於「經驗界」。一言以蔽之，牟氏所得出之結論就是：「不可謂橫渠所說之太虛神體即是氣之質性，氣所蒸發之精英，因而謂其為唯氣論也。」[118] 無可置疑，牟氏亦承認橫渠之進路屬「宇宙論式」。不過他認為其中心概念乃在於「道德的創造」：「宇宙之生化即是道德之創造。」[119] 這是說，基於「道德的本心決不可視作氣」之立場，[120] 他反對將橫渠之「太虛者氣之體」[121] 一命題了解為對「氣本身」之描述，而堅持將之視作對「氣」之「超越的體性」的勾畫。因此之故，當橫渠宣稱「氣之性本虛而神，則神與性乃氣所固有」，[122] 依牟氏看來「則生硬滯窒」。[123] 而為了證成其

116　張載，《張載集》，頁 9。

117　牟宗三，《心體與性體》第一冊，頁 476。

118　同上註，頁 476。

119　同上註，頁 473。

120　同上註，頁 472。

121　張載，《張載集》，頁 66。

122　同上註，頁 62。

123　牟宗三，《心體與性體》第一冊，頁 478。

必須加以區分「氣」和「神」一論點,牟氏進一步強調:「氣變雖有客形,而清通之神與虛則遍而一,乃其常體。」[124] 當橫渠言「至靜無感,性之淵源」[125] 時,他指出這都是就「神」或「太虛」而非就「氣」而說的。統括而言,牟氏堅持橫渠從未放棄視「神」於存有論之層次上先於「氣」之立場。職是之故,若將其「氣」等同為宇宙創造之實體,即屬一錯誤之理解。因為即使從一語言分析之角度來看,如果「神屬于氣,心是氣之靈處,則神成為氣之謂詞,心成為氣之質性,此即成為實然陳述」。[126] 但事實上,只有「虛體」或「神體」方是「實現原理」,方是「使存在者得以有存在之理也」。[127] 相比之下,「氣」不過是其所生之產物而已。牟氏重申:用現代之術語來說,橫渠義之「神」在本質上是一「超越心」(transcendental mind) 或是一「創造之真幾」(creative feeling)。而從「神」與「氣」這一存有論上的差異出發,便可否定將橫渠看成為一「唯氣論者」之可能性。換言之,即使橫渠採「宇宙論式之進路」亦無改於其根本立場是一「道德的形上學」。

　　相比於對橫渠之哲學不但有專章討論,而且是作出一種逐句分析之處理,牟氏只在歷史哲學之脈胳中談及船山的思想。由於他視船山為橫渠之忠實進隨者,所以他亦反對將船山之立場定

---

124 同上註,頁 444。

125 張載,《張載集》,頁 7。

126 牟宗三,《心體與性體》第一冊,頁 459。

127 同上註。

性為「唯氣論」。[128] 從一反省的角度來看：牟宗三對張載和王船山之「氣論」的詮解方式是基於以下兩大前提。首先，張、王二人並非「唯氣論者」；否則他們會被誤解為「唯物論者」。這是說，牟氏視「唯氣論」一詞義同於「唯物論」。其次，在閱讀張、王兩人之著作時不能拘泥於其表面的文字；理由是「橫渠措辭多有別扭不通暢處」[129]，而「船山講性命天道是一個綜合的講法，但極難見出其系統上之必然性……所以其自己系統之特殊眉目極不易整理」。[130]

II

現在讓我們轉看唐君毅對張載之解釋。雖然他也開宗明義地否認橫渠為一「唯物論者」，但卻能指出其「氣」並非只屬一「形下」義。他宣稱：「吾人應高看此氣，而視之如孟子之浩然之氣之類，以更視其義同于一形上之真實存在」。[131] 如此一來、對唐氏來說「氣」似應有兩種之區分：一是順著朱子可說「形物之氣」而於人則可言「氣質之性」。[132] 另一是回到孟子所說的「浩然之氣」，從而見出：「氣之義，原可只是一真實存

128　牟宗三，《生命的學問》（臺北：三民書局，2003），頁 199；牟宗三，《歷史哲學》（香港：人生出版社，1970）。

129　牟宗三，《心體與性體》，頁 523。

130　牟宗三，《生命的學問》，頁 198。

131　唐君毅，《中國哲學原論‧原教篇》（香港：新亞研究所，1975），頁 97。

132　同上註，頁 113。

在之義。故可說此天即氣。天之神德之見于其虛明，其所依之『實』，即此氣也。」[133] 依後一種意義來看，當橫渠言「太虛即氣」時，顯是將「氣」等同於「形上之真實存在」。然而與牟宗三一致，唐氏亦反對以「唯氣論」來解釋橫渠之學。[134] 相當清楚，唐氏亦將「唯氣論」理解為「唯物論」之同義詞。顯然，於此一場合中，「氣」一詞只被唐氏了解為「形物」或「物質」義。由此可見其在「氣」一詞之使用上實存有歧義。其次，於其對張載《正蒙》一書所作之文本分析中，唐氏標竿立影地將〈大心篇〉列為全書之樞紐。[135] 因為傳統以來，作為全書首章之〈太和篇〉向被視作橫渠之學的圭臬。不過唐氏此一舉動乃是經過深思熟慮的。眾所周知，於〈大心篇〉中張載明言：「大其心，則能體天下之。物物有未體，則心為有外。世人之心，止于聞見之狹。聖人盡性，不以聞見梏其心；其視天下，無一物非我。孟子謂盡心則知性知天，以此。天大無外，故有外之心，不足以合天心。」[136] 十分明顯，依橫渠：若果我們能夠將心推致其極而不以聞見之知圍之，那麼便可達到「無外之心」。對於唐氏來說，這一「心外無物」之論旨在本質上近乎黑格爾義之「絕對唯心論」。職是之故，他將橫渠之「神化」、「性命」、「乾知」、「性」、「心」、「明」等均視作「今所謂精神意義之名言概

133　同上註，頁 97。

134　同上註，頁 71。

135　同上註，頁 78。

136　張載，《張載集》，頁 24。

念」。[137] 特別地，在唐氏眼中，由於「此所觀得之太虛與氣，乃依于人之大心之仰觀天地萬物而見得；故其觀察之所得，亦不能離此人之大心而說」，[138] 這正表明了橫渠之「神」實與黑格爾之「絕對精神」相去不遠！由於此種「大心之知」乃是透過沖破「見聞之知」之向度而達致，這一立場亦類似於黑格爾義「絕對知識」之超越「主客對立」。因為依橫渠「見聞之知，乃物交而知」，[139] 因而仍囿於「主客對立」之格局。準此而觀，儘管唐君毅並沒有明說，但實際上他是首先從一「絕對唯心論」之立場來詮解橫渠之學。這就是緣何他要如斯強調〈大心篇〉，並明言反對將橫渠視作「唯物論者」之基本理由。事實上，正是基於此種以「絕對唯心論」之角度來詮解橫渠的典籍之立場，唐氏將其「神」英譯成「spirituality」。[140] 無可否認，唐氏亦嘗明言：橫渠不信佛家所主張「心是無始以來即有，在父母未生前即有」那種「唯心論之宇宙論」，「而信我們之心或心之性，有一客觀宇宙根源。此即其一套虛氣不二之太和論的宇宙論」。[141] 可是，這裡所謂之「唯心論」其實只是指「主觀的唯心論」。換言之，橫渠所反對者乃是那種以「主觀精神」作為一切法之根源的主張。不過，這無改於唐氏之「絕對唯心論」式詮解進路，因為他所言之

137　唐君毅，《中國哲學原論・原教篇》，頁 90。

138　同上註。

139　張載，《張載集》，頁 24。

140　Tang Chun-i, "Chang Tsai's Theory of Mind and Its Metaphysical Basis," *Philosophy East and West* 6 (1956): 126.

141　唐君毅，〈張橫渠之心性論及其形上學之根據〉，《唐君毅全集》，卷 18（臺北：臺灣學生書局，1991），頁 216。

「精神」基本上乃指「絕對精神」。所以，即使橫渠反對佛家那種「主觀唯心論之宇宙論」，這不會拒斥從一「絕對唯心論」之立場去理解其「心外無物」一論旨。職是之故，唐氏最後堅持：「吾人之本『大心』以知橫渠之學之全之道。」[142]

相對於這一以「絕對唯心論」的詮解的角度來看橫渠之「存有論」，唐君毅同時通過懷德海之「歷程哲學」來闡釋橫渠之「宇宙論」。他認為張載之「存有論」與其「宇宙論」攜手並進。特別地，在他眼中：〈動物篇〉和〈參兩篇〉最能表現出橫渠之宇宙論主張。簡要而言，他認為橫渠之宇宙論旨在申明：「物之時與秩序，依于物象而有；而物象又依氣之息散，即氣之流行，而有。則物乃第二義以下之存在概念。唯此氣之流行為第一義之存在概念。氣之流行中之氣……其意義固只是一流行的存在或存在的流行而已。」[143] 換言之，橫渠主張：「天地間一切依時而呈其形象秩序之事物，根底上只是一浩然而湛然，亦實亦虛之氣之流行，或存在的流行，流行的存在；則對此一切萬物之生而始，即可為一氣之伸，是為陽氣，而其死而終，則為一氣之屈，是為陰氣。」[144] 一言以蔽之，當橫渠宣稱：「太虛不能無氣，氣不能不聚為萬物。萬物不能不散為太虛，循是出入，是皆不得已而然也」，[145] 依唐氏這「自是謂一切天地萬物，皆氣之所

142　唐君毅，《中國哲學原論・原教篇》，頁 78。

143　同上註，頁 87-88。

144　同上註，頁 88。

145　張載，《張載集》，頁 7。

成,凡充實于太虛者,亦只是氣。」[146] 不過,他重申:「不得再以橫渠為唯物論,亦不得以之為唯氣論」。[147] 在方法論之層次上,唐君毅相當強調「兩端」一概念於橫渠思想的重要性。眾所周知,張載嘗言:「兩不立則一不可見,一不可見則兩之用息。兩體者,虛實也,動靜也,聚散也,清濁也,其究一而已。感而後有通,不有兩則無一。」[148] 唐君毅認為橫渠之意旨在指出:「于此相感通處,即見氣之有清通之神。神之清通,為通兩之一,為絕對,不可見,亦無形無象。則目氣之散為多處看,便為一之兩,為相對,亦為有象而有形之始。」[149] 值得注意的是,在這一場合中唐氏其實提出了一種嶄新的方式來詮解橫渠之「陰陽二氣」之別。他說:

> 在此聚合之際,能感者受所感者,居陰位而靜,其氣為陰。所感者往感彼能感者,居陽位而動,其氣為陽。然能感者,以其清通之神,感所感者,而呈現其形象,則其神超越于所感者以自伸,而成其為一洋溢于所感者之上之高位之存在,則又為陽氣之動。所感者之自變化其原來存在,而自失其原來之存在,以入于能感者,而屈居其下位,以為有一定形象之所感,則又為陰之靜。合而言之,即可稱為一陰陽之氣之往來、動靜、施受,亦即『兼有神之依虛通而伸、與氣之自變化其實』之一神化之歷程。而自外看,則亦可只說為

---

146 唐君毅,《中國哲學原論‧原教篇》,頁 89。
147 同上註,頁 89。
148 張載,《張載集》,頁 9。
149 唐君毅,《中國哲學原論‧原教篇》,頁 90。

『二氣之依虛而成氣化，或氣之聚散，而出入于虛中』之歷程。[150]

十分明顯，這裡唐氏已不同於先前只就「氣」之「伸」、「屈」，而是首先緊扣「氣」之「動」、「靜」乃至「聚」、「散」來說明橫渠之區分「陰陽二氣」的判準。

唐君毅還指出：即使從其論著寫作之方式來看，橫渠之「成其書，多是合兩義相對者，以見一義」。[151] 因此之故，他強調：「吾人述其學之言，一有畸輕畸重于兩者之任一，或于此『兩』與『一』之二者中，畸輕畸重于其一，即皆吾人論橫渠之學之失中正之道，而不足見其義之『和』。」[152]

一般來說，在唐君毅眼中，張載之革命性貢獻莫過於做到「即虛以體萬物」來言「性」。橫渠之要旨在於指出：「尅就由氣之清通，即可與一切其他之氣相感處說，則任一物皆可說有『能與其他一切物相感，而更攝入於其自己，或以其自己遇之、會之、而體合之』之一性。」[153] 因此，如能返回此一體萬物的「天地之性」，則使可知天下無一物能孤立地存在。依唐君毅看來：「此有似華嚴宗所謂一能攝一切之性。」[154] 不過，與周敦頤之只採一「由上而下」的進路 (top-down approach) 不同，張載於

---

150 同上註，頁 92。

151 同上註，頁 77。

152 同上註，頁 78。

153 唐君毅，《中國哲學原論‧原性篇》（香港：人生出版社，1968），頁 327-328。

154 同上註，頁 328。

「一本散為萬殊，而立於萬殊中」這一「縱貫的向度」外，能夠進一步引入了「萬殊間，亦彼此能依其氣之清通，而互體，以使萬物相保合，為一太和」之「橫攝的向度」。[155] 特別地，橫渠首先將人平放於萬物之間，一方面以見其與萬物間之相輔相成；另一方面突顯人之有殊異於其他萬物之處，即只有人方能有「心知之明，以窮萬物之理，以知萬物而成萬物，自明而誠，以自盡其性。」[156] 當然，一般而言，萬物都源自天地之化因而各具殊異之性。即順著其氣之清通程度可有萬物各各特殊之性。於此標準上、植根於氣之「強度」(intensity) 上差別便可得出說明萬物之分殊的「個體化原則」(principle of individuation)。但是，特別值得留意的是：

> 橫渠所謂體萬物之謂性，乃就一人物之能往體萬物之「能」，而謂之性。此乃一向前看其能體物，而見之性；而此往體，亦初未定其所體之物，為何種類之物者。尅就此往體物之性言，其中初無一定之內容，而唯是依氣之清通而虛，以往體「萬物之實」之性。此往體，即依此氣之清通而後可能。此氣為實，此清通則為虛。以虛能體實，此即氣之「實」，天地之德之所在。[157]

準此，唐氏強調必須從「太和」之觀點來闡發橫渠之「性」義。

唐君毅並且進一步從這種「以能論物」的立場出發，重申「張橫渠所謂氣，不是一物質，而是能虛以與他物相咸通以相涵

---

155 同上註，頁 328。
156 同上註，頁 328。
157 同上註，頁 331。

攝的」。[158] 他認為在本質上橫渠其實如懷德海般緊扣一「相覺攝之關係」(prehension) 來論物之為物。因此之故，他說：

> 所謂物只是一終始屈伸始卒之歷程，其所以生，乃承前之物之相感通而生，……前物不化，則此物不生。此物既生，復與他物相感而有事，故此物之生，乃依於其與前物之有所異。然此物既與前物相續相承，則又有所同。此物生與他物相感而有事。故此物之事，由於此物與他物之異而相感通。相感通而相交。在相交處，則又有所同。此物與他物之異，即此物之有其所有，而無他之所有。因萬物各有所有，各有所無，而後相感。唯因有此相感，乃有事成。故「非同異有無相感」，則物無事可成，物不能有事則「物非物也」。這都是說明「事物」唯在一宇宙之虛氣之不二之太和之神化之歷程中立立，而非固定不變之實質。[159]

通過與懷德海之「歷程哲學」之比較，唐君毅不但可尋到一現代語言來釐清橫渠之「物」一概念，而且還可從一嶄新的角度來說明橫渠之宇宙論與唯物論之區別。理由是：正如懷德海視宇宙中一切的存在歷程均為一價值之實現的歷程，橫渠亦持「存在與價值不二」之立場，因而方說：「天地以虛為德，至善者虛也。」[160] 這是說，其所了解之宇宙是實現價值而充滿道德涵義的。這自然與唯物論之「價值中立的宇宙」有本質上之區別。考其源，他認為這是由於張載同時引入一「天地之性」一概念

158　唐君毅，〈張橫渠之心性論及其形上學之根據〉，頁 225。
159　同上註，頁 223。
160　張載，《張載集》，頁 326。

所致。事實上，於〈乾稱篇〉中橫渠便嘗宣稱：「妙萬物而謂之神，體萬物而謂之性。」[161] 唐君毅指出：這表示「張橫渠所謂性，乃自吾人之氣能超乎我身體之形質，而依虛以與天地萬物相感通上說；則知張橫渠之所以言性善，言性中具仁義之理由」。[162] 換言之，「天地之性」是宇宙之源，其為至善是因為藉著其為太虛萬物方能得生，其所表現的「生生之德」亦正是其性善之由。同時，只有通過此天地之性的「虛」萬物方能相互涵攝、相互感通。準此橫渠明言：「感者性之神，性者感之體。」[163] 此中可謂有一十字打開之格局：「立體」而言，是基於「天地之性」的統合力量將萬物貫通起來。「平面」地說，則每一物藉其特殊之「氣質之性」與其他一切之物相互交往而貞定其本身之個體性。這是由於「物無孤立之理，非同異終始屈伸，以發明之，則雖物非物也。事有終卒乃成，非同異有無相感，則不見其成。不見其成，則物非物也」。[164] 而由每一物均為先前之「繼承」和「延續」，其中自各反映出一「統一」(unity) 上之不同「程度」(degree)。這「立體」與「平面」兩者間之「相輔相成」於茲表露無遺。在唐君毅眼中，這在在都顯示出「張橫渠所謂氣，不是一物質，而是能虛以與他物相感通以相涵攝的」。[165]

　　不過，唐氏亦承認橫渠此一區分「天地之性」與「氣質之

161　同上註，頁 64。

162　唐君毅，〈張橫渠之心性論及其形上學之根據〉，頁 227-228。

163　張載，《張載集》，頁 63。

164　同上註，頁 19。

165　唐君毅，〈張橫渠之心性論及其形上學之根據〉，頁 225。

性」似乎指向「人性二元論」；但終認為其「宇宙論」應是一「虛氣不二」之「一元論」。不過，橫渠既然主張「天地之性」為至善，緣何又言人有向惡的「氣質之性」？為解決此一矛盾，唐氏指出：

> 我們須知張橫渠之說天地之性與氣質之性，並非在一層次上，將二性對立的說。在根本上，人之性只有天地之性。此性是直接通於天道或宇宙之氣化的。氣質之性乃是天地之性，為氣質所蔽之所生，亦即氣之凝成人之形質後而有之性。……氣原是一無形而又能凝聚以表現為形者。當其表現為形質時即可謂之為氣之特殊化或個體化。當其特殊化個體化時，他即與其他之人物相對，因相對遂互為礙。人之一切罪惡，皆不外由人之自私執我，與其他人或萬物互相對峙阻礙而生。[166]

唐氏此一「辯道論」式分解可謂功比萊布尼茲之「辯神論」，並且可進一步勾畫出張橫渠之「氣論」中所涵的「工夫論」之基本方向：「人必求超越其對於形質之執着與物欲，而顯其氣本具之能虛之性——亦即人之天地之性——以大心盡心而成己成物，以成聖。」[167]

對於唐君毅來說，若果橫渠之革命性貢獻在其「體萬物之性說」，那麼船山之殊勝處存於其「歷史哲學」中，他說：「船山之學，歸在論史。」[168] 他指出：從一哲學史之角度來說，「船山

---

166 同上註，頁 229。

167 同上註，頁 231。

168 唐君毅，《中國哲學原論・原性篇》，頁 494。

本其哲學思想之根本觀念，以論經世之學，承宋明儒學重內聖之
學之精神，而及于外王，以通性與天道與治化之方」。[169] 無可置
疑，船山乃是中國歷史上首位歷史哲學家。而眾所周知，船山自
許直承橫渠之學。特別地，他要重振其宇宙論。因此，其歷史哲
學與宇宙論息息相關。而即使其論自然宇宙，亦自有創新之處。
一般而言，唐君毅認為船山之思想有下列之特點。

　　首先，船山追隨橫渠從「氣」出發以論「心」和「性」之
立場。同時，船山也是緊扣「天道」以言「人道」。基本上，船
山之「氣化」乃是「形而上」義；因而與朱子之進路大相徑庭。
特別地，與朱子之析「理」「氣」為二相對立，船山堅持「理
氣一元」。所以他反對朱子之離「氣」而言「太極」；因為「太
極」並非只是個「理」字。究實言之，「太極雖虛，而理氣充
凝」。[170] 準此，船山提出「道即器，器即道」之論點。對船山來
說，「非只物質生命之氣是氣，精神上之氣亦是氣。唯精神之氣
能兼運用物質與生命之氣，故言氣必以精神上之氣為主」。[171] 職
是之故，不能將船山理解為一「唯物論者」。

　　其次，我們不應漠視存在於船山與橫渠之差別。當船山察覺
「人之不善，唯原於流乎情、交乎才者之不正，而不在氣質或氣
質之性之本身」，這種「不以氣質之偏為不善」之立場，[172] 均屬
橫渠所未發之義。這是說，橫渠言性偏重於氣之虛以言萬物間之

169　唐君毅，《中國哲學原論・原教篇》，頁 513。

170　王夫之，《船山全書》第十二冊（1992），頁 430。

171　唐君毅，《中國哲學原論・原教篇》，頁 513。

172　唐君毅，《中國哲學原論・原性篇》，頁 485。

相互感通，因而對於氣之能動性有所忽略。但「由於船山之更重本一客觀的觀點，以觀『道或理之繼續的表現流行於氣中之種種涵義』，然後加以建立者」[173]，所以他能夠進一步闡明「性」之動態義。若果回到傳統儒家之經典來看，「其所進於橫渠者，則在橫渠猶是得於中庸者多，得於易教尚不如船山之多」。[174] 因此之故，唐君毅說：

> 橫渠之由氣之虛而能萬物處言性，此性為氣之能感之所以然，其本身尚為一未表現者。而船山之所謂性，則尅就「天道之流行於氣以有善，更底於人物之成處」，言人物之具性。此中性亦不斷表現流行於氣，其性亦日生。此天命與氣及性，皆同在一相繼的表現流行，或創造之歷程中之義，則橫渠之所不及。橫渠與程朱之言性，皆自萬物之同原共本上說，而船山言性則兼在人物之氣之流行本身上，說其流行以日生。[175]

簡言之，船山不同於張載之處，在於「空間」之層面上能從「多」之角度以言「性」，而於「時間」之層面上能從「流行」的觀點來說「氣」。而從其能緊扣「質」、「能」、「才」、「情」和「欲」以言「性」、可見出船山哲學鮮明之「具體性格」。

　　船山之受益於《易傳》者，莫過於提出「乾坤並建之說」。這裡他特別與朱子相對立。依朱子「理先氣後」之立場，「必先

173　同上註，頁 493。
174　同上註，頁 493。
175　同上註，頁 493。

有動之理，而後有陽之氣；必先有靜之理，而後有陰之氣。陽動而氣生，陰靜而氣成」。[176] 在船山看來，這完全是由於朱子將陰陽二氣從太極分割開來的結果。底子上，所謂「太極」不外是「陰陽二氣之渾合」。這是說必須透過「乾坤並建」來說明「太極」，「其意是謂二氣雖渾合為太極，然不可視此二氣為一氣之所分，或一理之所生。船山之旨，乃重在言乾坤陰陽之恆久不息的相對而相涵，以流行表現，即以說理之相繼的表現流行於氣之事」。[177] 一言以蔽之，船山之創意清楚地顯示在他通過陰陽二氣以言乾坤之道；事實上《易傳》本身只宣稱「一陰一陽之謂道」而尚未明說陰陽為氣。

然而更重要的是：順著此陰陽二氣之流行，船山可闡揚天地萬物的「日新」和「富有」。他說：

> 氣既流行，則其理亦非皆如故，萬物萬器，既各有創新，非同舊有，則其道亦不能守故轍，而必隨之以新；而此整個天地之乾坤之道，實亦未嘗不挾其中之萬物之新、萬物之道之新，而亦更新。故此船山以乾坤並建，言天地萬物之日新而富有之要義，乃不僅意在謂此全部之已成之必迎來，以有天地萬物之繼續新生以順往；而是來者既來，其道亦新，以使此天地萬物與其道，咸更歸於富有；於是其再迎來者之道，又不同於其所自來之道。[178]

可以說，船山言「理氣相即」不僅可勾畫「理」之「活動」義，

---

176 唐君毅，《中國哲學原論・原教篇》，頁 519。
177 唐君毅，《中國哲學原論・原性篇》，頁 494。
178 同上註，頁 494。

且可進而指出「性」之「日新」和「富有」義。因此，在其「辯道論」中船山能夠提出以下之新猷：

> 物之自阻害其生、或他物之生，乃不能自繼其生，兼繼他物之生，固是不善。然單就一物之生而觀之，則皆本善而生，無一生為不善也。其不善者，惟在其不能大繼其所以生。于是今日之生，為後日之生之礙，此生為彼生之礙。由此生與生之相礙，而有人物之不善。[179]

其實，當船山言天地萬物之「日日新」和「富有」，目的在強調歷史之相續性。即要明瞭歷史之相續性的本質在於「繼往開來」：「來者之繼往，即往者之開來，而迎來者以使之生；往者之寄於來者，亦即來者之既送往，而亦迎往以相與成。」[180] 因此之故，船山非常反對「立理限事」。否則這只會帶來災難性之後果。在歷史發展中，我們必須持「事先理後」之立場。這是說，「乃先知有史事，方進而究其有如何如何之理。事已成，而其理吾人容有未知」。[181] 一言以蔽之，「理」只能內在於「事」中尋。當然這並不表示人於歷史進程中只扮演一被動的角色。相反地，在船山眼中：「政治經濟必以立功為的者也。」[182] 特別地，「船山言為政當重行，不重多議論，言為政重得人……不僅應知理之當然，亦應知時勢之實然等」。[183]

---

179 唐君毅，《中國哲學原論・原教篇》，頁 547。
180 唐君毅，《中國哲學原論・原性篇》，頁 498。
181 唐君毅，《中國哲學原論・原教篇》，頁 651。
182 同上註，頁 645。
183 同上註，頁 650。

　　於整個宋明儒學之中，相對於朱子重「理」和象山陽明主「心」，船山進隨橫渠而言「氣」。朱陸之分際在道德，另一方面，「重氣之哲學……恆趨向于重視歷史」。[184] 在本質上，歷史文化都不外「客觀精神」之表現。因此，與黑格爾相似，船山之言「氣」，「必重精神之存在」。職是之故，如果將船山比為西方唯物論，則毋寧是對他一種凌辱。[185]

III

　　若果我們將牟宗三和唐君毅對橫渠與船山的詮釋作比較，則可發現下列之分別：一方面，牟宗三主要採取「超越的分析」之進路，其橫渠之形象純屬康德式，儘管他強調船山具「綜合的心量」。另一方面，唐君毅從偏重「絕對精神」的「唯心論」觀點出發，雖然他也很能揭露張載與懷德海之間的一些相近之處，但其論整個「氣之哲學」卻充滿黑格爾之色彩。職是之故，當牟宗三堅持要將氣和太虛視作異質之存在時，唐君毅卻把兩者等量齊觀。其次，無疑唐、牟二氏均視「神」為一「精神性存在」，但牟宗三開宗明義地反對將「神」了解為「氣」之樣態，蓋「氣」不外形而下之材質；與此對比，唐君毅宣稱「氣」屬形而上，因而主張「神氣非二」。最後，即使唐、牟二氏都將船山與黑格爾相提並論，不過基於康德和黑格爾之本質差異，於牟宗三之解釋中卻不易見出存在於橫渠與船山間之一致性。另一方面，由於在

184　同上註，頁 651。
185　同上註，頁 666。

唐君毅的眼中，橫渠與船山或隱或顯地均邁向一「絕對唯心論」之立場，所以兩者之連貫性可以無遺地表露出來。而由於船山進而扣緊「勢」以言歷史，是以更能重視「客觀精神」之表現。

不過，從一批判性之角度來看，則發現唐、牟二氏的詮解均存在以下之侷限：首先，牟宗三無法見出橫渠與船山所言之「氣」的形而上性格。這是說，在對「氣」之認識上他仍受制於朱子之拘囿，以致扭曲了橫渠「太虛無形氣之本體」一論旨之原義。其實加上「氣之性本虛而神」[186] 一語，便能見出橫渠於此是直就「氣」本身而說。況且後來船山直接地指出：「蓋氣之未分而能變合者即神，自其合一不測而謂之神爾，非氣之外有神也。」[187] 無疑牟氏也察覺出橫渠義「太虛」「不是一個抽象的靜態之體」，而乃是一「動態的具體的神用之體」[188] 但是他卻未能進而見出：若果離開陰陽二氣便無法言太虛之動態義。而實際上正是於這一關節上橫渠方言「太虛不能無氣」[189] 和「虛空即氣」，並且就其同為「一物兩體」之義上將「氣」與「太極」等量齊觀。換言之，牟氏抱怨橫渠常有「不諦之滯辭」，「措辭多有別扭不通暢處」，但其實此並非橫渠原有之過；而這只是牟氏以康德式立場理解橫渠所產生之不良結果而已。其次，牟宗三亦言「性」之動態義，但他一方面忽視了橫渠所重之物與物間之「互動相感」，另方面又未能進而闡明船山言「陰陽二氣」之

---

186 張載，《張載集》，頁 62。
187 王夫之，《船山全書》第十二冊（1992），頁 82。
188 牟宗三，《心體與性體》第二冊，頁 447。
189 張載，《張載集》，頁 7。

「流行不息」。職是之故，牟氏似沒有意識到「太和」作為一「統一性原則」之方法論涵義。其源自康德式偏重「區分」的進路頗難與橫渠強調「物無孤立之理」的立場相吻合。

相比之下，唐君毅的詮釋不但能夠避免上述牟氏解釋中之種種困難，而且於相當之程度上忠實於橫渠與船山之原有特色。可惜的是：唐氏之解過於偏重「氣」之「精神」義，從而未能完全照顧其屬於「自然」之根本的一面。這是說，雖然唐氏指出一些存在於懷德海和張載之宇宙論間的相近之處，但他並未能進一步從「自然哲學」之角度來論「氣」之本質。特別地，他沒有理會「數」在船山思想之重要性。一般來說，儘管唐氏亦明船山主張「德才並重」，不過他太重視「德性之知」而忽略了「見聞之知」。其實若果回到橫渠「一物兩體」之基本立場，兩者缺一不可。這都是唐氏終未能夠擺脫以一「絕對唯心論」之立場來看橫渠與船山之學所致，無怪乎他滿足於以「歷史哲學」為船山之學的歸宿。

一言以蔽之，唐、牟二氏之解的侷限清楚地表現於其不願稱橫渠與船山之學為「唯氣論」；不過，無論如何他們反對將橫渠與船山之學解釋作「唯物論」之立場仍然至為值得肯定。事實上，除了在馮友蘭等人之影響下整個大陸學界幾乎均視橫渠與船山為「唯物論者」，而在海外亦由於陳榮捷 (1901-1994) 之持相同論調而未能倖免。[190] 當然，從一純學術角度來看，我們現所感興趣的是：若果毋須乞靈於一種「超越觀念論」或「絕對唯心論」

190　Wing-tsit Chan, *A Sourcebook in Chinese Philosophy* (Princeton: Princeton University Press, 1963), pp. 504, 692f.

式詮釋架構，能否正面地將橫渠與船山之學了解為「唯氣論」而又不會導致與「唯物論」相混呢？無可置疑地此中觸及了如何正確地了解橫渠與船山義之「氣」的本質一關鍵性問題。

IV

　　前嘗指出：橫渠與船山義之「氣」可以與萊布尼茲義之「力」相提並論。[191] 基本上，橫渠與船山視「元氣」為整個宇宙之「存有論根據」(Seinsgrund)。對他們來說，於「元氣」之外無「道」亦無「理」；因而兩人主張「理氣一元，無分先後」。職是之故，其所了解的「理」是動態的、且屬不斷在發展中。亦由於「理不離氣」所以「氣」對他們而言是「形而上」。可以說：此「氣」之形而上性格表明了「宇宙之本體」乃是「動態的」和「日新的」。而正正於此義上橫渠開宗明義地宣稱：「氣块然太虛，升降飛揚，未嘗止息，《易》所謂「『氤氳』者與！此虛實、動靜之機，即陰陽剛柔之始。」[192] 而船山更一針見血地指出：「太虛者，本動者也。」[193] 其次，不但宇宙之本體是活動的，而且其動因是本具的、內在的。因而橫渠明言：「凡圜轉之物，動必有機，既謂之機，則動非自外也。」[194] 船山進一步闡釋道：「至虛之中，陰陽之撰具焉氤氳不息，必無止機。」[195] 至於

191　見本書第一章。
192　張載，《張載集》，頁 8。
193　王夫之，《船山全書》第一冊（2011），頁 1044。
194　張載，《張載集》，頁 11。
195　王夫之，《船山全書》第十二冊（1992），頁 364。

此「不息」的可能根據則實源自「氤氳而含健順之性」。[196] 準此，船山同時宣稱：「陰陽二氣充滿太虛，此外更無他物，亦無間隙，天之象，地之形，皆其所範圍也。」[197] 這使我們聯想起萊布尼茲嘗言：「若非一物自其本性而動，則無一物能動。」[198] 這均顯示出正是基於「太極本然之體」的「氤氳不息」，宇宙萬物才能相感互攝。這是說：如無氣，則物與物間之感通便不可能了。正面而言，只有這「充盈無間」的「氣」方使得「物無孤立」。唐君毅亦很能洞察到此一事實，他說：「中國傳統思想從易經一系統下來之自然觀，都是以物之互相影響關係，為一感通而相攝之關係。但直到張橫渠，才更明白確切的指出此感通而涵攝之可能，本於氣之原有虛於內部；此氣之虛，即物與物互相感通涵攝之根據。」[199] 可惜的是：唐氏未能進至從一「自然哲學」的角度來申論此中所產生之「非實體化轉向」。實際上，如唐氏所已指出，《易傳》只說陰陽而仍未言陰陽二氣。這使得後來於言「太極」時有走上將之絕對化為一「實體」之傾向，如表現於邵雍 (1011-1077) 之「太極不動說」。針對此種「太極不動而生陰陽」的論調，橫渠力主「太極不外陰陽二氣」。而這種緊扣「氣」以動態化「太極」的做法標示出中國自然哲學中之「非實體化轉向」。可惜的是：在張載之後，朱子之「理氣二分」又

196　同上註，頁 76。

197　同上註，頁 90。

198　Leibniz, *Philosophical Papers and Letters*, 2nd. ed., trans. and ed. Leroy E. Loemker, p. 534.

199　唐君毅，〈張橫渠之心性論及其形上學之根據〉，頁 222。

將「太極」看成「存有而不活動」。幸有船山之繼起，貫徹此一「非實體化轉向」。於此一意義上，橫渠與船山於中國自然哲學中之革命性貢獻，可與萊布尼茲相提並論。一言以蔽之，借助 William James 的話來說：橫渠與船山堅持實在是不斷在創造中 (Reality is always in the making)。

關於橫渠與船山的「氣」一概念與萊布尼茲的「力」一概念於「自然哲學」之層次存在對應之關係，可以通過下列幾點來進一步闡明。首先，無論「氣」或「力」都是指宇宙生化之本體。而作為宇宙之本體，兩者均屬「非目力所及，不可得而見」的運動；但這裡之運動過程並非物理學上之位移。其次，與橫渠和船山於「元氣」中區別「陽氣」和「陰氣」相似，萊布尼茲亦把「原始力」分成「主動力」和「受動力」。更重要的是：「元氣」和「原始力」之間有以下之「結構一致性」：一方面，「元氣」中之「陽氣」與「原始力」中之「主動力」相應，另一方面，「元氣」中之「陰氣」與「原始力」中之「受動力」相應。當張載宣稱「太虛為清，清則無礙，無礙故神，反清為濁，濁則礙，礙則形」，[200] 其「清神」之一面便可與萊布尼茲之「主動原始力」相通，而其「濁礙」之一面便可與萊布尼茲之「受動原始力」對應。如前所見，船山嘗言：「太虛本動也」，而依萊布尼茲，主動的「原始力乃是活動之永恆的原因或歷程。」[201] 可以說：只有建基於陽氣或主動原始力，宇宙方能成為一充滿生機之動態過程。另一方面，與橫渠言陰氣之濁礙相近，萊布尼茲指

---

200 張載，《張載集》，頁 9。

201 Gottfried W. Leibniz, *Philosophical Papers and Letters*, p. 514

出：受動的「『客忍』或『抵抗』之原始力構成了經院哲學所謂的『原始物質』(material prima)。[202] 從一形式的觀點來看、這一「二分性結構」非屬偶然。事實上，橫渠早已聲明：「一物兩體，氣也；一故神，兩故化，此天地之所以參也。」[203] 另一方面，依萊布尼茲，如 Josef Koenig 所指出：「進行綜攝的普遍者是由存在這一自身統一對偶性之事實所決定的。」[204] 準此而觀，橫渠和船山所言之「氣」實與萊布尼茲義的「力」相通。特別地，萊布尼茲所作之「主動原始力」與「受動原始力」一區分，其實已嵌在船山下列一語中：「陰氣之結，為形為魄，恆凝而有質；陽氣之行於形質之外者，為氣為神，恆舒而畢通。」[205] 因此之故，橫渠嘗稱「神與性乃氣所固有」，因為「神」乃是「氣」之「根源模態」。精確地說，「可象之氣」為「陰氣」，因其「恆凝而有質」；「不可象之氣」為「陽氣」，蓋「行於形質之外」。而正如羅姆科所指出：萊布尼茲之「原始力是形而上的」[206] 與此相仿，「元氣」無論為「陰」為「陽」均亦屬「形而上」。準此，當我們將「氣」與萊布尼茲的「力」相提並論時，則稱橫渠與船山之學為「唯氣論」不但是可能的，且也可防止「唯物論」式之誤解的出現。事實上，萊布尼茲晚年於其「單子論」亦走上「觀念論」的歧途：將「力」與「精神」等同。但是

202　Ibid., p. 437.

203　張載，《張載集》，頁 10。

204　Josef Köenig, "Leibniz's System," trans. E. Miller, *Contemporary German Philosophy* 4 (1984): 108.

205　王夫之，《船山全書》第一冊（2011），頁 43。

206　Leibniz, *Philosophical Papers and Letters,* p. 437.

這種植根於「泛神論式思想」的不必要舉動，正好透過橫渠與船山之「元氣論」來加以修正。因為他們所謂「心」不外是指「氣之無止息」。

大抵上通過萊布尼茲的「力」來詮解橫渠與船山之「氣」的進路除了對「唯氣論」作出一新詮外，其最重要之涵義是在於指出一重建傳統中國自然哲學的途徑。眾所周知，傳統中國自然哲學並未能開出近代物理學，近代物理學純是由西方輸入之舶來品。但這不意味中國自然哲學缺乏開出近代物理學之要求。事實上，船山早已喊出「從象以順觀物理」之要求；且他亦稱頌《易》之「以數紀天地之化」。[207] 一般而言，由其「據器而道存，離器而道毀」[208] 一論旨，清楚地見出船山對現象界之肯定。問題只是缺乏「開出之法門」而已。現在，若果通過萊布尼茲之「派生力」一概念為中介，則中國自然哲學便可與近代物理學掛勾。[209]

因此之故，這種回歸橫渠與船山之自然哲學的做法，不但可以恢復其「元氣論」之本來面目，且可重新凸顯其「工夫論」中所涵之「智性實踐」成分。遵循橫渠「仁智合一存乎聖」[210] 一論旨，船山強調「知天地之自然」，[211] 他說：「知者，洞見事物之所以然，未效於迹，而不昧其實，神之所自發也。」[212] 而「所

---

207 王夫之，《船山全書》第十二冊（1992），頁 433。

208 王夫之，《船山全書》第一冊（2011），頁 861。

209 詳請參本書第一章〈萊布尼茲與中國自然哲學〉。

210 張載，《張載集》，頁 20。

211 王夫之，《船山全書》第十二冊（1992），頁 410。

212 同上註，頁 80。

以然者，上者天之行也，下者地之勢也」。[213] 依橫渠：「天理者時義而已。君子教人，舉天理以示之而已；其行己也，述天理而時措之也」。[214] 船山進一步指出：「夫象數者，天理也，與道為體，道之成而可見者也。」[215] 準此，「博象以治其常……窮數以測其變。」[216] 蓋「象以順觀物理，數以逆知變化」。一言以蔽之，「夫言道者而不窮以理，非知道者矣。」。[217] 而若能回到《易傳》之天地「鼓萬物而不與聖人同憂」一論旨，便可知橫渠與船山所強調的「智性實踐」之不可偏廢了。

V

　　最後，值得補充的是：上面指出傳統氣論在自然哲學方面沒有發展出萊布尼茲義之「派生力」，以致未能開出近代物理學。其實，一個相類似的缺失也存在於其政治哲學方面。就是說，傳統氣論沒有重視「權力」(power) 一概念。牟宗三認為中國過去只有「治道」而並無「政道」，但迄今為止似罕見有緊扣「權力」(power) 一概念以言「治道」或「政道」之嘗試。事實上，若果「氣論」要在社會實踐之層面「現代化」，則這是一極具關鍵性之環節。因為正如米歇爾・傅柯 (Michel Foucault, 1926-1984) 所指出：「權力」(power) 在本質上是一種「力的關係」(a relation

---

213　王夫之，《船山全書》第一冊（2011），頁 852。

214　張載，《張載集》，頁 22。

215　王夫之，《船山全書》第一冊（2011），頁 998。

216　同上註，頁 995。

217　同上註，頁 1074。

of force)。而從上面已可見出橫渠與船山義之「氣」與萊布尼茲義之「力」的相近性,則傅柯義之「力」亦可視作橫渠與船山義之「氣」與萊布尼茲義之「力」於社會政治層面所表現的「派生力」。而當吉爾・德勒茲 (Gilles Deleuze, 1925-1995) 將傅柯之哲學了解為「一關於具體的社會勢頭之分析」(an analysis of concrete social apparatuses [*dispositif*]) 時,這「*dispositif*」一詞更使我們不禁聯想起船山之「勢」一概念。

依德勒茲,「一社會勢頭 (*dispositif*) 是由力線所組成」(a social apparatus [dispositif] consists of lines of force):[218]

> 這些力線產生「於點與點之間的任一關係」,並且穿越整個勢頭中之每一區域。雖屬不可見和不可說,它卻與其他東西緊密地交織在一起,但仍可分離。傅柯所感興趣者正是對這些線加以追溯⋯⋯。這就是「權力的第三向度」,而權力則是空間的第三向度,它內在於勢頭而成為其中之變數。正如權力一樣,勢頭亦由知識 [savoir] 所形成。("The lines of force come about "in any relationship between one point and another", and pass through every area in the apparatus. Though invisible and unsayable, it is closely knitted in with the others, yet separable. It is these lines that Foucault is interested in tracing....... This is the 'third dimension of power', and power is the third dimension of space, internal to the apparatus, variable to the apparatus. It is formed, like power, out of knowledge [savoir]".)[219]

---

218 Gilles Deleuze, "What is a Dispositif?" in *Michel Foucault, Philosopher*, ed. and trans. Timothy J. Armstrong (New York: Routledge, 1992), p. 160.

219 Ibid., p. 160.

　　對比於德勒茲採用數學性語言來勾畫傅柯關於權勢之分析，傅柯本人毋寧將其工作稱為「對權力的微觀物理學之系譜學分析」(genealogical analysis of microphysics of power)。按其定義：

> 這是於其極盡之處，其終極目標觀權力，在這些點上它成為毛細管現象。就是於較區域性和局部之型式和制度中觀權力。事實上，這部工作所首關注者乃是於其中權力凌駕那些本來組織它和制限它之權利規則，並且跨越它們而將本身落實於指令中，透過技術來實現，並且用工具來裝備自己，乃至最後訴諸於武力干涉的點上。 (It is concerned with power at its extremities, in its ultimate destinations, with these points when it becomes capillary, that is, in its more regional and local forms and institutions. Its paramount concern, in fact, should be with the point where power surmounts the rules of right which organize and delimit it and extends itself beyond them, invests itself in instructions, becomes embodied in techniques, and equips itself with instruments and eventually even violent means of material intervention.)[220]

　　傅柯之「對權力的微觀物理學之系譜學分析」一概念好比當代物理學中之「量子力學」。它所要分析的是於「皇權」(sovereignty) 之外的嶄新「權力」類型。簡單言之，這是一種「規

220　Michel Foucault, "Two Lectures," in *Michel Foucault, Power / Knowledge: Selected Interviews and Other Writings, 1972-1977*, ed. Colin Gordon (New York: Pantheon Books, 1980), p. 96; also in *Critique and Power: Recasting the Foucault / Habermas Debate*, ed. Michael Kelly (Cambridge, Mass.: The MIT Press, 1994), p. 34.

訓性權力」(disciplinary power)。這種非皇權式的嶄新「權力」是和「知識」有緊密合作關係的。若果說處理皇權的「權利理論」(theory of right) 之首要任務是安立權力的合法性 (legitimacy of power)，那麼「權力的微觀物理學」則旨在研究「統制的技術和手法」(techniques and tactics of domination)。無可置疑，在今天之東亞地區，「如何從皇權中解放出來？」仍是方興未艾之課題；傅柯之「對權力的微觀物理學之系譜學分析」好像過於先進。不過，正如傳統氣論於「自然哲學」之層面不但要和「經典力學」掛勾，且必得要通至「量子力學」，於「政治哲學」之向度也要於「契約權力」(contract-power) 之外，注意及「統制壓迫」(domination-oppression) 這一嶄新之「權力」型式。只有如此，氣論方能兩足並立；特別地，其社會實踐意義方能彰顯出來。

實際上，從「方法論」之角度來看，傅柯之「對權力的微觀物理學之系譜學分析」十分符合船山之立場。一方面，傅柯之所以採取「局部分析」之進路，其中一個主要原因是要避免「立理限事」。另一方面，傅柯之「對權力的微觀物理學之系譜學分析」首重相干的歷史事件之搜集和枚舉，方發掘出個中之內在結構，這很能做到「即事言理」。

更值得指出的是：傅柯之「觀權力於微」的做法，從船山之角度看來這顯示了他之重「機」的主場。當然於德勒茲引入「dispositif」一概念時，則船山之「勢」論便可與之掛勾而進一步落實於今日之社會。

第三章
論唐君毅與牟宗三之「蕺山解」

> 天非人不盡，性非心不體。
>
> ——劉蕺山

　　劉蕺山向被視為宋明儒學之殿軍，對於其思想之正確了解不但涉及對整個宋明儒學之了解，而且影響至中國傳統哲學於當代相干性的發展。牟宗三與唐君毅兩位先生都先後都對蕺山思想提出了新穎的解釋。牟宗三通過「歸顯於密、以心著性」之架構來詮解蕺山思想，並進而主張將蕺山與胡五峰定為同屬獨立於程朱「理學」和陸王「心學」之外的「第三系」。另一方面，唐君毅則偏重蕺山之「純情自感、大氣流行」思想格局，雖然認為必須高看其「情」與「氣」的觀念，但卻堅持說蕺山為陽明心學之承傳。本章嘗試將唐、牟兩位先生之解釋加以結合，論證兩者之相互補充性。這除了可證成牟宗三所提出之「超越心」是「可以現象學地而且是體性學地給指點出來或反顯出來」的聲稱外，[221] 還顯示出蕺山其實主張「心」是通過「純情」來彰顯性體，其所言之「理」首先為「氣之理」。而且在方法論之層次上，真正的「逆覺體證」只有透過「歸顯於密」方能達致。這一綜合性進路

221　牟宗三，《宋明儒學的問題與發展》（上海：華東師範大學，2004），頁177。

不但可為牟宗三之解釋作出辯護，同時修正唐君毅對蕺山思想的定位方式，並且有助於發現蕺山思想與亨利的「生命現象學」之間的本質相似性，從而見出其於解決當代哲學問題上之可能貢獻。

I

從一歷史之角度來說，蕺山哲學源自對於「王學」的反動。如其大弟子黃宗羲所描述：蕺山「于新建〔陽明〕之學，凡三變。始而疑，中而信，終而辯難不遺餘力。」[222] 基本上，蕺山深切痛惡陽明弟子之「情識而肆」、「玄虛而蕩」。他尤其不滿王龍溪之視「良知為無善無惡」的立場以及王艮之「百姓日用即道」的論調。不過，蕺山認為這些不良表現可以追溯至陽明思想之本質缺失「於性猶未辨也」。[223] 蕺山對陽明之批判特別表現於對其「四句教」的不滿上。於「四句教」中陽明宣稱：

> 無善無惡心之體，有善有惡意之動，
>
> 知善知惡是良知，為善去惡是格物。[224]

依陽明，「良知」首先「知善知惡」，然後由於「好善惡惡」而「為善去惡」。於此義上他主張「知行合一」。為何蕺山反對陽

---

222 黃宗羲，〈子劉子行狀〉，收入劉宗周，《劉宗周全集》第六冊（杭州：浙江古籍出版社，2007），頁 43。

223 劉宗周，〈原學〉，《劉宗周全集》第二冊，頁 285。

224 王陽明，〈傳習錄下〉，《王陽明全集》上冊（上海：上海古籍出版社，1992），頁 117。

明之「四句教」？依唐君毅的解釋：

> 蕺山對陽明思想之批判志在標示作為「純善的意」的良知
> 「優先於」作為「知善知惡」的良知。於陽明思想中，良知
> 首先知善如惡，其次由於宜于善惡急，然後方為善去惡。這
> 好像是常識中之心理次序。可是，在蕺山看來：這一次序必
> 需倒轉過來、從而顯示出作為心之根本可能性的善意及與之
> 關連的另一作為心之根本可能性的情之優先性。知之功能在
> 本質上是由根本的意及作為其伴隨的情所決定的，因而在存
> 有論之次序上落在意和情之後。[225]

這顯示：蕺山認為陽明「四句教」之失在於誤將「知」——而非
「意」——視為道德的最終基礎。十分清楚，對於蕺山而言：心
之「性」是首先見諸於「意」和「情」，而非「知善知惡」。職
是之故，唐君毅強調：必須高看蕺山義之「情」和「意」的「純
粹性」。事實上，蕺山明言：「自喜怒哀樂之說不明於後世，
而性學晦矣。千載以下，特為拈出。」[226] 他因而區分了「四德
〔情〕」與「七情」之不同。依蕺山：

> 《中庸》言喜怒哀樂專指四德言，非以七情言也。喜，仁之
> 德也；怒，義之德也；樂，禮之德也；哀，智之德也。而其
> 所謂中，及信之德也。一心耳，而氣機流行之際，自其盎然

225　Tang Chun-I, "Liu Tsung-chou's Doctrine of Moral Mind and Practice and His Critique of Wang Yang-ming," in *The Unfolding of Neo-Confucianism*, eds. Wm. Theodore de Bary et al. (New York: Columbia University Press, 1970), p. 313. 按：此為引者所譯。

226　劉宗周，〈學言中〉，《劉宗周全集》第二冊，頁 416。

而起也謂之喜，於所性為仁，於心為惻隱之心，於天道則元者善之長也，而於時為春。自其油然而暢也謂之樂，於所性為禮，於心為辭讓之心，於天道則亨者嘉之會也，而於時為夏。自其肅然而斂也還之怒，於所性為義，於心為羞惡之心，於天道則利者義之和也，而於時為秋。自其寂然而止謂之哀，於所性為智，於心為是非之心，於天道則貞者事之幹也，而於時為冬。乃四時之氣所以循環而不窮者，獨賴有中氣存乎其間，而發之即謂之太和元氣，是以謂之中，謂之和，於所性為信，於心為真實無妄之心，於天道為乾元亨利貞，而於時為四季。故自喜怒哀樂之存諸中而言，謂之中，不必其未發之前別有氣象也。即天道之元亨利貞，運於於穆者是也。自喜怒哀樂之發於外而言，謂之和，不必其已發之時又有氣象也。即天道之亨利貞，呈於化育者是也。惟存發總是一機，故中和渾是一性。如內有陽舒之心，為喜為無，外即有陽舒之色，動作態度，無不陽舒者。內有陰慘之心，為怒為哀，外即有陰慘之色，動作態度，無不陰慘者。推之一動一靜，一語一默，莫不皆然。此獨體之妙，所以即隱即見，即微即顯，而慎獨之學，即中和，即位育，此千聖學脈。[227]

而針對於「七情」蕺山則指出：

七情之說，使見漢儒《戴記》中，曰「喜怒哀懼愛惡欲」，七字不倫不理，其義頗該之《大學》正、修兩傳中。然《大

---

227 劉宗周，《劉宗周全集》第二冊，頁 414-416。

學》亦絕不露出「情」字。古人言情者，曰：「利貞者，性
情也」，即性言情也。「六爻發揮，旁通情也」：「乃若其
情」；「無情者不得盡其辭」；「如得其情」皆指情蘊、情
實而言，即情即性也。並未嘗以已發為情，與性字對也。
「乃若其情」者，惻隱、羞惡、辭讓、是非之心是也。孟子
言這惻隱心就是仁，非因惻隱之發見所存之仁也，後人往往
錯會。[228]

然則如何區分「四德」與「七情」呢？蕺山的答案是：

喜怒哀樂，性之發也，因感而動，天之為也。忿懥恐懼好樂
憂患，心之發也；逐物而遷，人之為也。眾人以人而汩天，
聖人盡人以達天。[229]

簡單來說，「七情」是受外物所感而起的。例如我們在書店中尋
獲一本找尋已久的絕版書而感到興奮，這「興奮」便是因外物
（絕版書）所感而有，故此是屬於「七情」。但「純情」並非因
外物所感而有的「情」，而是人本身所自發的「情」，故屬於
「性」的「純情」。唐君毅進而指出於此蕺山提出了「純情自
感」之立場。即是說「四德」是「自感」的，而「七情」則是
「因逐於外物而起」的。[230] 蕺山以孟子所言「反身而誠，樂莫
大焉」為例證，即當人能夠做到「誠意」的時候，則所得到的
「樂」即是一種「自感」的「純情」，而且，這種「純情」是每

---

228 劉宗周，〈問答〉，《劉宗周全集》第二冊，頁 345-346。
229 劉宗周，〈學言上〉，《劉宗周全集》第二冊，頁 381。
230 唐君毅，《中國哲學原論‧原教篇》，頁 477ff。

個人都有的。準此而觀，蕺山所言之「純情」是屬於人之「性」的。因此之故，他宣稱：「即情即性也。」[231] 又說：「情者性之情也。」[232] 此外，與「七情」殊異，「四德」是關連至「性體」的，於此義上蕺山宣稱：「此獨體之妙，所以即隱即見，即微即顯，而慎獨之學，即中和，即位育，此千聖學脈也。」[233] 這顯示出在蕺山看來，陽明欠缺「四德」與「七情」之區分乃是造成其於「性」猶有未辨的主因之一。

其次，蕺山批評陽明未能分辨「意」與「念」之本質差異。無疑，陽明早對「意」有所討論。不過，蕺山指出陽明論「意」時卻其實將之化約至「念」。這是說，當陽明將「意」視為「有善有惡」時，他實際上所言的只是「念」。相比之下，如唐君毅所強調，蕺山眼中之「意」則只能是「純意」。在本質上，「念」之生起與「七情」相似，都是受外物的影響所致。因此之故，蕺山反對陽明以「知」為首出之立場，而堅持「意」的「優先性」。此外，蕺山認為相對於「念」有起滅，「意」是常存的。因為「意是心之為心」。換言之，「意為心之主宰」。所以，與陽明之視「意」為「心之所發」的論調迥然有別，蕺山宣稱「意」為「心之所存」。

從一歷史之角度來看，唐君毅指出蕺山之區別「意」與「念」及「以意為心之主宰」的立場，可溯源自泰州學派的王一菴與江右學派的王塘南。不過，蕺山有進於前人之處在於能夠將

231 劉宗周，〈問答〉，《劉宗周全集》第二冊，頁 346。
232 同上註，頁 344。
233 劉宗周，〈學言上〉，《劉宗周全集》第二冊，頁 416。

「意」與「純情」結合，並且通過「好善惡惡」來了解「意」之
本質。而基於「純意」乃是「心」之「主宰」、而「純情」乃是
「心」之「自感」，蕺山於是進而將「意」視為「至善」。

由於「純意」一概念的引入，蕺山遂能超出陽明之「外
向」的格局。基本上，陽明之「主知」立場仍囿於「主客二分格
局」，因而很難避免產生下列之不良效果：

> 良心（即心之本）之放也，亦既知所以求之矣。初求之事物
> 之交，而得營構心，其為營與構日不知凡幾也。繼求之于應
> 感之際，而得緣著心，其為緣與著日不知凡幾也。又求之于
> 念慮之隱，而得起滅心；其為起與滅日不知凡幾也。又進求
> 之靈覺之地，而得通塞心；其通與塞日不知凡幾也。又求之
> 虛空之玄漠，而得欣厭心；欣與厭又日不知凡幾也。以是五
> 者徵心，了不可得。[234]

一言以蔽之，陽明之失在於未能做到「化念歸意」。其實，
「意」本身是「不可見的」(invisible)。換言之，「意」屬於
「密」之向度。於此分際上，正如唐君毅所言：「人發現『他本
質上是一自我意識的主體，並非一他所意識之外在對象，而係超
越一切客體之上。』」[235] 因此，只有通過「誠意」方能達到「致
良知」。這在在顯示出蕺山義之「自覺主體」乃是「純意」、

---

234 劉宗周，〈證學雜解〉，《劉宗周全集》第二冊，頁 265-266。

235 Tang Chun-I, "Liu Tsung-chou's Doctrine of Moral Mind and Practice and
His Critique of Wang Yang-ming," in *The Unfolding of Neo-Confucianism*,
ed. Wm. Theodore de Bary et al. (New York: Columbia University Press,
1970), p. 319.

「純情」和「純知」的合「一體」。若果離開了「純意」和「純情」，「純知」便變得不可能。在說明此一關連上，唐君毅作出了下列之比喻：若果將「純知」視為光，那麼「純意」和「純情」就好比光之熱。至若論及「純意」和「純情」之關係，則「純意」為心之「主宰」，而「純情」乃是其本身的伴隨。

對比之下，由於陽明不但未能重視「純情」一概念、而且誤以「念」為「意」，所以，其所言之「良知」實際上是一「理智性的知」。此義之「良知」只能知外在的事之為善或為惡。在方法論上，這種「外向」的進路亦使得「良知」必須於善惡中作出抉擇。可是，蕺山認為：假使一個人的行動是全然是善的，則根本不會有所謂於善惡中作出抉擇，同時亦不會有「無善無惡」之「良知」。

總而言之，於蕺山眼中，陽明的盲點在於無視於作為「惡惡」與「成聖」之根據的「心體」不僅是「知」而首先是「意」。職是之故，他提出了一新的「四句教」：

> 有善有惡者心之動，好善惡惡者意之靜，
>
> 知善知惡者是良知，為善去惡者是物則。[236]

唐君毅補充道：此中蕺山所言之「良知」並不等同於陽明義者。因為此種「知」是植根於如愛或敬等「純情」中。這意謂「情」方是「主體性」之根源本質。

當然，如果蕺山義之「意」作為「心體」是純然「至善」，那麼他如何說明「惡」之可能？在解答此一問題上，蕺山引入

236　〈學言中〉，《劉宗周全集》第二冊，頁 391。

「心之餘氣」之概念。正如唐君毅指出：

> 實際上，餘氣是指一活動完成後之潛勢力。這是習慣的起
> 源。每一種習慣都是由於人的意識之過去的活動有一些剩餘
> 效應，使得當下的意識形成一慣有的型式，稱作習。習可能
> 在本性上有所改變。當當下的意識成為過去的活動之慣有的
> 型式而在本性上有所改變、它便全身退縮至慣有的型式並在
> 此型式中固定下來，因而變成有所偏執且了無生氣。這就是
> 過失與惡之起源。[237]

不過，這無改於「心」之本性是「生氣盎然」、「於穆不已」
的。換言之，「性」原是「純善」的。

而於此關節上，唐君毅強調必須高看蕺山義之「氣」。這
是說，蕺山所言之「太和元氣」乃是「形而上」(metaphysical)、
而「非材質」(non-material) 之「氣」。而且，正由於「大氣流
行」，四時方能終而復始。[238]

但更加重要的是：蕺山將「喜怒哀樂」之「四德」與「元亨
利貞」之「四氣」視為本質上之對應。正如唐君毅指出：

> 當知其言此心在善惡念未起之先，而自有喜怒哀樂之四情之
> 自運，是為天之元亨利貞之四氣，運于於穆，而見于人心
> 者；及當即此情以見性，即此氣以見理之義。[239]

237　Tang Chun-I, "Liu Tsung-chou's Doctrine of Moral Mind and Practice and
　　　His Critique of Wang Yang-ming," p. 318.

238　唐君毅，《中國哲學原論‧原教篇》，頁 477。

239　同上註，頁 477。

一言以蔽之，唐君毅關於蕺山哲學解釋的主要獨特之處，明顯表現於對「純意」與「純情」之強調，這有助於說明蕺山之「純情論」可用以解消宋明儒學中「天理」與「人欲」的對立局面。蕺山十分重視孟子的「反身而誠，樂莫大焉」一論旨，[240] 而宋明儒主流在視「天理」與「人欲」為對立的同時，便失去了孟子所言「樂莫大焉」的「樂」。若果「天理」與「人欲」恆處於一種緊張「對立」的局面，則道德實踐便變成苦悶之事，那麼「樂」從何而來呢？孟子所謂「樂莫大焉」的「樂」在本質上乃是「非感性」的「真實快樂」，這是一種沒有預設任何目的的純粹快樂。蕺山強調「反身而誠，樂莫大焉」與快樂主義之立場不同，其意並非為了得到「快樂」而去做道德實踐，而是指出道德實踐可帶來一種屬於「純情」的快樂。相比之下，快樂主義所言之快樂只屬於「七情」之向度，且更非由於「反身而誠」所帶來的快樂。

II

相對於唐君毅通過「純情自運」和「大氣流行」來標示蕺山思想，牟宗三早年以「歸顯於密」的立場勾畫蕺山哲學的特質，後來則通過「以心著性」之格局而將蕺山與胡五峰定為於程、朱與陸、王之外的另一系。

首先，早年牟宗三指出：

> 歸顯於密，就心體而言，是使良知之虛用有收然，此為「內在之密」，就性體而言，則由良知與意所見之心體直透于

240　劉宗周，《劉宗周全集》第二冊，頁 166。

性體，而益見心體之幽深邃遠，此為「超越之密」。內在
之密是內攝，超越之密是上提。內攝而上提，則永絕蕩肆之
弊。[241]

十分明顯，蕺山之所以倡言「歸顯於密」，目的在於要對治「王
學」末流所產生出之不良效果。

　　雖然牟宗三同意蕺山所言之「知藏于意」為「陽明未之能
著」，[242] 但他仍未完全脫離「超越之進路」來闡釋蕺山的思想。
而且，十分難能可貴地他已洞見到：「劉蕺山不先抽離地設定
『無善無惡』之『心之體』，直就具體的眼前呈現的動用之心而
言心，此不是超越分解地說，而係現象學地為描述地說。」[243] 更
加重要的是，他特別強調：

　　但是，心不能只是現象學地順經驗一面去看。它還有超越的
　　一面……此好善惡惡之意……雖不是經驗層上的「念」，但
　　它也是現象學地呈現的，它不是一個假定。它是一個具體的
　　絕對真實。[244]

與陽明之「超越分解」只能先行設定「良知的存在」不同，其所
言之「意」不但是「超越的」(transcendental)、而且也可「現象
學地呈現」(phenomenologically present) 的。這是說，蕺山所言之
「意」是可以「給出的」(given)、可以「顯示的」(manifested)。

241　牟宗三，《宋明儒學的問題與發展》，頁 177。
242　同上註，頁 175。
243　同上註，頁 174。
244　同上註，頁 174。

不過，在討論蕺山義「超越的意體」之「給出」時，牟宗三只補充道：「這就是可以現象學地而且是體性學地給指點出來或反顯出來的心之『超越的』一面。」[245] 相當可惜，他沒有進一步交待這作為「心之超越的一面」的「意」究竟是「如何」(how)「現象學地而且是體性學地給指點出來或反顯出來」。特別地，由於蕺山所言之「意」是屬於「密」而非「顯」之向度，究竟這「內在的絕對真實」是如何「給出」的？而且，牟宗三重申：「惟因有此一面，人心始有主宰可言」，[246] 如此一來，這「內在的絕對真實」之「給出」(givennness) 應是一「自身給出」(self-givenness)。即這是一「對自身之呈現」(presence to itself)。那麼，究竟這一「自身給出」如何可能呢？即於何義上「意」是一種「給出」、一種「呈現」而不只是一種「假設」？而更添困難的是：這作為「內在的絕對真實」的「意」既是屬於「密」（而非「顯」）之向度，便應是「不可見的」，那麼，如何可以「現象學地呈現」呢？

若要解決這一重要的問題，關鍵在於必須回到蕺山的「四德」理論。依蕺山：「喜怒哀樂，性之發也，因感而動，天之為也。」[247] 當蕺山將「心」之「性」了解為「純情自運」時，他是首先將「心」視為一「情感性主體」。正如唐君毅所強調：蕺山所言之「情」乃係「純情」，而「純情」是「自感」的。基本上，蕺山認為：「喜怒哀樂，心之情，生而有此喜怒哀樂之

謂心之性。好惡，意之情，生而有此好惡之謂意之性。」**248** 這意謂：作為「意之情」的好惡也是「純情」。而由於「純情」是「自感」的，所以「意」也是「自感」的。正因為「意」是「自感」的，故此方能「現象學地呈現」。一言以蔽之，只有通過「意」之「自感」才能對其「給出」有「現象學明證性」(phenomenological evidence)。而依蕺山，「純情」是「正目而視之，不可得而見，傾耳而聽之，不可得而聞」，**249** 因而「意」之「自感」是屬於「密」之向度。準此而觀，蕺山將「意」置於「密」之向度並不表示我們對之不能有任何意識。換言之，不能將「意」視作一種佛洛依德義之「潛意識」。實際上，這只不過顯示「意之給出方式」與「物之給出方式」有著本質上之差異，即它不是「直觀」(intuition) 或「看見」(seeing) 的對象。因此之故，不能以掌握「對象」的方式來掌握「意」。於此義上，蕺山之強調「歸顯於密」並非偶然。

此外，由於「意」之「自感」是直接的，即毋須經過任何中介的，是以能讓「意」如其所如地「呈現」。

至若問及「純情自感」與「意」在「存有論」（即牟宗三所言之「體性學」）上之本質關連為何，則可從唐君毅以下之精闢分析中得出答案：

> 此純情與自感，則有一自始至終，周而復始之歷程……由此周而復始，更不偏向此四者之一，或滯住于此四者之一，即見此心有內在之「中」，如天樞在天運之中，而不動。此即

248　劉宗周，〈問答〉，《劉宗周全集》第二冊，頁 344。
249　同上註，頁 345。

> 主乎此心之純情自感之周而復始之運中之「意」所在也。于
> 此若無此周而復始之自運，則無此自運之定向于中，亦即無
> 意之可說。然有此心之周而復始之自運如環，即必有此環
> 中，亦必有此意。無此環中，則環斷而不續，亦無此周而復
> 始之自運矣。[250]

可以說，正是由於這種本質上的關連，「意」方也能「體性學地
給指點出來或反顯出來」。

　　一言以蔽之，「純情自感」乃是「意」能夠「現象學地呈
現」和「體性學地給指點出來或反顯出來」的可能關鍵。反過來
說，若果所有的「情」都只是「七情」而非「純情」，那麼便不
可能具有「自感」的本質。這樣一來，「意」之「自感」就變
成不可能了。於此一關節上，我們也可以明白緣何蕺山如斯堅持
「四德」與「七情」之區分。十分明顯，對於蕺山來說，正由
於陽明沒有做到「即性言情」，所以不但於「性」猶有未究明之
處，而且言「心」也不知以「意」為體，以致將「意」誤化約為
「念」，最後遂只能「獨斷地肯定」良知之存在，而無法對「真
正的道德主體」作出「現象學的明證」，更遑論對之「體性學地
給指點出來或反顯出來」。

　　相類似地，雖然牟宗三後來很能夠明確地指出：「然此性
體不空懸，必與『喜怒哀樂四氣周流』為一體而運，此是具體地
融即地言之，而喜怒哀樂亦是自其自然者而言，故亦屬於性宗

---

250 唐君毅，《中國哲學原論‧原教篇》，頁478。實際上，唐君毅這段
　　文字同時間接地道出了蕺山言「未發」、「已發」的精義。

也。」[251] 但他卻未能如唐君毅般提出「純情自感」一概念。基本上，牟宗三仍以「情」屬「感性」。職是之故，他無法進一步通過「純情自感」之進路來交待「意體」如何「現象學地而且是體性學地給指點出來或反顯出來」。

不過，無論如何，牟宗三能夠率先以「現象學」之角度來詮解蕺山思想，不但於「方法論」之層次簡別了蕺山與王學之差異，而且為闡發唐君毅所提出之「純情自感」一概念的現象學涵義奠下基礎，這仍是一很大的突破。

其實，如果牟宗三能夠忠實其以現象學之角度來詮解蕺山思想的立場，則也應一早便見出其「以心著性」之格局。理由是：在其早年對蕺山思想的解釋中，他本已十分強調蕺山義「性天之奧祕」。不過，相當奇怪地此時他卻滿足於以「黑格爾式同一性哲學」(Hegelian philosophy of identity) 作為理解蕺山思想的架構。他說道：

> 自覺是心通意和而即以其自己為對象。此用黑格爾之術語言之，則為「對其自己」。故心體上之不自欺即「對其自己」也。而性體之森然，則「在其自己」也。在其自己是「存有原理」表示性體之「存有」，對其自己是「實現原理」，表示性體之通過心覺而呈現，而實現（此即蕺山所謂「性體即在心體中看出」）。此兩者之綜和，即內在而超越之通于一，心體性體之通于一，則為「在而對其自己」。[252]

251　牟宗三，《從陸象山到劉蕺山》（臺北：臺灣學生書局‧1979），頁490。

252　牟宗三，《宋明儒學的問題與發展》，頁177。

這種通過「在其自己」(in-itself)、「對其自己」(for-itself) 和「在與對其自己」(in-and-for-itself) 三部曲的「辯證式」(dialectic)「同一性哲學」在方法論上是一種「由上而下」(top-down) 的進路。在本質上這與「現象學」式「由下而上」(bottom-up) 的進路背道而馳。更嚴重的是：由於「黑格爾式同一性哲學」蘊涵「全知」之可能性，即於「在與對其自己」之最高階段，絕對的真實是「全幅披露」其自身的。但是，這樣一來，便無法保住蕺山所言的「性天之奧祕」了。

因此，如果要正確了解蕺山思想中「以心著性」的格局則一種通向「海德格式同一性哲學」(Heideggerian philosophy of identity) 的可能性，即一種容許性體於彰顯時可以遮蔽自身的立場應首先被肯定。這樣一方面可以避免重蹈牟宗三所提出之「黑格爾式同一性哲學」的覆轍，另一方面亦能夠保存其早年所強調「然雖通于一，而性體則總能通過心體而恒自保深邃義」之洞見。[253] 在方法論上，通過這種意義之「以心著性」的格局既可說明蕺山忠實於先秦儒家「人能弘道，非道弘人」之立場，且與其原來以現象學式「由下而上」的進路詮解蕺山思想之做法相互呼應。十分可惜，在《從陸象山到劉蕺山》一書中牟宗三並沒有往這一方向發展。基本上，他仍然認為「心性之別只是同一實體之主客地說之異」。[254] 但這樣一來，他所強調的「性天之尊」便不易得以證成了。無怪乎近年來不少學者從不同方向挑戰牟宗三「三系說」中之「五峰蕺山系」，因為他們並不認同蕺山思想存在「以心著

253　同上註。
254　《從陸象山到劉蕺山》，頁 457。

性」之格局。[255]

　　然而，相當弔詭的是：儘管唐君毅本人亦主張蕺山與陽明同屬「心學」，但其對「四德說」之詮解卻有助於證成蕺山思想中「以心著性」一格局之存在。

　　首先，依唐君毅，蕺山於言：「純情自感」時同主「大氣流行」。這是說：「心」之「四情自運」乃係「天之四氣」的「於穆不已」「而見于人心者」。[256] 於此義上，蕺山宣稱：「性體，即在心體中看出也」。[257] 不過，這也意謂：若果離開了「情」便無法著「性」，而離開了「氣」便無法見「理」。

　　其次，針對蕺山之區分「性宗」與「心宗」，唐君毅指出：

> 其所謂就性宗指點，即宗于此性德之誠，而指點一此心不與物接，不與物感通而思慮不起之時，此心所自有之純情純氣之周流不息，而知其必有本原之出于天者，以成其不息；而見此純情純氣之理，是人之性理，亦即天道之元亨利貞之理。故此人不與其外之物相接之時，即人自與天之深密不已相接，而使此天之深密不已者，由隱而顯，以成此純情純氣之周流不息之時也。[258]

255　黃敏浩，《劉宗周及其慎獨哲學》（臺北：學生書局，2001）；李振綱，《證人之境——劉宗周哲學的宗旨》（北京：人民出版社，2000）；楊祖漢，〈論蕺山是否屬「以心著性」之型態〉《鵝湖學誌》39 期（2007）：33-62。

256　唐君毅，《中國哲學原論‧原教篇》，頁 477。

257　劉宗周，〈學言上〉，《劉宗周全集》第二冊，頁 381。

258　唐君毅，《中國哲學原論‧原教篇》，頁 487-488。

這段文字可說為牟宗三所言之「以心著性」一論旨作出了最佳的注解。因為此中唐君毅明顯地透過「純情」和「純氣」將「人」與「天」關連起來。特別地,當人不與其外之物相接之時,即純就其內在性而言,便已通過「純情自運」而「彰顯」天道、性體「純氣之周流不息」。準此而觀,如果唐君毅忠實於這一對蕺山之詮解立場,他應放棄將蕺山定位於「心學」之做法。實際上,他為牟宗三的「三系說」作出了有力的支持。

III

若將唐、牟兩位先生關於蕺山之詮解結合起來,則可以幫助我們發現下列蕺山與亨利相似之處。

1. 反「外取」之立場

在其「生命現象學」中亨利喊出了「回到內在性」之口號。而為了回到「徹底的內在性」(radical immanence),亨利對「存有一元論」(ontological monism) 有所批判。這因為依「存有一元論」的立場而言,現象之「給出方式」(mode of givenness) 只有一種,就是「外物(即對象)之顯現方式」(mode of object-manifestation)。但「存有一元論」之失在於低貶了作為「徹底內在性」之「真正的主體性」。基本上,亨利指出「顯現的方式」有二:一是「對象」的「顯現方式」,二是「自我」的「顯現方式」(mode of self-manifestation)。所以他主張「存有二元論」(ontological dualism),並且堅持「自我」的「顯現方式」具有首出性。特別地,亨利批判了康德「內在感覺」的概念,他認為通過「內在感覺」還不能

感受到真正的「生命」或「絕對主體性」(absolute subjectivity)，而真正的「生命」必須是在「純情」(pure affectivity) 的層次上「自感」。一言以蔽之，亨利認為自己的現象學乃是一種「非意向性的現象學」(non-intentional phenomenology)。[259]

　　前面已見出：蕺山在對陽明「心學」的批判上，指出陽明所言之「意」的意義只停留在「念」的層次。簡言之，陽明所謂「意之所在為物」之「意」是「外向的」。借用胡塞爾 (Edmund Husserl, 1859-1938) 的現象學術語來說，陽明之「意」是「意向性的」(intentional)。依胡塞爾，「意向性」(intentionality) 是意識的本質，即意識是關於某一對象的意識 (consciousness is consciousness of something)。就此而言，「意識」是「向外的」，而這也是蕺山對陽明之「意」的批評。蕺山強調「意不能劃歸為念」與亨利的「非意向性的現象學」立場是一致的，即「意」作為「心體」是「非意向性的」(non-intentional)。正面而言，由於蕺山之「意」的本質作用是「好善惡惡」，因此可說是一「潛在運行」的「功能性主體」。[260] 依蕺山，離開了「意」，具「意向性」的「良知」便不可能發用。

259　Michel Henry, "Phénoménologie non intentionnelle: une tâche de la phénoménologie à venir," *L'Intentionalité*, ed. Dominique Janicaud (Paris: Vrin, 1995), pp. 383-397.

260　從一比較的角度來看，「意體」的「不動性」和「常在性」與胡塞爾義之「生動的當下」(living present) 的「不動性」和「常在性」十分相似。

2. 對於「純情」之肯定

　　蕺山的「純情」理論可以說是首先針對朱子而發的，因為他認為朱子只言「性之情」而不知「情之性」。即朱子之「情」只屬於「氣」、是「形而下」，即只屬心理學意義的，但蕺山所謂「純情」則是「形而上」的。換言之，朱子只知有「七情」而不知有「四德」。相類地，亨利批評謝勒之「情感現象學」。[261] 無疑，謝勒是第一個有系統地發展「情感現象學」的現象學家。可是，在亨利眼中謝勒之過失首先在於將「情感」(affectivity) 化約為「意向性情感」(intentional feeling)。而「意向性情感」同時都有與之相對應的客觀的「價值」，此類似於朱子認為「理」是外在的立場。其次，更嚴重的是：謝勒忽略了「自感」的重要性。

　　另一方面，蕺山之「四德」與亨利之「純情」(affectivité pure) 都是「非感性的」(non-sensible) 的。而蕺山所言之「七情」則屬於亨利所言之「感性」(sensibility) 的向度。並且，蕺山與亨利都通過「自感」對「絕對主體性」之「給出」的現象學明證性作出安立。當然，依蕺山，「四德」同時就是「四氣」，即「四情」與宇宙生化的「元亨利貞」的過程乃是一體之兩面。而亨利後來則引入一「強義之自感」(strong auto-affection) 的概念，這是屬於上帝的「自感」，但同時也是一種「自生」(self-generation) 的過程。依亨利，人的「弱義之自感」(weak auto-affection) 與上帝的「強義之自感」不可分離。[262] 蕺山義之「自感」雖然首先相應

261　Michel Henry, *The Essence of Manifestation*, trans. Girard Etzkorn (The Hague: M. Nijhoff. 1973), pp. 606-676.

262　Michel Henry, *I Am the Truth: Toward a Philosophy of Christianity*, trans.

於亨利所言之「強義之自感」，但也蘊涵其「弱義之自感」之概念。正如唐君毅所指出：對蕺山而言，「一切心之活動中，更豈不皆有一心之自感？」[263]

3.「歸顯於密」的格局

基本上，蕺山認為王學末流之所以產生諸多弊病，乃是因為他們忽略了作為真正道德主體的「意」乃是屬於「不可見的」(invisible) 向度。所以他提出「歸隱於密」來對治王學末流之「玄虛而蕩，情識而肆」的弊病。此外，對蕺山來說，所謂「密」之向度，也是就是「獨」之向度：「隱微之地，名曰獨。」[264] 這也可以說是「獨」在蕺山思想中被提升至「獨體」的層次之邏輯後果。相比之下，王學有一理論上的本質缺失：「陽明只說致良知，而以意為麤根，故於慎獨二字，亦全不講起。」[265]

蕺山所言之「獨體」與亨利所謂的「徹底的內在性」(radical immanence) 同是指向屬於「不可見的」向度之「絕對主體性」。在方法論之層次，於解決「如何能回到徹底的內在性或獨體？」一問題上，亨利服從其所提出了一條嶄新的「現象學的原則」：「愈多還原、愈多給出」(Always more reduction, always more donation)。[266] 這意謂：通過「超越的反思」(transcendental

---

Susan Emanuel (Stanford: Stanford University Press, 2002), pp. 105ff.

263　唐君毅，《中國哲學原論・原教篇》，頁 482。

264　劉宗周，《劉宗周全集》第一冊，頁 649。

265　劉宗周，《劉宗周全集》第一冊，頁 451。

266　Michel Henry, "Quatre Principles de la Phénoménologie," *Revue de Métaphysique et de Morale* 96, no. 1 (1991): 3.

reflection)，不但可以了解現象的給出方式，而且意識自身亦可對其「自身給出」(self-givenness) 作出證明。正如亨利所強調：由於「絕對主體性」之獨特的「顯現方式」：「這是一種『內在的』顯示 (immanent revelation)」，[267] 於其中「絕對主體性」以「不可見的」方式對自身給出。相應地，蕺山則有所謂「逆覺體證」、「反求諸己」的「慎獨」工夫。不但兩者都嚴守「歸顯於密」之格局，而且也同樣靠緊「以情感為本質」的「自感」概念來申明對於「絕對主體性」之給出的現象學證據。十分清楚，無論是蕺山或亨利都肯定一以「活」(living) 優先於「見」(seeing) 的現象學。

通過以上其與亨利之相似性可以見出：蕺山也成就了一套「生命現象學」，但是，無可否認兩者之間存在一本質性差異。與亨利之仍囿於「理論哲學」不同，蕺山的進路是以「實踐哲學」為優先。這可說明緣何蕺山集中於對「道德主體性」的探索，而且強調只有透過「誠意」的工夫方能獲致「道德主體性」之落實。作為一儒家之徒，他不但主張「絕對的主體性」首先是「道德主體性」，而且認為「道德主體性」之所以是「絕對的主體性」在於具「形著」性體之作用。正如一顆偉大的心靈體現了時代的精神，「純情自運」的「心體」同時彰顯「天道」之「生生不息」。

267　Henry, *The Essence of Manifestation*, p. 41.

第四章
劉蕺山的「生命現象學」

生命就是自感。

——米歇爾‧亨利

　　「生命現象學」這一詞是米歇爾‧亨利首先提出來的。過去這幾十年來，現象學在歐洲與北美有復興的趨勢，其中並以法國現象學家馬里昂 (Jean-Luc Marion, 1946-) 之工作最為人所矚目，而他的研究也代表著現象學最前端的發展。此外，當今法國現象學界正流行著「神學轉向」(theological turn) 的趨勢，而這也招致申尼柯 (Dominique Janicaud, 1937-2002) 等正統現象學者的批評。[268]其中被點名批判的就是亨利和馬里昂。簡單而言，馬里昂的哲學工作就是企圖綜合亨利與列維納斯 (Emmanuel Lévinas, 1906-1995)兩人的思想。而我則認為劉蕺山思想與亨利的「生命現象學」有著許多相同的地方。基本上，所謂「生命現象學」乃是針對現象學創始人胡塞爾的「超越現象學」與海德格「存有現象學」而起的反動，這是因為胡塞爾與海德格兩人之思想皆重「外在性」(transcendence) 而不重「內在性」(immanence)。於胡塞爾而言，他感興趣的是：超出意識之外的「對象」如何在意識中給出，這是

268　Dominique Janicaud, *Phenomenology and the "Theological Turn,"* trans. Bernard Prusak et al. (New YorK: Fordham Unversity Press, 2000).

屬於知識論的問題。另外,眾所周知,海德格則試圖透過「人」作為「此在」(Dasein) 彰顯「存有」(Sein / Being) 的活動來首先回答「物的存有是什麼?」這個問題。但是要解決這個問題,海德格必須先解決「何謂人的存有?」當然他最後的問題是「存有本身是什麼?」然而在亨利看來,海德格的「存有現象學」重視「外在性」的立場依舊沒有改變,頂多只是提出一「超越的物物原則」而已。總之,在亨利看來,胡塞爾與海德格的思想都忽略了「內在性」,因此亨利主張回歸「徹底的內在性」(radical immanence)。依亨利,生命本身就是「徹底的內在性」。因此之故,亨利發展出一套「生命現象學」來補救古典現象學發展之缺失。現在我便借用亨利「生命現象學」之架構來詮釋劉蕺山思想,並稱之為「劉蕺山的生命現象學」。事實上,牟宗三 1956 年在香港的雜誌《自由學人》所發表的〈劉蕺山誠意之學〉一文中已有提及「現象學」的概念。[269] 當然,今天我所援引的現象學的概念早已超過牟宗三當時所用的意義。

簡單來說,現象學的主要原則是「回到現象(經驗)本身」。令人疑惑的是,臺灣有些學者在援引現象學的同時也採用康德「物自身」的概念。然而就現象學而言,「現象」本身即是最本源的一個概念,而這明顯與「物自身」的概念有所衝突。換言之,現象學中是容不下康德原義之「物自身」這一個概念的。此外,最近在華語學界中關於蕺山的研究似乎有一種趨勢,此即從不同方向挑戰牟宗三「三系說」中之「五峰蕺山系」。眾所皆知,近半世紀以來學界都是奉牟宗三的「三系說」為圭臬,即將

---

269 現收於牟宗三,《宋明儒學的問題與發展》,頁 174。

蕺山與五峰相提並論，同屬於伊川與朱熹的「理學」和象山與陽明之「心學」以外的「第三系」，其共同特色在於皆具有「以心著性」的思想格局。然而，近來學界最流行的說法則是：蕺山思想並不屬於「第三系」，而頂多只是陽明心學的「極端發展」而已。原則上，這種說法即是認為蕺山之學只是陽明後學之其中一支（作為「批判修正派」）而已。即便是如日本學者岡田武彥這樣推崇蕺山思想，也依舊將蕺山思想放在王學脈絡中來理解，並且認為蕺山之學只是陽明學之最好的發展而已。言下之意，即是蕺山還是屬於「心學」型態。準此，岡田只是認為蕺山之學相對於王學末流乃更能在「工夫論」的層面來發展陽明之心學，然若就「本體論」而言，蕺山之學並無進於陽明本人之思想。[270] 相類似地，中國大陸之學者也大多抱持此一立場，其中最明顯的莫過於東方朔（林宏星）之《劉蕺山哲學研究》。[271] 實際上，這種立場不過只重複了牟宗三本人早期在《自由學人》所發表之〈劉蕺山誠意之學〉一文之把蕺山歸入陸、王一系的論點而已。儘管當時牟宗三已經提出「歸顯於密」之說，但是他認為王學末流所產生之弊病只是一種「人病」而不是「法病」。因此，牟宗三早年認為蕺山思想即為了對治王學末流之弊病，進而開出新的工夫論。換言之，牟宗三認為陽明心學之本體論已是圓滿無缺的，而這也是當今學者所抱持的立場。就負面而言，這種觀點將導致把蕺山排除在「第三系」之外的邏輯後果。如東方朔即認為蕺山只

270　岡田武彥著，吳光等譯，《王陽明與明末儒學》（上海：上海古籍出版社，2000），頁356ff。

271　東方朔，《劉蕺山哲學研究》（上海：人民出版社，1997）。

在工夫論上有進於陽明，在本體論上則毫無新意。事實上，蕺山對陽明思想的看法一生凡有三變，而最後的立場則是懷疑陽明並批評他「於性猶未辨也」，[272] 此即是認為陽明並未能清楚明瞭「性體」的意義。然而，東方朔卻認為蕺山在本體論上並無創新之處。相類似地，香港學者黃敏浩在《劉宗周及其慎獨哲學》一書中也指出蕺山之「歸顯於密」的提出只是王學之終極發展而已。[273] 此外，大陸學者李振綱之《證人之境——劉宗周哲學的宗旨》也明白反對牟宗三的「三系說」，[274] 甚至連楊祖漢也認為蕺山思想並不屬於「以心著性」之形態。[275]

　　簡單來講，當今學者大都反對把蕺山歸於「以心著性」這一系，而認為蕺山思想只是陽明眾多後學中的一支而已，或頂多為「王學之批判的修正派」。事實上，唐君毅與早期的牟宗三也認為蕺山所言之「性」與「理」之關係還是屬於「心即理」的型態，這即是認為蕺山思想只是陽明心學之極度創發而已。無疑這也造成了當今學界在解釋蕺山思想時產生了不同的詮釋方向。但是，我個人則試圖維護牟宗三之「三系說」，而與當今學界之主要詮釋趨向持相反的意見。因為我認為「以心著性」仍然是蕺山思想中最重要的特色。此外，內在於牟宗三「三系說」的詮釋問題而言，儘管他將蕺山與五峰之思想同歸於「以心著性」一

272　劉宗周，〈原學〉，《劉宗周全集》第二冊，頁 285。

273　黃敏浩，《劉宗周及其慎獨哲學》。

274　李振綱，《證人之境——劉宗周哲學的宗旨》。

275　楊祖漢，〈論蕺山是否屬「以心著性」之型態〉，《鵝湖學誌》39 期（2007）：33-62。

系，但在《心體與性體》一書中他又將整個宋明儒學歸納為「縱
貫」、「橫攝」兩個系統，而將五峰、象山、陽明、蕺山都放在
「縱貫系統」中，並以「心學」為真正的「圓實教」。如此一
來，宋明理學又只回歸至「心學」、「理學」兩系，「第三系」
是否存在似乎又變得不重要。[276] 嚴格而言，當今學者之所以紛
紛挑戰他的「三系說」，牟宗三自身思想本有不一致的地方也可
說是主要原因之一。因此，順著牟宗三的哲學工作，如不繼續以
「以心著性」的格局來詮釋蕺山思想，則終將如楊祖漢一樣，
乾脆將「以心著性」從蕺山思想中剔除。實際上，楊祖漢的詮釋
可能更忠實於牟宗三晚年的「兩種系統論」立場。但是，我認為
這種詮釋並不符合蕺山本人思想，無論如何，我要保住牟宗三之
「以心著性說」。

　　為何牟宗三之「以心著性說」會受到如此大的挑戰呢？我認
為其中一個關鍵在於：牟宗三無法正確的理解蕺山思想中「情」
的概念，特別是「純情」這一概念。簡單而言，蕺山思想確實
可以用牟宗三所言之「以心著性、歸顯於密」這八個字來勾畫。
但這樣的說法仍有所不足，故還必須補充唐君毅在《中國哲學原
論・原教篇》中於闡釋蕺山之「四德」一概念所提出來的「純
情」之說法。[277] 值得注意的是，此中所謂「純情」並非一般心
理學意義之「情感」，而是如海德格所說的，乃是一種「存有論
的情」（ontological feeling）。簡言之，唐君毅認為蕺山思想的格
局是「純情自運，大氣流行」，他並特別強調要高看蕺山所言之

276　牟宗三，〈綜論〉，《心體與性體》第一冊。

277　唐君毅，《中國哲學原論・原教篇》，頁 477ff。

「情」與「氣」。這是說，蕺山所言之「氣」不只是「形而下」的「氣」，而首先是「元氣」，即「形而上」的「氣」。明顯地，這與牟宗三的解釋有所不同。事實上，牟宗三應該是受到朱子與康德的影響，故此只把「氣」全視為是「形而下」的，連帶地將「情」主要了解為一般心理學意義的「情」。可以說，在牟宗三思想中並沒有「純情」的概念。記得有一次我在中文大學與牟宗三討論到「愛」這個概念時，他明白指出「愛」終究是一屬於「感觸性」（sensible）的概念。因此之故，牟宗三對於康德所言之「道德情感」乃是抱持著低貶的態度。但海德格在《康德與形上學問題》(*Kant and the Problem of Metaphysics*) 一書則能夠欣賞康德提出的「對法則的尊敬（之情）」，並指出這種「情感」是「非感觸性的」(non-sensible)。[278] 這一論點非常重要，而且可以導入亨利的「生命現象學」。事實上，康德也是亨利批判的對象之一，他認為康德最大的過錯在於：將「情」視為是「感性」的概念。有鑑於此，亨利乃有「感性」（sensibility）和「情感」（affectivity）的區分。其所言「pure affectivity」即是所謂「純情」的概念。這裡可以聯想到唐君毅解釋蕺山思想時提出的「純情、天情」的概念，也聯想到海德格對康德之「對法則的尊敬（之純情）」的推崇。

此外，法國現象學之「神學轉向」是受到諸多批評的。若從「以心著性」這一個格局來看，則亨利乃是提倡「以心著神（上帝）」。一般而言，基督教徒便常說「上帝就在你心中」，而實

---

278 Martin Heidegger, *Kant and the Problem of Metaphysics*, trans. James Churchill (Bloomington: Indiana University Press, 1962), pp. 162ff.

際上這正是亨利思想所採取的進路。對比於法國現象學之「神學轉向」，現嘗試從以蕺山思想中「性體」的概念來取代亨利所謂的「上帝」。如此一來，即可以避免使現象學往「神學」轉向。事實上，這個問題並非只發生在現象學中，在康德的哲學思想中，「神學」或「上帝」早已經介入。總而言之，若能成功的以蕺山之「性體」之概念來取代亨利思想中之「上帝」之概念，那麼便可以使現象學免於走上神學之途。換個角度來看，也正由於亨利、馬里昂並不能真正瞭解晚期海德格所提出的「Er-eignis」（自然）的概念，方導致他們的現象學出現了神學之轉向。究實而言，「Er-eignis」與道家「自然」概念具有本質上的關連。此中「然」是個動詞 (verb)，且表現為「自然而然」、「順其自然」兩個面相；前者乃是以「存有」本身 (Sein selbst) 為焦點，後者則是以「人」之「此在」(Dasein) 為焦點。[279]

為何要用亨利的「生命現象學」來解釋蕺山思想呢？首先，就他們的基本立場而言，兩者都特別重視「純情」的概念。此外，牟宗三詮釋蕺山思想時所提出的「歸顯於密、以心著性」的格局，在亨利思想中也都看得到。特別地，於其嶄新的「現象學原則」之陳構中亨利明言：「多作還原、多增給出」(d'autant plus de reduction, d'autant de donation / Always more reduction, always more donation)。[280] 其要旨就是在於回歸作為「徹底內在性」之「生

---

279 相關之詳細分析請參考：陳榮灼，〈道家之「自然」與海德格之「Er-eignis」〉，《清華學報》34 卷（2004）：245-269。

280 Michel Henry, "Quatre Principes de la Phénoménologie," *Revue de Metaphysique et de Morale* 96, no. 1 (1991): 3.

命」。這與蕺山之「逆覺體證」進路可說是異曲同工。事實上，就方法論而言，西方哲學明顯地優於中國哲學，這是因為在哲學方法方面，西方哲學有著很強烈的自我意識。因此之故，中國哲學若想進一步發展，並在世界舞台上擁有一席之地，則須要在方法論上多多加強。不同於胡塞爾與海德格，亨利對於現象學的還原法有他自己的一套特殊建構，最終並發展出一套「生命現象學」的方法論。現在本章試圖通過亨利的「現象學的還原法」來凸顯蕺山思想在的方法論上的特色。這也可說是將蕺山思想置於世界哲學的脈絡中來討論。

就劉蕺山與亨利相似之處而言：首先，「反對外取」可以說是兩人思想的第一個共同點。眾所周知，對朱子而言，「理」乃是外在於「心」的。就西方哲學而言，這比較接近柏拉圖的立場，牟宗三則說這是一種實在論者的心態。相較於蕺山對朱子「理學」的批判，亨利則對「存有一元論」(ontological monism) 亦有相類的批判。[281] 他批評在傳統哲學包括過去之現象學中，「給出」只有一種方式，就是「攝取外境」，甚至連「自己」對「自己」的給出方式也是如此，因此即如康德以認為人只能用「內在感覺」（inner sense）掌握自己。但就佛學的角度觀之，這種進路只能掌握到「心所」而已，即只能掌握「作為現象的我」，而不能掌握「作為本體的我」。因此，亨利即在方法論上開始檢討康德哲學在對於「自我」的認識上的侷限，其結論是：康德基本

---

281 Michel Henry, *The Essence of Manifestation*; Michel Henry, "Does the Concept of 'Soul' Mean Anything?" trans. Girard Etzkorn, *Philosophy Today* 13, no. 2 (1969): 94-114.

上還是用對「物」的掌握來掌握「自我」，而這也是康德失敗的地方。因為「內在感覺」基本上來是用對「外界」知覺的方式來說明自我的知覺，但這頂多只能出觸及到內在的「心所」或心理學義之「自我」而已。事實上，蕺山對於陽明心學也有著相類似的批判，他認為陽明並無法真正掌握「心之為心」的本質，即便陽明言「心即理」而將「心」提高到非常高的境界。原因在於陽明所言之「意」只不過是「念」而已![282] 一言以蔽之，陽明言「意」仍不出「向外」之「念」，但「意」則是「自感」的。究其所以，陽明之失源於他未能做到「以性論情」——概然而論，這也是牟宗三、勞思光、東方溯、李振綱、黃敏浩和楊祖漢等學者於詮釋蕺山之學的盲點所在。[283]

而在蕺山本人之思想中，相對於「氣」而言，「理」則顯得不是那麼重要，因為他說「氣立而理因之而寓」。即是認為儘管「理氣不二」，但是「理」終究是依待於「氣」而不能夠獨立存在。這也是蕺山很重要的一個立場。此外，蕺山重「情」的思

282　蕺山指出：「然則……好惡何解？……此正指心之所存言也……此心之存主，必有善而無惡矣。何以見其必有善而無惡？以好必於善，惡必於惡也。好必於善，如好好色，斷斷乎必於此。惡必於惡，如惡惡臭，斷斷乎必不於彼也。必於此而必不於彼，正見其存主之誠處。故好惡相反而相成，雖兩用而止一幾。此所謂『幾者動之微，吉之先見』者。蓋此之好惡原不到作用上看。雖能好、能惡、民好、民惡，總向此中流出，而但就意中，則只指其必於此必不於彼者，非七情之好惡也。」劉宗周，〈答葉廷秀〉，《劉宗周全集》第三冊，頁 373-374。

283　關於勞思光對蕺山之學的詮釋請參：勞思光，《中國哲學史》第三卷下（香港：友聯出版社，1980），頁 619ff。

想取向也可以用來補救謝勒批評康德在道德哲學上的缺陷，因為謝勒認為康德的道德哲學並不能照顧到道德經驗的本質。簡之，康德認為道德情感並不能做為道德的「決定因」，頂多只是一種「動力因」。[284] 但當蕺山提出「純情」、「天情」的概念時，已經把「情」提高至「決定因」的的地位。這一點也牽涉到蕺山哲學在未來的發展以及在世界舞台的地位。總之，蕺山與亨利都反對向外攀求，因為向外攀求最終將導致喪失作為「徹底內在性」的「心體」或「生命」——即「真正的自我」。因此蕺山批評朱子，尤其是針對其關於「誠意」的說法。蓋朱子基於是通過「認知心」來談「誠意」，但蕺山則認為「識心」（認知心）有五個階段：

> 初求之事物之交，而得營構心，其為營與構，日不知凡幾。
> 繼求之應感之際，而得緣著心，其為緣與著，日不知凡幾。
> 又求之念慮之隱，而得起滅心，其為起與滅，日不知凡幾。
> 又進求之靈覺之地，而得通塞心，其通與塞，日不知凡幾。
> 又求之虛空之玄漠，而得欣厭心，欣與厭，又日不知凡幾。[285]

以上這段話即非常類似黑格爾對「經驗意識」（natural consciousness）的描述，即「認知心」首先是向外的。關於這一點，唐君毅在《中國哲學原論·原教篇》中指出：

---

284 Max Scheler, *Der Formalismus in der Ethik und die Materiale Wertethik* (München: Francke Verlag, 1980).

285 劉宗周，〈證學雜解〉，《劉宗周全集》第二冊，頁 265-266。

> 蕺山所謂營構心，即日常作種種思維卜度，以應付外境之放
> 心也。緣著心者，即有一心之內外之分，主客之對，而以內
> 援外，以主而著於客，于客作種種安排計慮之放心也。[286]

就某一層面而言，現代化的精神就是「計量心」之獨大，即以
「量化」做為評判一切的標準。而就現象學而言，「意識總
是關於某一物的意識」（Consciousness is always consciousness of
something）。因此所謂「意向性」總是「向外的」。這近乎蕺山
所指出：

> 仔細檢點，或以思維放，或以卜度放，或以安排放，或以知
> 故放，或以虛空放，只此心動一下，便是放。[287]

這是說：若只注重向外攀緣、營構，最終將導致「恆放而不自
知」的毛病，即不知「心之本」進而忘掉了「自己」（生命的本
質）。因此蕺山的結論是：「以是五者徵心，了不可得」，並主
張從向外攀緣心轉向回到「本心」。總而言之，蕺山與亨利的思
想都以「內在性」為首出的概念。因此亨利批評「存有一元論」
(ontological monism) 只注重「外在性」，即只看到「實在的」、
「可見的」（顯、visible）之事物，而即對待「身體」也只是止於
外在客觀世界中的「身體」。然而亨利認為若不克服這種立場，
則無法真正理解「自我之存有」（Being of ego）。特別地，無法
超出康德之「內在感覺」的立場，因而不能從體驗的層次接觸到
「自我」（內在性）。實際上，亨利所謂「徹底的內在性」就是

286　唐君毅，《中國哲學原論・原教篇》，頁 468-469。
287　劉宗周，〈求放心說〉，《劉宗周全集》，頁 304。

「生命」本身,而這種「生命」是「自感」。而蕺山同樣地言
「純情自感」。

其次,就哲學的立場而言,蕺山與亨利同樣反對「唯心
論」。蕺山於批判陽明心學中所提出的一項創見,就是區分了
「心宗」與「性宗」的差別。他說:「體用一原,顯微無間。君
子所以必慎其獨也,此性宗也。」而今日很多學者在詮釋蕺山思
想時,往往犯了以「心宗」的立場來解釋其「性宗」的說法,最
後使得「性宗」一詞失去它的原有意義。儘管蕺山追隨陽明的角
度言「心」,他有進於陽明的地方即在於他也重視「性」。而這
種反對以「心體」做為終極本體的立場也顯示出蕺山反對「唯心
論」的立場。以此立場出發,便可進一步連結蕺山思想與晚期海
德格或道家之思想,從而也可揭示出一條新的匯通儒道兩家思
想之新徑。此外,上述亨利對康德之「內在感覺」的批判乃是就
負面的角度來看。若就正面觀之,則亨利乃試圖進一步發展康德
「自感」(auto-affection)的概念。事實上,海德格在《康德與形上
學問題》的貢獻不單單只是扣緊「純粹時間」來講「自感」,而
把「自感」當成一個重要的概念也是海德格的功勞,即使 Selbst-
Affektion / self-affection 作為一個詞語也是他首度提出來的。因為
海德格認為康德「圖式論」中所言的「純粹時間」首先必須是
「自感」的。而更加重要的是:他認為康德在《實踐理性批判》
所提到的「純粹的道德情感」也是一種「自感」的情感。其中,
海德格認為通過「超越想像力」所講的「自感」和通過「實踐理
性」所講的「情感」其實是一體之兩面。可惜的是,海德格只是
點到為止,並沒有更進一步的討論。而使得「純情」、「自感」
之概念可以獲得進一步發展乃是亨利的重要貢獻之一。不過亨利

認為海德格與康德之「自感」都還只是「向外的」，即以「外在
性」為首出，因而忽略了真正的「自感」乃是「徹底的內在性」
（生命）。基本上康德認為「自感」乃是「時間自身的設定或對
象化」，而海德格則將「自感」等同於「來自世界之實態化之場
所的感受」，這明顯地仍然是以「對象化的活動」為依歸。事實
上，這也反映出康德與海德格無法擺脫笛卡兒的影響，而依舊站
在「我思」（Thinking I）的傳統立場來談「自感」。然而，亨利
的貢獻在能夠認清只有回到「生命就是自感」的立場才能真正證
成「自感」這一概念的奧義。事實上，於十九世紀法國哲學家比
漢 (Maine de Biran, 1760-1820) 即反對笛卡兒「我思故我在」(I think
therefore I am) 之以「我思」為首出性的立場，並代之以提出「我
感故我在」(I feel therefore I am) 的說法，此即以「情感我」(Feeling
I) 為首出。這意謂「情」比「思」更具首出性。就此而言，亨
利乃是回到比漢以「情感我」(Feeling I)、「情感主體」(Feeling
Subject) 為首出的立場。[288] 這也可以說明為何康德最後無法掌握
到真正的「自我」（本體我），因為他把「人」分為「感性」與
「理性」兩個層面，並認為人無法擁有「智的直覺」。如此一
來，「感性」與「理性」如何「統一」便成了一個很困難的問
題。然而，透過蕺山與亨利思想之比較，則提供了我們一個新的
途徑去解決康德哲學所遺留下來的難題，這也是蕺山思想或可透
過其「純情理論」而在世界哲學的舞台上占有一席之地的關鍵。

　　此外，就「身體哲學」而言，將「身體」提昇至與「心」同

288　Michel Henry, *Philosophy and Phenomenology of the Body*, trans. Girard
　　Etzkorn (The Hague: Nijhoff, 1975).

等地位也是蕺山在宋明儒學中的創舉之一。當然，蕺山並沒有如亨利一樣，有一系統化的身體哲學。因此，通過亨利的「身體現象學」也可以進一步豐富蕺山的「身體哲學」。事實上，「身體現象學」也是當今現象學研究的主流之一。因此，若能將蕺山的「身體哲學」與亨利的「身體現象學」作一恰當的結合，則可以更進一步發展中國哲學的內涵。準此而觀，中國哲學並不只是如國外的漢學家所認為的，只是博物館中的古蹟或手術台上的屍體而已。

回到「自感」概念的討論，康德哲學之所以無法通到「徹底的內在性」而只能講「內在感覺」，除了囿於「我思」的立場之外，也因為他認為「自感」依舊是一「感觸性」的概念。然而，亨利認為「純情」、「自感」應該是「非感性的」。總之，對「純情」的肯定也是蕺山與亨利另一項的共同特色。考其源流，單就蕺山之「情論」而言，則是針對朱子「情之性」之說而發。以現代的詞語來說，朱子只能看到「現存」(contic) 意義的「情」，而不見「存有論」(ontological) 意義之「純情」的存在。而蕺山在詮解《中庸》之時，即將「喜怒哀樂」視為「四德」，[289] 此即唐君毅所謂「天情」、「純情」之概念。簡單而言，蕺山區分了「純情」（四德）與「七情」之差異：「七情」是感於外物而發，但「純情」卻是「自感」的，因為是「非感性的」。其中，「自感的純情」這個概念非常重要，就正正因為缺

---

289 林月惠，〈朱子與劉蕺山對《中庸》首章的詮釋〉，收入楊儒賓編，《朱子學的開展——東亞篇》（臺北：漢學研究中心，2002），頁125-185。

少了這個概念,所以牟宗三「以心著性」之詮釋模型才會顯得搖搖欲墜。而為什麼蕺山如此看重「純情」這個概念呢?原因在於他認為「心」必需通過「純情」才能彰顯「性」。換言之,若然缺少了「純情」,則「以心著性」這個格局便是「虛」的。事實上楊祖漢現在試圖拆掉蕺山思想中之「以心著性」的架構時,便宣稱蕺山之「性」是「虛」的。可是,如此一來,蕺山所堅持「四德」與「七情」之區分將會失去它原有的意義。更嚴重的是,蕺山對朱子之「情論」的批判的重要性也連帶地會被一筆勾消了——而這正是楊祖漢之「蕺山非第三系詮釋」所必須接受的邏輯後果。

另外,就方法論而言,朱子之「性情論」的最大缺陷在於:他採用「然」與「所以然」的的格局來區分「性」與「情」。所以朱子只能講「情之性」、「情之理」。但如此一來,便會導致「四端未必為善」的不良後果。這是因為「心」、「情」在朱子以為都是「形而下」的,即都屬於「材質義」之「氣」,也因此才會產生「四端之發未必皆善」的邏輯後果。[290] 相較之下,在「生命現象學」的向度中,蕺山之「情論」對於「性善論」可以產生正面安立效果,這因為「純情」不單單是道德實踐的「動力因」(Bewegungsgrund),也是其「決定因」(Bestimmungsgrund)。這也是蕺山思想與朱子思想的一個主要區分。因此,若果忽略掉蕺山思想中之「純情」的概念,則不只無法挽救牟宗三的「以心著性」說,連帶也會失去修正康德哲學的可能性。相當有趣地,

---

290 林月惠,〈從宋明理學的「性情論」考察劉蕺山對《中庸》「喜怒哀樂」的詮釋〉,《中國文哲研究集刊》25 期(2004):177-218。

亨利對謝勒之「情感現象學」也提出相類似的批判。亨利指出：儘管謝勒已經能夠重視「情感」的重要性，並瞭解「情感」與「自我」具有內在的關連。然而可惜的是，謝勒思想中同樣沒有「純情自感」的概念。就此而言，蕺山思想則比謝勒更為進步。一言以蔽之，即便謝勒已經意識到有「非感性」之「情」的存在，但是卻未能進入到「自感」的層次，而這也正是謝勒思想的侷限所在。此外，亨利認為謝勒所言之「情」也是「外向性」的，這與朱子觀點是相類似的。事實上，「理」對朱子而言不單單是「所以然之故」也是「所當然之則」，更最重要的是，「理」在朱子思想中是屬於「外在性」的。相同地，「價值」(Wert / value) 在謝勒的「情感現象學」中也為屬於「外在性」。在這種立場下，「心」頂多只是去知覺「外在」的價值（理）而已。因此，亨利抱怨謝勒也無法扣緊「徹底的內在性」而論「情」，而他認為這正是謝勒之「情感現象學」的最大缺失。然而可惜的是：亨利並沒有如謝勒一樣，試圖去解決康德道德哲學的內在難題，反而是往美學發展。相較之下，如果以蕺山之「純情自感」的理論來審視康德之道德哲學，或許有可能比謝勒更成功地解決康德在道德哲學上所遺留下的難題。

總之，一反於朱子所言的「情之性」，蕺山所強調的是「性之情」。[291] 並且，蕺山主張「即情即性」，所以在進路上提出了「即性言情」。[292] 而這正可以用來支持牟宗三之蕺山具「以心著

---

[291] 「情者，性之情也。」劉宗周，〈問答〉，《劉宗周全集》第二冊，頁344。

[292] 劉宗周，〈問答〉，《劉宗周全集》第二冊，頁 346、345。

性」的論點，因為「心」通過「情」可以著「性」，而這完全符合蕺山「即性言情」、肯定「性之情」的立場。此外，亨利則認為「內在性」的內在結構是在於「情感」本身，並且，情感構成了意識的本質，即情感內在於意識之中並且構成了其存有。以這種觀點為橋樑，我們可以將蕺山的情感哲學與康德的道德哲學連接起來。儘管牟宗三也嘗提出「覺情」的概念，並欲以此克服康德低貶「道德情感」所帶來的缺失。[293] 然而，十分可惜，對於何謂「覺情」他並沒有做更進一步的釐清和交代。但是，透過蕺山與亨利的「情感哲學」，我們對於所謂「覺情」便能有更深入的瞭解。

　　進一步來說，亨利認為情感就是「自感」，是「內在」對「自我」的自我體驗，此即是蕺山所言「意者心之所以為心」的觀點。[294] 而依其「性宗」之立場，心之所以為心即是性。並且，於蕺山眼中，正因為陽明「於性猶未辨也」，所以才產生了王學末流之弊端。因此，「自感」除了有工夫論上的含意，但它首先乃是本體論之意義。東方朔等人認為蕺山之學比於陽明之學只在工夫論上有所創新，這自然是一種錯誤的論點。事實上，如上所述，海德格在解釋康德的「圖式論」時，即以注意到「自感」這一個重要的概念。可惜的是，很少人能注意到這一點，即便亨利有注意到這一點，但他只是站在批判角度觀之，因此並無法進一步注意到海德格的說法具有改造康德道德哲學的可能性。可以說：對比於蕺山，亨利弱於揭示「純情」的道德涵義。因而

293　牟宗三，《康德的道德哲學》（臺北：學生書局，1983），頁 297。

294　劉宗周，〈問答〉，《劉宗周全集》第二冊，頁 337。

我們可以進一步思考蕺山之「即性言情」的立場如何可以用來改造康德的道德哲學，此中有兩個關鍵點：第一，免除謝勒一些對康德的不諦當之批評，因正如海德格所指出：謝勒忽視了康德義之「尊敬」（Actung / respect）作為「純情」在道德哲學中之重要作用；第二，透過「情理交融」之格局來說明道德經驗的本質結構。如此一來，康德的道德哲學可以免於與基督教神學掛勾。蓋康德在說明「道德意識」時，將之與「法庭」相提並論，而使兩者處於一種緊張的關係，這有點類似於宋明儒學中「天理」與「人欲」的對立。對於如何處理這種緊張的局面，我認為蕺山之學提供了第三條路向。即蕺山之「情論」除了可以消除在康德哲學中「道德自我意識」有如「法庭」的緊張關係，也可解消宋明儒學中「天理」與「人欲」的對立局面。因為蕺山十分重視孟子的「反身而誠，樂莫大焉」一論旨。[295] 但是，若果「天理」與「人欲」恆處於一種緊張對立的局面，道德實踐便變成苦悶之事，則「樂」從何而來呢？正因為相類的侷限，康德的道德哲學才會變成道德的清教徒主義，而這也是道德哲學與基督教掛勾所產生的不良後果。相比之下，孟子所謂「樂莫大焉」的「樂」是「非感性」的真實快樂，是一種沒有預設任何目的的純粹樂趣。就此而論，蕺山所強調的「反身而誠，樂莫大焉」與快樂主義不同，並非為了得到「快樂」而去做道德實踐，而是道德實踐的同時本會感受這種免費的樂趣，這就像我們不是為了任何的名與利，而只是單純的沉浸在做學問的樂趣之中。宋明儒主流在對立「天理」與「人欲」的同時，也遺失了孟子所言「樂莫大焉」的

295 劉宗周，《劉宗周全集》第二冊，頁 166。

「樂」。然而，「樂」是儒家道德哲學的重要資產，輕易的忽略它將造成莫大的損失。因為這種「樂」是反身自求即可得到的，是一種「存有論」義的真正快樂，不像我們去百貨公司買了貴重的東西，雖然一時間得到了快樂，然而日後還要怕它被偷、害怕失去它，這並非真正的快樂。

最後，值得於方法論上作一些補充。基本上，儘管牟宗三用「逆覺體證」來概括「心學」的方法論，但是我發現如果忠實於他早年以「歸顯於密」的格局來詮釋蕺山之學的立場，則真正能在方法論上做到「逆覺體證」的人，只有劉蕺山一個人。這是因為蕺山透過「兩重的密」來解析「歸顯於密」：一是「內在的密」，此即「化念歸意」；二是「超越的密」，此即「以心著性」。換言之，嚴格的「逆覺體證」應該是從「顯」的一面回到「密」的一面。這十分相應於亨利的「現象學還原法」：從「the visible」回到「the invisible」。其實蕺山之「逆覺體證」也相應胡五峰「以反求諸己為要法」的說法。以此觀之，就方法論而言，這也可以證成為何牟宗三把五峰與蕺山同歸為「第三系」，並且，內在於整個儒學之發展，這也忠實於孟子「反身而誠，樂莫大焉」的論點。相較於現象學而言，眾所皆知，「意向性」(intentionality) 是胡塞爾現象學中的一個關鍵概念，但亨利則批判「意向性」為一個「外向」的概念，故此對回歸至「徹底的內在性」有所妨礙。因此亨利主張跳脫出「意向性」的層面而回歸至「非意向性」(non-intentional) 的向度，從而喊出「從意向性現象學 (intentional phenomenology) 過渡至非意向性現象學

(non-intentional phenomenology)」之口號。[296] 準此,如以為蕺山之「意」是一種「意向性」,這自然是一種錯誤的見解。蓋說陽明所言之「意之所在為物」之「意」是一種「意向性」的概念固然沒錯,然而,蕺山所言之「物」乃《中庸》所謂「不誠無物」之「物」,更要的是:蕺山之「意」乃是由「顯」歸「隱」,此即從「意向性」的層面回歸至「非意向性」的層面,這才是真正的「歸顯於密」。因此之故,蕺山之「意」自然不可能是一種「意向性」的概念。關於這一點,牟宗三並沒有交代的很清楚,而且,這也牽涉到牟宗三對天台宗之「山外派」與「山家派」的詮解。實際上,牟宗三在《佛性與般若》對於四明知禮言「兩重能所」之批評實有不當之處,因為所謂「兩重能所」在知禮以為乃是「諦、觀俱為能觀」,這是說知禮肯定「能觀」有「諦」、「觀」兩重關係。[297] 相類似地,於某一個意義上而言,劉蕺山的「致知說」也具有「兩重能所」的關係:首先,透過「誠體」或「純情」來看「物」的時候,它們之間表現為一種「立體」的關係。而且必須有這「第一重能所」的關係,然後才能進一步言「主客對立」之「平面」的「第二重能所」的關係。可以說:因為牟宗三昧於四明知禮的「兩重能所說」之殊勝義,連帶地使得他無法見出蕺山思想中亦有「兩重能所」的格局。此外,東方朔

---

296 Michel Henry, "Phénoménologie non intentionnelle: une tâche de la phenomenology à venire," in *L' Intentionnalité*, ed. Dominique Janicaud, pp. 383-397。

297 牟宗三,《佛性與般若》下冊(臺北:學生書局,1989),頁768。

批評蕺山在說明「物知關係」時有所含混之處，[298] 實際上，這也是因為他無法瞭解蕺山思想中具有「兩重能所」的格局所致，而並非蕺山在說明「物知關係」時真有所缺失。

　　總而言之，通過蕺山思想與亨利思想之間的對話，可以充分的證成海德格在《康德與形上學問題》一書中所指出的「自感具有兩面」的觀點，其中，一面是通過「超越想像力」所講的「純粹時間」，另一面則是扣緊「實踐理性」來說明對道德法則的「尊敬」乃是一種「純粹的道德情感」。當然，若要充分證成牟宗三於詮釋蕺山思想時所見出之「歸顯於密」格局，則必須跳出牟宗三本人的康德式思路才能做到。值得補充的是：事實上，牟宗三在詮釋「圓教」之「圓善論」時，他最終乃是回歸至胡五峰思想來講儒家的「圓教」。而我則認為五峰所言之「心」是有相類似「一念無明法性心」之格局，這種格局在蕺山思想之過程中也見得到。因此，儘管蕺山思想有追隨陽明心學的「中介性階段」，且也曾非常稱許陽明之論「心」，但蕺山一己所言之「心」最終還是與陽明者有本質差別的。蓋扣緊「歸顯於密」的格局而言，蕺山論「心」乃具有天台式的格局。簡言之，蕺山之「念」即相應於「無明」這一面，而「意」則相應於「法性」的一面。於此義上，蕺山之「心」乃具有與天台之「一念無明法性心」相似的格局。這也可說明蕺山緣何如此堅持「意念之分」，並把「意」視為「密」之「意體」。也唯有以此方式理解蕺山之思想，其「歸顯於密」的立場才夠被保住。一言以蔽之，不論是海德格、亨利或天台宗乃至於蕺山與五峰，他們都共同具有「以

298　東方朔，《劉蕺山哲學研究》，頁260。

心著性」的思想格局。

最後，我簡單勾勒一下蕺山「生命現象學」的特色：第一點即是牟宗三所提出的「歸顯於密，以心著性」；第二點則是唐君毅所指出的「純情自運，大氣流行」，此即是高看蕺山所言之「情」與「氣」，如此便能明白在蕺山思想中，「喜怒哀樂」之「純情」與「元亨利貞」之「大氣」乃是一體之兩面。第三點，就方法論上而言，我們回到亨利「自感」之概念，即「純情」本身是自感的，蓋蕺山所言之「歸顯於密」或「逆覺體證」即亨利所言之「從意向性的層面回到非意向性的層面」，或從「visible 的層面回到 invisible 的層面」，此即從「重視外在回歸至重視內在」。如此一來，方能體證到「生命」本身即是「自感」，而這也是「生命現象學」的重點所在。

值得補充的是：基本上，牟宗三對宋明儒學「理氣論」的詮釋是未臻全效的，特別是針對橫渠、蕺山、船山等人的「理氣論」而言。必須指出的是：儘管蕺山講「理氣不二」，但在某一意義上而言，「氣」是具首出性的。因此他說：「氣立而理因之寓也」、「理即是氣之理，斷然不在氣先，不在氣外」，這明顯是認為「氣」比「理」更為首出，但牟宗三並沒有注意到這一點。因此就「理氣論」而言，牟宗三對於蕺山用以批判陽明「於性猶未辨也」這句話似並沒有深刻的體認，連帶地，牟宗三也忽略了其言「性」的奧義。蓋在蕺山思想中，「性」的意義是通過「理氣論」來表達，因此，如果無法正確理解蕺山的「理氣論」，自然也不能明白他思想中「性」所代表的意義。如今楊祖漢的蕺山詮釋，事實上與牟宗三的終極立場可說是相當一致的，即是都認為蕺山義之「性」是虛的，從而沒有實質意義。不過，

如此一來，蕺山所言「心之為心即性」這句話便顯的沒有意義，並連帶地也失去其言「即情即性」的殊勝之處。考其原因：這在於牟宗三與康德同囿於「理性與感性的區分」。然而舉例來說，李安用「理性與感性的區分」來解釋《色戒》是失敗的，[299] 更何況以此來說明道德的體驗。理由是：畢竟人是一完整的統一體，並不能截然劃分為「理性」與「感性」兩部分。事實上，「超越的分解」、「一心開二門」乃至於「理性與感性的區分」都是「理論哲學」(theoretical philosophy) 脈絡下的說法。其實在《純粹理性批判》之「方法論」部分，康德的說法已有轉向以「實踐哲學」為首出，而有點類似後來馬克思的立場，即認為哲學雖然負責對世界提供解釋，但是其重點更在於改造世界。雖然牟宗三很早便指出中國哲學的特質在於以「實踐」為優先，然而這與他後來堅持以「超越的區分」、「一心開二門」為思想格局的立場是有衝突的。因為「超越分析」是「理論哲學」的架構，而以「理論哲學」為優先也是西方哲學的特色。不過，蕺山所言之「誠體」、「意體」、「性體」卻是以「氣」為主，乃是以實踐為首出，而這是實踐哲學的架構，也是中國哲學的特質所在。即使牟宗三在《圓善論》中也承認陽明之「四有說」與龍溪之「四無說」終究還是屬於「別教」，而只有胡五峰之「天理與人欲同體而異用、同行而異情」才是真正的「圓教」。值得補充的是，這一種思想格局在蕺山思想中也找得到，而且是針對朱子之性情論而發。蓋朱子在〈知言疑意〉中大肆批評胡五峰之情論，然而五峰「正其情」乃是提高「情」的地位的一種說法。在這個

---

299 請參考本書附錄。

意思上，五峰與蕺山也有一致的地方，何況兩者在方法論上都反對外求，進而強調反躬內省。這都是顯示兩人在思想史的具有關連，且可以證明蕺山本相當明瞭五峰思想工作的深義。特別地，既然蕺山反對朱子之性情論，而朱子又作〈知言疑義〉強烈批判五峰之性情論，蕺山自然不可能對五峰之性情論毫無所知。然而，十分可惜，過去很少人注意到蕺山與五峰論情之關連，牟宗三亦然。儘管牟宗三獨具慧眼地看出蕺山與五峰思想中具有「以心著性」這一特殊格局，但他對於「情」的概念卻毫無感觸，究極原因就在於他認為「情」是屬於「感性的」。與此平行，牟宗三認為「氣」只為「形而下的」也是一種有侷限的說法，蓋這只對朱子一系之「理學」有效；但孟子所言之「浩然之氣」卻不可能是一種「形而下的氣」！簡單來說，不論是牟宗三、朱子或是康德、牛頓，都把「氣」（力）視為形而下的、物理的或材質的概念。與此相反，萊布尼茲的「元氣說」肯定有「形而上的氣」存在，而這與橫渠與蕺山乃至於船山之氣論之立場是相近的。並且，內在於儒學的發展，橫渠、蕺山與船山之氣論與孟子之「浩然之氣」的說法是一脈相承的。因此，唐君毅之「須高看蕺山之情與氣」的觀點十分難能可貴。一言以蔽之，由於牟宗三對蕺山之「情」、「氣」的低貶，使得其「三系說」之「以心著性」一系的理論根基不夠穩固，而導致當今學者紛紛主張將蕺山從「第三系」剔除的不良後果。不過，本章雖然批評牟宗三對蕺山之「情」、「氣」的詮解，卻可收到為其「三系說」加以辯護之效！

第五章
回歸「徹底內在性」
——東西方「生命現象學」
之比較研究

獨者，物之本也。

——劉蕺山

米歇爾‧亨利本人勾劃其思想為一「生命現象學」
(phenomenology of life / phénoménologie de la vie) 提出了「生命就是
自感」(la vie est auto-affection) 之論點。[300]

近年來亨利的著作在北美與歐洲頗受到青睞，並且在現象
學界中也吸引了不少青年學者的興趣。特別地，因為現今法國哲
學界新一代的代表人馬里昂的思想基本上乃是源自對亨利與萊維
勒斯 (Levinas) 的現象學之綜合，因而也促進了現象學界對於亨
利之現象學的研究。若就現象學本身的發展而言，亨利的「生命
現象學」之出現，乃是代表對胡塞爾的「超越現象學」和海德格
的「存有現象學」之反動。簡言之，亨利認為這兩位現象學奠基
人只注目於「外出性」(transcendence)，卻都漠視了「內在性」
(immanence)，即忽略了「生命」。由於亨利認為「徹底的內在

---

300 Michel Henry, *Auto-Donation: Entretiens Et Conferences* (Paris: Beauchesne, 2004), p. 128.

性」(radical immanence) 方是真正的「生命」，所以他要發展一套「生命現象學」來補救胡塞爾與海德格所代表之古典現象學的缺失。

本章試圖進一步比較明朝末年劉蕺山與亨利的思想，指出兩者在本質上的一些相似性，這可有助於見出蕺山之思想也是一套「生命現象學」。當然，就現實上而言，他們兩人在生命上是沒有任何交集的。但相對於亨利之以「神學」作為「生命的現象學」之基礎的立場，蕺山之思想卻可為「生命的現象學」之發展另闢新途。

I

作為現象學家，從一開始亨利便關注「絕對主體性 (absolute subjectivity) 的自我意識如何可能？」這一問題，理由是：在亨利眼中「絕對主體性」是所有現象顯現之可能條件，若果「絕對主體性」本身不能顯現，那麼整個現象學進路便不能成立了。不過，按照其「愈多還原、愈多給出」(Always more reduction, always more donation) 的「現象學的原則」，[301]「絕對主體性」之「顯現」必得是「對其自身」之「自身顯現」(self-manifest)。十分明顯，亦唯有通過解決「絕對主體性如何自身顯現」此一問題，方能真正找出回到「徹底內在性」之途徑。而在解決這一問題上，亨利首先指出：「絕對主體性之自身顯現」完全迥異於「對象之

---

301 Michel Henry, "Quatre Principes de la Phénoménologie," *Revue de Metaphysique et de Morale* 96, no. 1 (1991): 3.

顯現」。

　　這意謂「絕對主體性」不能以「意識對象的方式」來意識自身，否則所能意識到者只是「作為對象（即客體）的自我」、而非「作為主體之自我」。毋庸置疑，沙特 (Jean-Paul Sartre, 1905-1980) 早已指出「真正的自身意識」一定是「先於反思的」(pre-reflective)、「非設定的」(non-positional)。不過，亨利認為這仍不足以勾畫出「真正的自身意識」。他堅持「真正的自身意識」乃是「間接的」(immediate)、「非差異的」(non-differentiated)、「零距離的」(without distance)，因而只能是「情感性」(affective)。理由是：「情感……是存有於其徹底內在性之絕對統一中的自感 (Affectivity...... is the auto-affection of Being in the absolute unity of its radical immanence)。」[302] 這是說：只有「在情感中，存有起現與於自身中顯示其自身」(in feeling, Being arises and reveals itself in itself)，[303] 因此，「絕對的啟示」(absolute revelation) 必定為「情感性」。十分明顯，這種「內在的」和「情感性」的「啟示」是屬於「絕對主體性之存有」(the Being of absolute subjectivity)。一言以蔽之，「真正的自身意識」是一以「情感」(affectivity) 為本質的「自感」(auto-affection)。於此，「能感」(affecting) 完全第同於「所感」(affected)。其次，作為「自感」，「真正的自我識意」是「被動的」(passive)。職是之故，「絕對的主體性」之「自身給出」是屬於「不可見」(invisible) 的向度。這意謂「絕對的主體性」是一「徹底的內在性」。最後，由於「自感是感受

302　Henry, *The Essence of Manifestation*, p. 682.

303　Ibid., p. 684.

性 (receptivity) 的根源本質之建構性結構」,[304] 所以,只有建基於「主體之自身顯現」之上,「對象之顯現」方為可能,而於此義上,「絕對主體性」乃是「超越的」。

相比之下,無論是康德之「超越統覺」(transcendental apperception) 抑或胡塞爾之「超越意識」(transcendental consciousness),即使海德格所言之「此在」(Dasein) 的「超越性」(transcendence) 都是為了使得「可見的」的世界成為可能。而且,在方法論上,海德格的「存有現象學」與康德的「超越哲學」一樣,都以「對象」或「外在性」為首出。海德格「世界」的概念,便是作為「背域」(horizon) 而使「存有物的給出」成為可能的條件。所以,在本質上,「背域」還是為了「外在的存有物的給出」而服務。[305] 更重要的是:他們都犯了將「主體」之給出方式化約至「客體」之給出方式的錯誤。換言之,他們都通過「對象之顯現方式」來說明「主體之自身顯現方式」。因此亨利指出他們都無法回到「真正的主體性」。一言以蔽之,他們仍圍於「存有一元論」(ontological monism) 的立場。因為依「存有一元論」,現象的給出只有一種方式,就是外境或對象的給出方式;從而完全漠視了「主體之自身顯現方式」與「對象的顯現方式」的本質差異。可是,與外境不同,主體是「自給」(auto-donation) 的。基本上,「真正的主體」只能是一屬於「不可見的」向度,具有「自感的」、「徹底的內在性」。因此,若要「回到內在性」,則必須對「存有一元論」有所批判。

---

304 Ibid., p. 233.

305 Ibid., p. 186ff.

　　實際上，海德格在《康德與形上學問題》一書中早已追隨康德十分強調「自感」(self-affection) 這一概念。[306] 可是亨利認為海德格與康德對於「自感」這一概念的了解並不透切。首先，他反對康德將「自感」等同為「時間的自身激發 (auto-solicitation)，自身設定 (autoposition)，自身對象化 (auto-objectivation)」；[307] 其次，他反對海德格將「自感」等同為「對來自世界的時態化場所之感受」，[308] 理由是：「生命並非作為自身設定或自身對象化之自感，它不將自身設定於其一己之前，好比『放在面前』成為一種差別。」[309] 一言以蔽之，於亨利眼中，海德格與康德仍囿於「我思」(Ich denke / I think) 之傳統。其病因在於康德與海德格都無法真正認識「自感」之概念，乃是情感性，而且他們所重視的「主體性」都是「向外」(au-dehors) 發展的，遑論知悉「生命就是自感」。職是之故，由於缺乏「徹底的內在」的一面，因而接觸不到「生命」的層次。

　　亨利認為胡塞爾也犯了相同的錯誤，以致無法真正掌握「自感」之可能性。在胡塞爾的現象學中，「時間意識」是最深層的意識，而「時間意識」是一切建構的可能條件，但亨利對胡塞爾的質疑是：「時間意識」如何張握它自身呢？實際上，即使通過「時間意識」的「延留」(retention) 還是無法掌握「當下的我」

306　Heidegger, *Kant and the Problem of Metaphysics,* pp. 193ff.

307　Henry, *Auto-Donation: Entretiens Et Conferences*, p. 128.

308　Ibid., p. 128.

309　Ibid.

(living present ego)。[310]

與前人不同，亨利提出「純情」(pure affectivity / affectivité pure) 作為「自感」之本質向度。對他而言：「情感就是自感，它是內在地對自身的自身體驗。」[311] 這意謂「自感」在本質上是屬於「情感性的自感」(auto-affection pathétique)。[312] 可以說：依亨利，正是由於這一種「純情」的存在，方使得「我們的情感在體驗作為存有與生命時變成純粹的(pure)。」[313]

此外，雖然康德還提出「內在感覺」(inner sense) 的概念，[314] 亨利卻認為「內在感覺」與「自感」是不一樣的。簡單而言，康德義之「內在感覺」最大的侷限不但在於它依舊是「感性的」，而不屬於「情感」(affectivity) 的向度，而且還是一「存有一元論」的概念。因而康德所言之「內在感覺」便無法達到「純情自感」的境界。反之，亨利乃通過「情感」以言「自感」。總而言之，「情感」一概念於亨利思想中是至居關鍵的，而其「自感」一概念便是扣緊「情感」來開展。

與康德和海德格不同，亨利還緊扣「自感」以言「身體」。內在於現象學之立場來說：亨利之「身體現象學」乃是針對梅洛龐蒂 (Maurice Merleau-Ponty, 1908-1961) 者而發。因為亨利認為梅

310 Michel Henry, *Phenomenologie Materielle* (Paris: Presses Universitaires de France, 1990), pp. 49- 50.

311 Henry, *The Essence of Manifestation*, p. 657.

312 Henry, *Auto-Donation: Entretiens Et Conferences*, p. 130.

313 Henry, *The Essence of Manifestation*, p. 670.

314 Immanuel Kant, *Critique of Pure Reason*, trans. Norman K. Smith (London: MacMillan, 1964), p. 67 [A22 B37].

洛龐蒂所言之「肉身主體」(embodied subject) 依舊無法脫離笛卡兒的侷限。換言之，梅洛龐蒂所言之「主體」基本上還是屬於「思想我」(thinking I / thinking subjectivity)。眾所皆知，針對胡塞爾的現象學，梅洛龐蒂已將「主體」的概念扭轉為「肉身化的主體」，但是，這只是將「思想我」(thinking I) 肉身化而已。因此，亨利從法國另一位哲學家比漢之立場出發來批評梅洛龐蒂。可以說，比漢反對笛卡兒之「我思故我在」(I think, therefore I am)，而主張以「我感故我在」(I feel, therefore I am) 代之，即認為人首先是一情感性存在，所以「情感」(feeling) 是一比「思維」(thinking) 為優先的概念。因而亨利宣稱笛卡兒之「我思故我在」(I think, therefore I am) 嚴格而言實是說：「我感到我思故我在」(I feel myself thinking, therefore I am)。[315] 準此，亨利認為「身體」應該首先扣緊「情感主體」(feeling subject) 而言。即「身體」並非在認知或思想脈絡下所瞭解的「主體」，而是在「情感」(feeling) 脈絡下所言的主體。所以「身體」是一種情感的身體」(affective body)。在此意義下，亨利認為即使梅洛龐蒂已經將「主體」肉身化，而不只是一種「純思」(pure thinking)，但他依舊不能將主體從「思想主體」之向度完全解放出來。所以，梅洛龐蒂所言之「身體」還只不過是「思維我」的「身體」而已。這一切顯示了亨利主張真正的「身體」應該是就「情感我」(feeling I) 而言。即其所言的身體乃是「情感我」的「身體」。

　　亨利進而提出了其「三身說」：「客體的身體」(objective

315　Michel Henry, *The Genealogy of Psychoanalysis*, trans. Douglas Brick (Stanford: Stanford University Press, 1993), p. 30.

body)、「機體的身體」(organic body)、「主體的身體」(subjective body)。[316] 首先,「客體的身體」像客觀的存在物一般,存在於外在空間之中。這可說靠近西醫眼中的「身體」,為一佔有空間的客體式存在。其次,「機體的身體」是人作為動物而有的身體。就醫學的角度而言,這比較接近中醫所了解的「身體」,乃是一由各種功能所整合成的「系統」,它具有「整體大於各部分之和」的特質。最後,「主體的身體」在本質上就是我們的「主體性」。反過來也可以說:「主體性」就是作為「主體的身體」的「自我」。一言以蔽之,「主體的身體」就是「真正的主體性」。若離開了「主體的身體」,則「真正的主體性」就不成其為「真正的主體性」了。而這「真正的主體性」是「不可見的」,而只能是「自感的」。基本上,如比漢和胡塞爾經已指出:這是一種「我能」(je peux / Ich kann / I can),此乃是一「能力的體系」(System der Vermöglichkeiten)。在「主體的身體」這一層次上,我們可以說「我就是我的身體」(I am my body)。當然,在梅洛龐蒂之立場也可說「我就是我的身體」,但亨利認為梅洛龐蒂的「身體觀」依舊沒完全擺脫笛卡兒式「我」不外是「思想我」(thinking I) 的限制。換言之,梅洛龐蒂所言的「身體」仍首先為一邁向世界的「意向性主體」(intentional subject)。

II

基本上,內在於儒家傳統,蕺山所關注的焦點在於通過「道

---

316 Henry, *Philosophy and Phenomenology of the Body*, p. 129.

德的進路」以證成與呈現「絕對的主體性」（「心體」），他尤
其偏重於「心體」如何呈現「性體」。首先，他反對將「道德主
體」等同於「良知」之立場。蕺山認為陽明所言之「心即理」中
的「心體」（良知）還不是最究竟的。因為陽明所言之「心體」
乃是屬於「顯」的向度，但作為「道德主體」之「意體」則是屬
於「密」的向度。因此之故，正如牟宗三所指出：在對治「王
學」之失上，蕺山主張「歸顯於密」。[317] 十分明顯，蕺山眼中的
「絕對主體性」在接物之先已經「自感」。於此義上他尤其反對
佛學所言之「識心」的首出性，因為「識心」只停留在「取境」
的層次，即落在「主客二分」之格局。而且，由於「識心」的功
能只在於攀附外物去認識對象，所以若只侷限這種「向外」的工
夫，最終將招致喪失主體性的不良後果。[318]

　　其次，蕺山嚴格區分「意」和「念」之不同，從而主張只
有「意」方是「真正的道德主體」。他特別地批評陽明未能分
辨「意」與「念」之本質差異。無疑，陽明早對「意」有所討
論。不過，蕺山指出陽明論「意」時卻將之化約至「念」。這是
說，當陽明將「意」視為「有善有惡」時，他實際上所言的只是
「念」。相比之下，正如唐君毅所強調，蕺山眼中之「意」只能
是「純意」。[319] 在本質上，「念」之生起與「七情」相似，都是
受外物的影響所致而起。因此之故，蕺山反對陽明以「知」為首

317　牟宗三，《宋明儒學的問題與發展》，頁 177。

318　劉宗周，〈證學雜解〉，《劉宗周全集》第二冊，頁 265-266。

319　Tang Chun-i, "Liu Tsung-chou's Doctrine of Moral Mind and Practice and
　　His Critique of Wang Yang-ming," p. 313.

出之立場，而堅持「意」的「優先性」。此外，蕺山認為相對於「念」有起滅，「意」則是常存的。因為「意是心之為心」。換言之，「意為心之主宰」。所以，與陽明之視「意」為「心之所發」的論調迥然有別，蕺山宣稱「意」為「心之所存」。

從一歷史之角度來看，正如唐君毅所指出：蕺山之區別「意」與「念」及「以意為心之主宰」的立場可溯源自泰州學派的王一菴與江右學派的王塘南。[320] 不過，蕺山有進於前人之處在於能夠將「意」與「純情」結合，並且通過「好善惡惡」來了解「意」之本質。基於「純意」乃「心之主宰」、而「純情」乃「心之自感」，蕺山進而將「意」視為「至善」。

此外，蕺山認為必須要認清：陽明義「良知」是「離情」而立，但他所言之，「意」是「即情」而立。而且此中所言之「情」乃是「純情」。總之，對蕺山而言，只有「意」方是一「真正的主體」。

蕺山所言之「純情」（四德）與一般所謂「喜、怒、哀、懼、愛、惡、欲」之「七情」乃是有區別的。然則，如何區分「四德」與「七倩」呢？於此，蕺山的答案是：

> 喜怒哀樂，性之發也；因感而動，天之為也。忿懥恐懼好樂憂患，心之發也；逐物而遷，人之為也。眾人以人而汨天，聖人盡人以達天。[321]

換言之，「七情」是受外物所感而起的。但與此不同，「純情」

320　唐君毅，《中國哲學原論・原教篇》，頁 471 以下。
321　劉宗周，〈學言上〉，《劉宗周全集》第二冊，頁 381。

並非因外物所感而有的「情」，而是人本身所自發的「情」，故屬於「性」的「純情」。[322]

一言以蔽之，正如唐君毅所指出：於蕺山眼中，前人之失在於「皆不言此本心良知中有一『意』，或『喜怒哀樂之純情』。」[323] 特別地，陽明之失在於以為「情」與「意」乃是良知於接物後方有。其實蕺山是如唐君毅所言作出了下列之追溯：「如此心只是一明覺，只具性理而無意，如何能變化得一般意？又如其無情，如何能變化得一般之情？」[324] 對蕺山而言，「情只是一感，一切心之活動中，更豈不皆有心之自感？」[325] 這是說：「心體」之中「自有情以自感其情」。[326]

牟宗三嘗以「逆覺體證」來概括宋明儒學的「工夫論」特色。[327] 不過，嚴格來說，在宋明儒學的發展中，只有劉蕺山之「歸顯於密」式工夫論才是徹底的「逆覺體證」的工夫。因為他反對向外取境、攀附外物，而要求人們「反求諸己」，並認為只有經由這種徹底的「逆覺體證」的工夫，人才能真正的回歸至他所謂「幽深隱微之意體」。而就由「外」回到「內在」的「主體性」，這就是一種「逆覺體證」。

值得補充的是：從宋明理學之發展而言，在劉蕺山之前的理學家，並沒有人將「身體」提昇到「主體」的層次。事實上，

322　詳參本書第三章，頁 73-75。
323　唐君毅，《中國哲學原論・原教篇》，頁 481。
324　同上註，頁 481-482。
325　同上註，頁 482。
326　同上註。
327　牟宗三，《心體與性體》第一冊。

在蕺山思想中,「身體」概念與「心體」、「意體」或「性體」等概念的關係是十分密切的。他明白地宣稱:「天命之性不可見,而見於容貌辭氣之間,莫不各有當然之則。是即所謂『性』也。」[328] 他因而進一步地緊扣「九容」以言修身:「足容當重,手容當恭,目容當端,口容當正,聲容當靜,頭容當直,氣容當肅,立容當德,色容當莊。」[329] 可以說,將「身體」提升到「主體」的層次乃是蕺山思想在宋明理學中的突破與貢獻。個中關鍵在於蕺山思想中藏有「自感」的概念。

眾所皆知,牟宗三在《心體與性體》裡提出「以心著性」格局來詮釋蕺山思想。[330] 然而,可惜的是:當牟宗三用「以心著性」來規定蕺山思想之格局時,他並沒有進一步釐清「著」的意義。在蕺山思想中,從其言「四德」中時將「四情」與「四時」相對應,可以見出「心」乃是通過「純情」來「著性」的。職是之故,若果忽視「純情」的可能性,那麼其「以心著性」之格局便無法成立了。

作為一個儒家之徒,蕺山自然是非常重視「道德」的。當他認為「意」就是「好善惡惡」之「情」時,他便是持有一種以「道德主體性」為首出的立場。因此,在他的思想中,「純情」自然也是靠緊「道德情感」而言的。

總括來說,蕺山思想有進於王陽明之處即在於他特別重視「性體」的概念。而蕺山這種立場也是為了對治陽明末流「玄虛

328 劉宗周,〈人譜〉,《劉宗周全集》第二冊,頁7。
329 同上註。
330 牟宗三,《心體與性體》第一冊,頁48。

而蕩，情識而肆」之弊病而發的。基本上，蕺山認為陽明心學有
一重要的缺陷，那就是「於性猶未辨也」，[331] 即陽明並沒有恰
當地理解「性之為性」的真正意義。而導致陽明對「性體」了解
有所未透的主要原因之一正在於他欠缺「純情」之概念。因此，
蕺山有感而發地指出：「自喜怒哀樂之說不明於後世，而性學
晦矣。千載以下，特為拈出。」[332] 他於是提出「心宗」與「性
宗」的區分。更重要的是：依蕺山，「性體」相對於「心體」
而言是具有「首出性」的，但陽明並沒能注意到這一點，因而
將「心體」視作一切法之根源，「心學」遂陷入了「主體主義」
(subjectivism) 之窠穴。相比之下，就消極面而言，蕺山「以心著
性」之格局至少可以防止「主體性」過度膨脹而走向「主體主
義」。就積極面而言，從方法論之角度來看，由於通過「純情自
感」，蕺山可為作為道德主體性之「意」提供現象學的「明證
性」(evidence)，這也超越了陽明「心學」之「超越分解式進路」
的限制。一言以蔽之，依蕺山，只有屬於「密」之向度的「獨
體」方是真正的「絕對主體性」。而「歸顯於密」就是回歸這種
「徹底的內在性」之「不二法門」。

III

　　從以上對亨利與蕺山哲學之比較可以見出兩者都旨在回歸
「徹底的內在性」。對於亨利與蕺山而言，作為「徹底的內在

331　劉宗周，〈原學〉，《劉宗周全集》第二冊，頁 285。
332　劉宗周，〈學言中〉，《劉宗周全集》第二冊，頁 414-416。

性」之「絕對主體性」並非只是一種「設準」(postulate) 或「預設」(presupposition)，而是可以「現象學」地「呈現」(presence)。並且，「絕對主體性」之「對自身呈現」(presence to itself) 乃是「對象」之「呈現」的可能條件。

基本上，我們可以見出蕺山與亨利思想存在下列本質之相似性：

首先，與蕺山相似，當亨利通過「自感」來勾畫「生命」之本質時，他旨在強調「生命」之特質是「情感性的自感」。這是說，生命並非由外在於其自身的東西所感而起。於「自感」中，無論「能感」與「所感」都是屬於同一生命本身。而通過「自感」，「生命」表明自身是一不落於「世界」之中的「徹底內在性」。對蕺山與亨利而言，「心體」或「生命」就是「自感」，而「情感」乃是「自感」的本質，但「純情自感」屬於「不可見的」向度。而於「方法論」之層面上，蕺山之「歸顯於密」工夫論與亨利之現象學還原法極為類似：兩者都強調從「顯」(visible) 的一面回歸至「密」(invisible) 的一面。換言之，在方法論之層次，於解決「如何能回到徹底的內在性或獨體？」一問題上，不但兩者都嚴守「歸顯於密」之格局，而且也同樣靠緊「以情感為本質」的「自感」概念來申明對於作為「徹底的內在性」之「絕對主體性」的現象學證據。

十分清楚，無論是蕺山或亨利都肯定一以「活」(living) 優先於「見」(seeing) 的現象學。並且，兩者都認為作為「徹底的內在性」之「絕對主體性」乃是一「情感性主體」，即「情感就是

主體性的本質」(The essence of subjectivity is affectivity)，[333] 並且是「道成肉身」。

其次，晚期亨利嘗言：「超越意謂每一活生生的存在中的生命之內在性 (Transcendence means the immanence of Life within each living being)。」[334] 無疑，與其早年之「超出」概念不同，此種「超越」乃是屬於形而上與神學意義。不過，當以「性體」取代「上帝」時，此一論旨仍可成立。其實，牟宗三一早便指出：蕺山之立場是「由心言性，性體既內在亦超越。」[335] 而更重要的是：無論是亨利義的「上帝」抑或蕺山所言之「性體」都是一「生生不已的過程」。[336] 這可幫助我們發現：蕺山所成就者也是一套「生命現象學」。

但是，後來亨利指出其早年所言之「自感」只是一「弱義的自感」(weak concept of auto-affection)。理由是：這一種「自感」是「被動的」(passive)，其所建構出來的只是作為「受格」(accusative) 的「我」(me)。基本上通過這一種「自感」我體驗到我自己，但我並非此一體驗的來源。可以說，這是屬於「人」的本質之「自感」。對比之下，只有屬於「神」的本質之「自感」方屬「絕對之自感」。這「絕對之自感」乃是「強的義自感」(strong concept of auto-affection)。只有這一種「自感」能夠同時作

333　Henry, *The Essence of Manifestation*, p. 476.

334　Henry, *Incarnation: une philosophie de la chair* (Paris: Le Seuil, 2000), p. 176.

335　牟宗三，《從陸象山到劉蕺山》，頁 196。

336　Henry, *I Am the Truth: Toward a Philosophy of Christianit*, pp. 109ff.

為「生命」之「自生」(self-generation)。所以,「強義的自感」不但是「內發的」,而且能建構出來作為「主格」(nominative) 的「我」(I)。[337]

亨利和馬里昂等人促成在法國現象學界所出現的「神學轉向」(theological turn) 目前受到來自如申尼柯等正統現象學者之猛烈抨擊。[338] 事實上,雖然這些走上「神學轉向」的現象學家認同尼采宣稱「上帝已死」,但都堅持被殺死的只是「神學上的上帝」,而「真正的上帝」不但沒有消失,而且就內在人的心中。這是說,「真正的上帝」只能是一種「內在的超越性」。因此之故,當我們彰顯「人之性」時,同時也彰顯了「上帝」。此即意味著「生命」之意義最終是在於彰顯「上帝」。然而,這說法必須肯定基督教義之上帝,終究偏向於一種神學立場。但從現象學的角度來說,更加嚴重的問題是正如哈特 (James Hart) 所指出:由「弱義的自感」過渡至以上帝作為根源之「強義的自感」缺乏現象學的「明證性」(evidence)。這意謂純從「內在性」出發之哲學闡釋受到了限制,而終只能求助於「信仰」(faith)。這樣一來,相對於神學,哲學便會失去其自性了。[339]

相比之下,蕺山之「性體」卻可於「心體」中通過「純情」被彰顯。一言以蔽之,正如牟宗三所指出:「自形著關係言,則

---

337 Henry, *I Am the Truth: Toward a Philosophy of Christianity*, p. 106.

338 Janicaud, *Phenomenology and the "Theological Turn."*

339 James Hart, "Michel Henry's Phenomenological Theology of Life: A Husserlian Reading of *C'est moi, la verité*," *Husserl Studies* 15, no. 2 (1999): 207.

性體之具體而真實的內容與意義盡在心體中見，心體即足以彰著之。」[340]

而唐君毅之所以以「純情自感、大氣流行」來概括蕺山之思想格局，也因為依蕺山，「喜怒哀樂」之「四德」作為一種「純情」、「天情」乃是與宇宙的生化或「元氣」息息相關的。特別地《易經》所言之「元亨利貞」可與「喜怒哀樂」相匹配。就「存有論」之角度來看，「四德」作為一種「純情」、「天情」擁有很高的地位。這使得蕺山可進一步宣稱：「人情即天理」。[341] 毋庸置疑，於蕺山之「理氣論」中也可以見出「性體」相對於「心體」的「首出性」。就《易經》的觀點而言，儒家相信宇宙是「生生不息」的，而宇宙之所以可以「生生不息」、「循環不已」就是因為有「元氣」存在。這可以解釋為何蕺山在說明「性體之奧義」的同時，要一再強調「一元生生之氣」的重要性。[342] 這顯示蕺山所言之「氣」首先乃是「形而上的」。但與亨利不同，蕺山斷言：「然性體即在心體中看出。」[343] 準此，他通過「純情」來彰著宇宙生化（氣化流行）之「循環不已」的過程，從而宣稱：

> 「維天之命，於穆不已」蓋曰天之所以為天也。「是故君子戒慎乎其所不睹，恐懼乎其所不聞」，此慎獨之說也。至哉獨乎！隱乎！微乎！穆穆乎不已者乎！蓋曰心之所以

340　牟宗三，《從陸象山到劉蕺山》，頁 453-454。
341　劉宗周，〈學言〉，《劉宗周全集》第二冊，頁 380。
342　同上註，頁 518。
343　同上註，頁 381。

為心也，則心一天也。獨體不息之中，而一元常運，喜怒哀樂，四氣周流，存此之謂中，發此之謂和，陰陽之象也。四氣，一陰陽也，陰陽，一獨也。其為物不貳，則其生物也不測。[344]

十分明顯，蕺山所言之「而心之與性，不可以分合言也」與亨利之論人神關係之立場有本質性差異。[345]

於此或者可以追問：蕺山不也言「性天之奧」之一面？此與亨利所言之「上帝」的向度有何不同？

嚴格來說，亨利義「父位的上帝」是永遠不會直接為人所彰顯，而其中必經過耶穌基督作為中介。另一方面，按蕺山之立場，雖然「性天之奧」使得「心體」只能「逐步地」、而不可「全幅地」彰著「性體」，但是這並不意謂其中有某些內容永不會被彰著。此外，與蕺山之肯定「天非人不盡，性非心不體」不同，亨利義「父位的上帝」卻是可以自存的。

基本上，循著牟宗三所提出「以心著性」的格局來詮解蕺山思想，反而接近「海德格式同一性哲學」(Heideggerian philosophy of identity)，即一種容許性體於彰顯時可以遮蔽自身的立場。

IV

依蕺山，「心體」中有「純情」、「純意」、「純氣」，但要體證「此心體之為如是」則不易。正如唐君毅所指出：

344　劉宗周，〈易衍〉，《劉宗周全集》第二冊，頁 138。
345　劉宗周，〈學言中〉，《劉宗周全集》第二冊，頁 413。

> 此體證之困難，在吾人之自見其心，初唯見得此一般之情意
> 氣，而不見此純情、純意、純氣。此亦如吾人之自見其心，
> 初唯見其心之有種種對事物之觀念知識，而不見此心之虛靈
> 明覺，只是一純知純覺，更不見此心之虛靈明覺中，有生生
> 之理與仁。[346]

在一定程度上，此一困難亦見於現象學之進路。眾所皆知，胡
塞爾在釐定「意向性」(intentionality) 作為「意識」的本質時指
出：意識是關於某一對象的意識 (consciousness is consciousness of
something)。就此而言，「意識」是「向外的」，是以不能感受到
真正的「生命」。為了克服此種侷限，亨利提出一種「非意向性
的現象學」(non-intentional phenomenology)，並主張真正的生命乃
是必須通過「純情」(pure affectivity) 的「自感」。[347]

　　無可否認，亨利十分強調「情感」(affectivity) 與「感性」之
不同，可是，亨利未能如蕺山般嚴格地區分「純情」與一般之
「七情」。在說明其一己之「純情」概念時，亨利只將之了解
為當一種感情（例如快樂）不通過世界中事物而單就其自身來加
以體驗。於此，「純情」之「超越性」根本不彰。因而，如正
Laszlo Tengelyi 所指出：亨利藉著一根源性被動的情感難以真正
奠立「自我性」(selfhood)，反而帶來「將生命的根源性被動過程
化約至非個人性之力量和驅使力的危險 (the danger of reducing the

---

346 唐君毅，《中國哲學原論・原教篇》，頁 482-483。

347 Henry, "Phénoménologie non intentionnelle: une tache de la phénoménologie
a venire," in *L'Intentionnalité*, ed. Dominique Janicaud, pp. 383-397.

originally passive process of life to impersonal forces and drives)」。[348]
無疑，後來透過「強義之自感」一概念之引入，亨利欲彌補此等
過失，不但宣稱：「此一作為自身啟示 (self-revelation) 的自身給
出 (self-giving) 乃是一超越的情感 (transcendental affectivity)，一種使
得一切自身體驗 (self-experiencing) 可以成為情感型、即在其存有
之深層上作為情感性之純情 (pathos)。」[349] 而且通過神學之引入，
將「情感性生命」與「自我性」之關連安立在作為「根源的自我
性」(Original Selfhood) 之耶穌身上。[350] 但問題是如前面所已見：
其「強義之自感」一概念欠缺現象學之明證性。

　　相比之下，依唐君毅之分析，於蕺山的進路卻可見出「純
情」與「意」之本質性關連：

> 此純情與自感，則有一自始至終，周而復始之歷程……由此
> 周而復始，更不偏向于此四者之一，或滯住于此四者之一，
> 即見此心有內在之「中」，如天樞在天運之中，而不動。此
> 即主乎此心之純情自成之周而復始之運中之「意」所在也。
> 于此若無此周而復始之自運，則無此自運之定向于中，亦即
> 無意之可說。然有此心之周而復始之自運如環，即必有此環
> 中，亦必有此意。無此環中，則環斷而不續，亦無此周而復
> 始之自運矣。[351]

---

348 Laszlo Tengelyi, "Selfhood, Passivity and Affectivity in Henry and Levinas,"
　　International Journal of Philosophical Studies 17, no. 3 (2009): 410.

349 Henry, *I Am the Truthh: Toward a Philosophy of Christianity*, p. 106.

350 Henry, *Incarnation: une philosophie de la chair*, p. 252.

351 唐君毅，《中國哲學原論・原教篇》，頁 478。

這顯示「純情自感」與「意」是相互依賴的。而蕺山義之「意」在本質上就標示人心之「主宰性」，所以不會產生「純情」與「自我」(self) 分離之危險。當然，蕺山義之「絕對主體性」首先是一「道德心」。但是，正如林月惠所指出：蕺山所言的「『喜怒哀樂』之『感』，是『主動的』感應，具有主宰性與創造性。……故『喜怒哀樂』之『感』是性體不容自已的活動。」[352]準此而觀，具有這種「以心著性」之格局的蕺山思想可以為「生命現象學」帶來一條毋需「神學轉向」之發展途徑。而且，與亨利之仍囿於「理論哲學」、只偏重於對「絕對主體性」之「自感」作「本質性分析」(eidetic analysis) 有所不同，蕺山的進路是以「實踐哲學」為優先，且集中於對「道德主體性」的探索。其實，海德格在《康德與形上學問題》一書中嘗於兩個不同的場合討論「自感」的概念：其中之一是在解明「超越的想像力」(transcendental imagination) 的場合；另一則是在闡釋「純粹的道德情感」(pure moral feeling) 的場合。但十分可惜，海德格對如何把這兩場合之「自感」概念關連起來卻沒有作出清楚的說明。此外，海德格還指出《實踐理性批判》所言之「尊敬」(respect) 乃是屬於「純情」(pure feeling) 的範疇。而緊扣「純粹的道德情感」所言的「自感」應該是「超越的想像力」的可能條件。[353] 然而，海德格本身的思想並不以「道德」為主軸，因此我們很難將他的

---

352 林月惠，〈從宋明理學的「性情論」考察劉蕺山對《中庸》「喜怒哀樂」的詮釋〉，《中央研究院中國文哲研究集刊》25卷3期（2004）：208。

353 Heidegger, *Kant and the Problem of Metaphysics,* p. 166.

思想中「自感」之概念與「道德」相結合。但依蕺山，透過「誠意」的工夫不僅使得「道德主體性」落實於世界中，而「變化氣質」的可能性亦表明了生命之「自我轉化」並非虛懸。於此義上，蕺山式之「純情自感」立場可以為「道德現象學」之發展作出貢獻。

第六章
蕺山性學與陽明心學的本質差異
——一個佛教的觀點

> 理即者，一心念即如來藏理。
>
> ——智顗

　　牟宗三作為當代新儒家的奠基人之一，有兩項重要的學術貢獻：首先，於《佛性與般若》一書，他史無前例地將天台宗「圓教」的「存有論性格」凸顯出來；其次，於《心體與性體》一書，他石破天驚地把劉蕺山與胡五峰共判歸於程朱理學與陸王心學之外的「第三系」。雖然近來學界對於劉蕺山是否屬於「第三系」出現不少批評甚至反對的聲音，可是，卻罕見有人把牟宗三這兩大發現綜合起來，以見出其對於新儒學開拓上的巨大潛力。本章嘗試透過將蕺山之學與天台圓教相提並論，以為其「三系說」提供一種嶄新的辯護與證成方式。特別地，這將否定如東方朔所代表的「宗周之學乃是乘王學末流之弊，起而為之全力救正者，就其思想的基本性格而言，並未超出心學的範圍」一論點。[354] 基本上，本章旨在闡明：一方面蕺山之學屬天台「圓教」類型，另一方面，「陽明心學」屬「別教」立場。其實於《圓善論》一書中牟宗三早已指出陽明「四句」屬於「別教」，同時也

354　東方朔，《劉宗周評傳》（南京：南京大學出版社，1998），頁 5。

判定胡五峰的「天理人欲同體而異用，同行而異情」之模式屬於天台式「圓教」。[355] 然而，十分可惜，儘管牟宗三將蕺山與五峰合為一系，但卻沒有進一步申明蕺山之學的圓教性格。因此之故，雖然牟宗三後來一改他早年將蕺山歸屬於陽明學派的定性方式，但對於蕺山思想中至居關鍵的「即」一概念卻只順著「分解的『即』」，而非「詭譎的『即』」來詮釋。與此相對，本章順著牟宗三所宣稱的「同體依而復即，此則為圓教」一論點來釐清蕺山之「即」的概念。[356] 我們認為只有透過這種「詭譎的『即』」才能了解蕺山之學的諦義，從而見出其與「陽明心學」的本質差異所在。

I

簡要而言，劉蕺山的「即」之思想表現在三個層次：

第一，「道體」之層次：

盈天地間，一氣而已矣。[357]

或曰虛生氣。夫虛即氣也，何生之有？吾溯之未始有氣之先，亦無往而非氣也。[358]

盈天地間，凡道理皆從形器而立，絕不是理生氣。[359]

---

355 牟宗三，《圓善論》（臺北：學生書局，1985），頁 324。

356 同上註，頁 275。

357 劉宗周，《劉宗周全集》第二冊，頁 280。

358 同上註，頁 407。

359 劉宗周，《劉宗周全集》第三冊，頁 367。

第二，「性體」之層次：

> 形而下者謂之氣，形而上者謂之性，故曰「性即氣，氣即性」。[360]

> 凡言性者，皆指氣質而言。[361]

> 畢竟離氣質無所謂性者。[362]

> 氣質之性即義理之性，義理之性即天命之性，善則俱善。[363]

第三，「心體」之層次：

> 然性是一則心不得獨二，天命之所在，即人心之所在；人心之所在，即道心之所在，此虞廷未發之旨也。[364]

> 心只是人心，而道者人之所當然，乃所以為心也，人心道心只是一心，氣質義理只是一性，識得心一性一則工夫亦一。[365]

> 知此，則知道心即人心之本心，義理之性即氣質之本性。[366]

360　劉宗周，《劉宗周全集》第二冊，頁 269。
361　同上註，頁 418。
362　同上註，頁 472。
363　劉宗周，《劉宗周全集》第三冊，頁 331。
364　劉宗周，《劉宗周全集》第二冊，頁 300。
365　同上註，頁 301。
366　同上註，頁 401。

須知性只是氣質之性，而義理者，氣質之本然，乃所以為性也。[367]

性只有氣質之性，而義理之性者，氣質之所以為性也。[368]

性是就氣質中指點義理者，非氣質即為性也。[369]

人心，道心，只是一心。[370]

離卻人心，別無道心。[371]

心只有人心，而道心者，人之所以為心也。[372]

道心，言心之道也。心之所以為心也，非以人欲為人心，天理為道心也。[373]

一言以蔽之，依蕺山「道心即人心之本心，義理之性即氣質之本性」。

眾所周知，宋代中興天台宗的代表人物四明知禮曾經指出，「即」一字可以發為三種意義：第一，「兩物相合」之「即」；第二，「背面翻轉」之「即」；第三，「當體全是」之「即」。[374] 準此而觀，究竟蕺山「即」之概念是屬於上述哪一

367　同上註，頁 301。
368　同上註，頁 520。
369　同上註，頁 514。
370　同上註，頁 301。
371　同上註，頁 528。
372　同上註，頁 520。
373　劉宗周，《劉宗周全集》第五冊，頁 281。
374　陳榮灼，〈「即」之分析──簡別佛教「同一性」哲學諸形態〉。《國

種的意義呢？十分明顯，蕺山所言之「即」並非「二物相合」之意，也不是「背面翻轉」之「即」，而在某一意義上，透過「當體全是」之「即」卻可以了解緣何蕺山可以宣稱「盈天地之間一氣而已矣」。換言之，依蕺山，天地萬物，「當體全是」一「氣」。此外，劉蕺山得出「虛即氣」的結論，就因為作為「道體」的「虛」就是「氣」。³⁷⁵ 也就是說，在蕺山眼中，作為萬物「當體全是」的「道體」的「虛」，謂之「氣」。總括而言，這不外重申了「氣」作為「道體」之身分。無疑，表面上當我們以「道理皆從形器而立，離形無所謂道，離器無所謂理」為焦點，便覺得好像蕺山的「即」只是「不離」之意，即只不過是一種「兩物相合之即」。大概由於也是立足於「即」這種理解方式，牟宗三在解蕺山「性即氣，氣即性」便只依「分解的即」來加以詮釋。因此之故，牟宗三在說明蕺山的「氣質之性即義理之性，義理之性即天性之性。善則俱善」一命題上，他明言：

> 「氣質之性」亦即「氣質底性」，「之」字所有格。氣質底性即理也。氣質之所以為此氣質者即義理也。亦如桌子之所以為桌子之理也。依是，只有氣質底性，而並無義理底性，即義理以上或性以上不再有一層以為其所以然。故義理之性即氣質之所以為性也。此「義理之性」中的「之」字不表示所有格。蕺山於義理之性與氣質之性中兩「之」字，義解不一致，而特於「氣質之性」上著了意。而宋儒說此兩語，其中「之」字皆不表所有格，皆是虛系字，即義理這個性，

際佛學研究年刊》1 期（1991）：1-22。

375 當然，這大可追溯至橫渠「太虛即氣」之論。

或從義理上看的性，氣質這個性，或從氣質上看的性。蕺山於氣質之性中「之」字解為所有格，於義理之性中「之」字則保其舊，視義理即為氣質之所以為性者，即氣質外所以解析或成就此氣質之所以為者，如是而至理氣合一，而只由「氣質底性」一語以泯義理之性與氣質之性之分。此固亦通，然非宋儒說此兩詞之意也。但雖通而有問題，即：所謂「氣質之所以為性」，此「所以」有表示內在義，有表示超越義。表示內在義之「所以」即內在於氣質而只成一「氣質的性」，如脾性，內在於桌子而只就桌子之種種現象群之結構以成為是其所是之桌子，此則為定義中之性，定義中之所以。表示超越義之「所以」，則是外於氣質而又入於氣質，而為形上地直貫，以主宰乎氣，生化乎氣，此是動態的實現之理之所以。凡朱子所說之理或太極皆是此超越義之所以，凡儒家所說之心性、天心仁體、天命之性，亦皆是此超越義之所以。蕺山之意若如此，則是；若是內在義之所以，則非。若是超越義之所以，則下得宋儒之分義理之性。若自宇宙論上普泛言之，則分理氣可，合而歸於具體，說理在氣中，理即是氣之理，義可。不避於此多起穿鑿。蕺山於此，於法疏矣。[376]

然而，從蕺山「道心即人心之本心，義理之性即氣質之本性」一語出發，看起來蕺山卻不會支持牟宗三把「道心」與「人心」或「義理之性」與「氣質之性」看成是「異質異層」的說法。事實

---

376 牟宗三，《宋明儒學的問題與發展》，頁198。

上林月惠便曾指出蕺山應持「圓融性思維」，不過，由於仍然受到牟宗三之影響，她最後還是寫道：

> 當蕺山論述「氣質之性即義理之性時」，並不是「急辭」，也不是圓頓之教「詭譎的同一」（『即』）之表達。蕺山並沒有「含混」使用此「即」字，而其義理分際的表達是很清楚的。要言之，蕺山並不從氣質來談性，而「氣質之性」有別解，是指氣質所以然之理。在此也界定下，「氣質之性」是個超越層的概念，而「義理之性」反而是個疊床架屋的多餘概念。如是，蕺山並沒有「氣質之性」與「義理之性」的異質區分。倘若蕺山「氣質之性」及「義理之性」之「即」是圓頓之教詭譎的同一（即）之表達詭譎的同一，則蕺山就並非預設「氣質之性」與「義理之性」的異質異層區分，這顯然與蕺山的思想有牴觸。[377]

職是之故，相當可惜，林月惠也終只能自承其「所言之『圓融性思維』，只是寬鬆地顯示蕺山思想的義理性格——一心一體，心性情不分，理氣一元者不即不離」。[378] 這清楚地顯示：至今為止學界主流的解釋還是把蕺山之「即」了解為一種「分解的即」。就是說：只通過「不離」來了解蕺山「即」的概念。

　　無可否認，蕺山本人亦嘗明言：「盈天地間止有氣質之性，

377　林月惠，〈劉蕺山「慎獨之學」的建構：以《中庸》首章的全是為中心〉，《臺灣哲學研究》4 期（2004）：116。

378　林月惠，〈劉蕺山論「未發已發」——從「觀念史」的考察談起〉，收入鍾彩鈞編，《劉蕺山思想學術論集》（臺北：中央研究院中國文哲研究所籌備處，1998），頁 127-154。

更無義理之性。如曰『氣質之理』，即是，豈可曰『義理之理』乎？」[379] 這似乎可支持牟宗三的「蕺山於義理之性與氣質之性中兩『之』字，義解不一致」一解讀方式，可是從一個反省的角度來看，如果這種「分解的同一性」就是蕺山的原意，那麼牟宗三把劉蕺山與胡五峰分判為「第三系」的立場便很難成立了。[380] 換言之，儘管這種「分解的即詮釋」也承認蕺山與陽明學派也有一定程度的差異之處，但是卻不改其同屬「心學」之立場。

當牟宗三把蕺山之「氣質之性即義理之性」理解為「異層」時，他顯然不單止把「氣質」歸屬於「經驗層」。而且，順著其「道心即人心之本心，義理之性即氣質之本性」一論點，他更進一步將屬於「超越層」的「義理之性」視為屬於「經驗層」的「氣質」之可能「超越根據」。但是這樣一來，十分明顯，此表示牟宗三還只困圍於「尋本」(ground-searching) 的模式來理解蕺山之方法論的特質而已。

可是，蕺山不但宣稱：

盈天地間，一氣而已矣，[381]

盈天地間，一氣也。氣即理也，[382]

---

379 劉宗周，《劉宗周全集》第二冊，頁 418。

380 無疑，牟宗三本以「以心著性」一格局共存於五峰與蕺山而判兩者同為「第三系」。不過，如果蕺山真的持「異層說」，則便無法具有「以心著性」之格局而只能同於陽明的「心學」了。由於此中牽涉及蕺山之「超越面」與陽明所言之「超越」義的本質分歧，惟待另文處理。

381 劉宗周，《劉宗周全集》第二冊，頁 128。

382 同上註，頁 408。

盈天地間只此陰陽之理，即是吾心之撰，[383]

盈天地間皆性也，[384]

盈天地間皆生也，[385]

盈天地間皆道也，而統之者不外乎人心，[386]

盈天地間，凡道理皆從形器而立，絕不是理生氣也。[387]

而且，如前所見，還說：

形而下者謂之氣，形而上者謂之性。

這種可以追溯到張載的「盈天地之間者，皆物也」之特殊的表達方式，[388] 與天台宗的「一切法趣」之說法其實有異曲同工之處。依天台，「一切法趣」代表了「唯聲、唯色、唯香、唯味、唯觸、唯識」之圓說。正如牟宗三所指出：「天台宗謂『一切法趣』是圓教說，依圓教之標示，因此既可以一切法趣識而唯識，亦可以一切法趣生、色等，而唯聲、唯色、唯香、唯味、唯觸。」[389] 其次，當蕺山明言：「盈天地間皆氣、道、性、新、物，或器」，其表達方式與天台圓教宣稱「一切法趣聲、趣色、趣香、趣觸，或趣識等」也有異曲同工之妙。這一切清楚地表

383　劉宗周，《劉宗周全集》第一冊，頁 352。

384　劉宗周，《劉宗周全集》第二冊，頁 482。

385　同上註，頁 480。

386　同上註，頁 299。

387　同上註，頁 367。

388　張載，《張載集》，頁 333。

389　牟宗三，《圓善論》，頁 272。

示：如同天台宗「一切法趣」的「圓教說」已摒棄了「尋本」的
進路，蕺山的表達方式也證明其立場已不能套在「尋本」的模式
當中了。

基本上，牟宗三在解釋蕺山「氣質之性即義理之性」一論
點時，之所以堅持「此『義理之性』中的『之』」不表示所有
格」，原因在於他仍然困囿於一種「尋本」的進路。非常清楚，
依牟宗三，屬於「超越層」的「義理之性」就是「氣質」的可能
「超越根據」。眾所周知，「性起系統」是以「如來藏自性清淨
心」為一切法之「本」。即是以「真常心」作為一切存有物之
「存有論根據」(ontologocial ground)。而由於「性起系統」不能說
作為「本」之「如來藏」自體「具」一切世間生死等法，是以有
「除無名無差別」之結果。因為依「性起系統」，佛法身不具差
別相。針對「性起系統」之以「如來藏」為「本」之思路，天台
宗不採取這種以「超越分析」來「建立根據」的「尋本」進路。
其理由是：通過這種「尋本」的方式所發展的系統必然走上「緣
理斷九」之結果，因而無法顯示「十法界」底「相即」與「互
具」。然而，若果不從一超越的「本」來保住一切法，則一切法
之「存有論根源」(ontological origin) 如何得以說明呢？天台宗之答
案是：「從無住本立一切法。」其實，作為一切法之「本」根本
不是「本」。換言之，這是「無本」。實際上，言一切法以「無
本」為「本」是說一切法根本不需要「本」。而此「無本相」之
「本」便是「無住本」。由於天台宗這種思想在「尋本」之進
路看來根本是不可思議的，所以天台宗便直稱之為「不可思議
境」。而在天台，「無住本」其實就是「諸法實相」。但與他宗
分別，天台言「諸法實相」作為「無住本」並不是指有「本項」

之「本」。[390]

可是，牟宗三卻與這種立足於與天台圓教的「無住本」思想相衝突之「尋本」立場，來一方面將蕺山上述論點中的「氣質之性」視為「氣質底性」，即認為此中「之」字表示「所有格」；而於另一方面又主張此中「義理之性」中之「之」字不表示所有格。這種詮釋立場當然無法使之與天台圓教掛鉤。不過，實際上，我們上述將蕺山與天台宗相提並論的作法已顯示出其「圓教」的性格。十分清楚，這證明上述牟宗三的詮釋立場並不能夠成立。

如果不再追隨牟宗三這種認為蕺山於「義理之性」與「氣質之性」中兩個「之」字有不同的意義與詮釋方式，那麼，我們又應該如何來詮釋蕺山而言「氣質之性即義理之性」一論旨呢？在處理這一關鍵問題上，讓我們先回到天台圓教的「一念無明法性心」的概念。眾所周知，相對於「別教」的根植於「如來藏清淨心」或「真心」，天台宗從「介爾」的「一念心」出發，進而宣稱「心」在本質上乃是既有屬於「無明」的一面，也有屬於「法性」的一面。換言之，對比於「別教」的「真心系統」之言「真心」「自性清淨、客塵所染」立場，天台圓教之「一念無明法性心」概念意謂「心的本性」並非「純然唯淨」，而「無明」乃是屬於其「內在的可能性」。此謂天台所言之「心」既有「無明」亦有「法性」作為其「存有的可能性」。這「一念心」既可「一念天堂」，亦可「一念地獄」。

這樣一來，便可見出當蕺山言「盈天地間止有氣質之性，

390　陳榮灼，〈本是無本〉，《哲學雜誌》14 期（1995）：76-88。

更無義理之性。如曰『氣質之理』即是，豈可曰『義理之理』乎？」其真正的重點的確如牟宗三所指出是「特於『氣質之性』上著了意」。不過，其諦義卻並非如牟宗三所說在於強調「義理之理」中之「之」字不表示所有格這種一場，反而乃在於重申程子的「論性不論氣不備，論氣不論性不明」一論旨。[391] 而更加重要的是，當蕺山明言：「更無義理之性」或可曰「義理之理」的時候，其究竟用意乃在否定「陽明學派」的主張「義理」等同於「性」一種立場。這是說，蕺山於提出類似於天台宗「一切法趣」的那種「盈天地間皆性也」的論點時，其目的在於否定「唯淨之性」。這表示從其觀點來說，不論是「氣質之性」或是「義理之性」之「之」字均非表示「所有格」。實際上，此中「氣質之性」與天台宗所言的「無明面」相應，而「義理之性」則與天台宗所言的「法性面」相應。而於這樣的相應方式上，「氣質之性即義理之性」與「一念無明法性心」便可等量齊觀。

一言以蔽之，蕺山之「圓教」立場最為清楚地表現於其「即妄求真，無妄非真」一論點。[392] 實際上，牟宗三《佛性與般若》一書最大的貢獻，就是能夠緊扣此一論點以分判「別教」與「圓教」的基本差異。在本質上，一方面於「別教」，正如牟宗三所指出：

因為無明與法性體別，法性在別教即成「但理」。「但理」者，意即但只理自己。此但理即真如心不空但中之理也。即以此理違法性，此法性即以『真如心，心真如』來界定，蓋

---

391 劉宗周，《劉宗周全集》第二冊，頁 418。
392 同上註，頁 262。

諸法以此為體，故曰法性，即起信論所謂「一法界大總相法
門體」也。……亦云「法界祇是法性，復是迷悟所依。」此
作為法性的「但理」為九界所覆（真如在迷），亦為九界
之所依（能生九界），故破除九界，始能顯出真心法性理而
成果佛；而此時之理即不是『但理』，乃是有佛法界之功德
事以充實之者，因而成為現實的不空中道理，非只當初只為
但中之理之不空也。「背迷成悟，專緣理性，而破九界」，
此即所謂「緣理斷九」也。別教之所以為「緣理斷九」，即
在真妄（法性無明）體別而依他。此依他是真妄合，而不是
「即」。故欲顯真，必須破妄。此即所謂「即不即異，而分
教殊。」[393]

另一方面，依天台圓教的立場，正如牟宗三所指出：

此九界雖皆有無明在，因無明而有此九界之差別，然亦正不
須斷除此九界始顯佛界。「不滅痴怒，起於明脫。以五逆而
得解脫，亦不解不縛」。此即「不斷斷」也。「不滅痴怒」
是「不斷」，「起於明脫」是「斷」。此即謂「不斷斷」。
即於九法界而成佛，「即九」是不斷……無明即法性，法性
即無明，何須斷除無明法始顯法性耶？[394]

換言之，「無明即法性，即法性之顯不待離無明而顯，此所謂
『理顯由事』……『法性即無明』，則由無明順修，亦不待斷九

---

393 同上註，頁 696。

394 牟宗三，《佛性與般若》，頁 697-698。

界冰始歸佛界水，此即所謂『即妄歸真』。」[395]

更有趣的是，牟宗三乃是依胡五峰「天理人欲，同體而異用」而判其屬於天台圓教形態。事實上，蕺山亦言「天理人欲，同行而異情，故即欲可以還理」。[396] 基本上，這種「同體」與「同行」的概念，都可以透過天台宗的「體同」一概念加以說明。於解釋「體同」之意上，荊溪云：「依他即圓者，更互相依，以同體故，依而復即。」[397] 因此，正如牟宗三所指出：所謂「體同」亦即：

> 無明與法性同一事體也，只是一個當體，並不是分別的兩個當體，無明無住，無明當體即是法性，非離法性別有無明。無明當體即是法性，即依法性，此即是「即」的依他。此示無明雖無住無本，而卻是「即」地依法性住，以法性為本，言無明無性，以空為性也，法性無住，法性當體是無明，非離無明別有法性。法性當體即是無明，即依無明，此亦是「即」的依他。此示法性雖無住處，而卻是「即」地依無明而住，法性即無明，此兩者不是分解地有自住地拉開說，乃是緊扣在一起而詭譎地無自住地圓融說，這詭譎地圓融地說的「體同」即是圓教之所以為圓教處。[398]

其實，這種「詭譎的即」思想的表達方式，在蕺山身上也可以找得到。

---

395 牟宗三，《智的直覺與中國哲學》，頁 241。
396 劉宗周，《劉宗周全集》第二冊，頁 386。
397 湛然，《維摩經疏記》，《卍續藏經》第二十八冊，頁 829。
398 牟宗三，《佛性與般若》下冊，頁 696。

　　當然，最關鍵的是，劉蕺山所言之「心」是與天台的「一念無明法性心」具相似的格局。正是於像天台宗主張「煩惱」和「菩提」都是「心」之「內在可能性」，蕺山方明言：「心者，凡聖之合也。」[399] 這是說，於這種「凡與聖合於一心」的結構中，「凡」對應於天台宗義的「無明」，「聖」則對應其「法性」。而且相類地在蕺山眼中，「心」首先是「一念心」，因此要「以意去念」才能變成「法性心」。從儒家之觀點以言，「成聖之道」在蕺山就是意味著要「化念歸意」。

　　無疑，從一「批判的角度」來看，這樣的一種詮釋方式會立刻導致一十分重要的疑問出現。就是：若果蕺山所說的「心」是包含「非真實性」於其「存有可能性」中，那麼豈非會與其「性善論」產生衝突？

　　無可否認，從一歷史的觀點而言，天台宗以引入「別教」和「圓教」的區分而著稱。而為了闡明這個重要區分，湛然訴諸一對「對比性」的觀念：「自住」和「他住」。在《維摩詰經疏記》中，湛然 (711-782) 敘述道：

　　是說煩惱與法性體別，則是煩惱法性自住，俱名為住。亦可云，離煩惱外，別有法性，法性為他。亦可：法性為自，離法性外，別有煩惱，煩惱為他。故二自他並非圓義。以其惑性定能為障，破障方乃定能顯理。依他即圓者，更互相依，以體同故，依而復即。故別圓教俱云字他，由體同異，而判二教。今能從各說，別自圓他。[400]

399　劉宗周，《劉宗周全集》第二冊，頁 265。
400　湛然，《維摩經疏記》，《卍續藏經》第二十八冊，頁 829。

跟隨湛然，知禮遂於《十不二門指要鈔》宣稱：「說自住是別教義，依他住是圓教義。」[401] 此中可清楚地看到，雖然「別教」和「圓教」兩者應用相同的一對概念「自身」(self) 和「他者」(other)，但他們應用的方式並不相同。職是之故，與「別教」以「純屬清淨」的「真心」來做「佛性」殊異，「圓教」透過「一念無明法性心」以言「佛性」。準此，對「別教」而言，「佛性」是一「本來不具污染的主體」；但對「圓教」而言，「佛性」則在本性上具有「虛妄」的一面。這意謂「圓教」容許「性惡」。

然而，眾所周知，「性善論」卻是宋明儒學的「共法」，那麼儒家式圓教如何能夠成立性善論呢？其實，從蕺山之強調「意」與「心」的不同出發，仍可以找到一條化解這一衝突的方案。這可分開下列幾點而言：

首先，對於蕺山而言，即使「心」的活動不一定「純善」，但這並不蘊含「意」本身不可能「純善」。換言之，從「心」的觀點看，人性並非「純善」，正如蕺山所自承：「性既落於四端，則義理之外，便有氣質，紛紜雜揉，時與物構，而善不善之差數睹。」[402] 但從「意」的觀點看，人性則是「純善」。職是之故，蕺山方高喊：「意非心之所發」、「意乃心之所存」。這是說：「意」比「心」來得根本。因為「心」是屬於「已發」之向度，而「意」則是屬於「未發」之向度。

其次，從天台宗的「法性」與蕺山的「性」之對比分析中，

---

401 知禮，《十不二門指要鈔》《大藏經》第四十六冊，頁 715。
402 劉宗周，《劉宗周全集》第三冊，頁 331。

可以見出：天台宗只偏重「法性」作為「存有論活動」，而蕺山
首先從「生生之德」以言「性體」。因此，如天台宗義的「佛
性」層面來看蕺山義的「心」之「性」，則雖然其中也有「性
惡」之一面，但這也無妨於蕺山義的「意」之「性」之為「純
善」，因為於後一脈絡中，「性」是主要就「天道」的「生生之
德」而言。基本上，蕺山義的「意」之「性」所以為「純善」乃
是因為來自「天命」。換言之，蕺山義的「性」之為「純善」，
乃因其合於「天道」的「生生之德」。於此義上便可理解緣何他
堅持：「性就是氣質中指點義理者，非氣質即為性也。」相比之
下，天台宗義的「佛性」則是欠缺這一就「天道」的「生生之
德」而言的層面。簡言之，這是由於天台宗缺乏「元氣論」！

　　最後，由於蕺山以「純粹的道德情感」隸屬人之「存有真
實性」一面，這不但無改於孟子「性善論」之基本立場──因為
「情善即性善」，而且還有增強其視「四端」為人之「存有論結
構」的主張。

　　另一方面，由於蕺山容許「心」可以有「凡」（「人
心」「聖」（「道心」兩種「可能性」──儘管其目標是「成
聖」──蕺山遂能夠同時強調：「人心道心，只是一心；氣質義
理，只是一性。」實際上，此一觀乎其「體同」的概念卻使人感
到困惑之論調，還可借海德格的「可能性高於現時性」(Possibility
is higher than actuality) 一立場之助而能得到支持。這是說，與海德
格之將「真實性」與「非真實性」屬同一 Dasein 之兩種「存有可
能性」相類；依蕺山，「凡」（「人心」）「聖」（「道心」）
都只是屬於「心」之兩種「存有可能性」，所以，這不會導致將
「新」分裂為「二」之不良後果。反而，通過海德格的「真實性

與非真實性不能相離」一洞見，可以明白蕺山緣何竟然宣稱：「氣質之性即義理之性」。但是牟宗三將此一論點理解為「異層」的做法，則是明顯地違背了其「自其體蘊而言，則曰性，故可合天人，齊聖凡，而歸於一」之立場。[403] 換言之，牟宗三此一「異層說」完全失掉了蕺山之「體同」的思想！

一言以蔽之，相對於天台宗或海德格，蕺山之「性」具有一「十字打開」的局面：一方面於「橫攝面」(horizontal level) 可與天台與海德格的「一念無明法性心」或 Dasein 之兼具「真實性」與「非真實性」相類似；另一方面，於「縱貫面」(vertical level) 則能透過「性」突出儒家獨特的具創造義之「天道」與此「道德心」相應，從而提升「道德心」至「人」之「性」。因而，透過此一「立體的」層面乃可成立其「性善論」。[404] 於茲我們亦可以明白蕺山緣何如斯著力批評陽明「於性猶有未辨」。[405]

值得補充的是，在批評陽明的「致良知說」時，蕺山回到《大學》發展出自己的「致知說」。簡單而言，蕺山一方面宣稱：「意之精神曰知」，[406] 另一方面又說：「故知藏於意，非意之所起也。」[407] 無可否認，蕺山視「意」只是「一合相」，何況他還說：「心無體，以意為體；意無體，以知為體；知無體，以物為體。物無用，以知為用；知無用，以意為用；意無用，以

---

403 劉宗周，《劉宗周全集》第二冊，頁 466。

404 參本書第八章〈海德格與劉蕺山〉。

405 劉宗周，《劉宗周全集》第二冊，頁 285。

406 同上註，頁 517。

407 同上註，頁 389。

心為用。此之謂體用一原，此之謂顯微無閒。」[408] 事實上，蕺山進一步指出：「獨知之知，即致知之知，即本源即末流也。獨知之知，即知止之知，即本體，即工夫也。」[409] 對於蕺山這種「致知說」，牟宗三深表反對：「蓋『意是心之所存，非心之所發』，『知藏於意，非意知所起』，這是一系，而『物即是知，非知之所照』，這又是另一系。此兩系並不能相入，而蕺山混而為一。」[410] 無疑，直至今日蕺山這種隱晦的說法還是招惹不少批評，如東方朔認為蕺山「望文生義，將兩種不同的『知』加以等同，以致在心與知物的關係上造成不必要的夾雜。」[411] 可是，這都無改乎蕺山正是立足於這種出發點上來反對陽明的「良知說」：「且《大學》所謂致知，亦只是致其知止之知；知止之知，即知先之知；知先之知，即知本之知。惟其知止、知先、知本也，則謂之良知亦得。知在止中，良因止見，故言知止則不必更言良知。若曰以良知之知知止，又以良知之知知先而知本，豈不架屋疊床之甚乎？」[412]

不過，響應源自牟宗三的這種批判，正如本書第四章已論及，[413] 我們認為可以通過四明知禮的「兩重能所說」來作出回應。知禮的「諦、觀俱為能觀」肯定了「能觀」有「諦」、「觀」兩重關係。[414] 而於某種意義上而言，劉蕺山的「致知說」也具有

408　同上註，頁 450。

409　同上註，頁 420、318。

410　牟宗三，《從陸象山到劉蕺山》，頁 480。

411　東方朔，《劉宗周評傳》，頁 263。

412　劉宗周，《劉宗周全集》第二冊，頁 318。

413　參見本書第四章，頁 112-113。

414　牟宗三，《佛性與般若》下冊，頁 768。

「兩重能所」的關係。牟宗三在《佛性與般若》對於四明知禮言「兩重能所」之批評實有不當之處。[415] 正因為牟宗三昧於知禮的「兩重能所說」之殊勝義，方連帶地使得他無法察覺蕺山思想中亦有「兩重能所」的格局。而東方朔之所以批評蕺山「物知關係」的說明有所含混，[416] 也是由於他無法了解蕺山原在說明「物知關係」時針對陽明的「良知說」中之缺失。實際上，蕺山與知禮同具一「兩重能所」的主張可以支持其為「圓教」之分判！

II

於《圓善論》中牟宗三將陽明的「四有教」定性為「別教」。基本上，「別教」以《大乘起信論》的「自性清淨、客塵所染」為基本格局。而從一個歷史的角度來看，作為「華嚴五祖」的圭峰宗密 (780-841) 便明晰地以《大乘起信論》的「真心」為「萬法之源」，如他在《禪源諸詮集都序》中宣稱：「況此真性，非唯是禪門之源，亦是萬法之源。故明法性。亦是眾生迷悟之源。故名如來藏藏識。」[417] 相應地，對於「成佛」過程，他乃有如下的描述：「心既無念，則無別始覺之殊。本來平等，同一覺故。冥於根本真淨心源。應用塵沙。盡未來標常駐法界。感而即通。名大覺尊。」[418] 那麼究竟陽明的「良知」是否就是這種

---

415 這一問題將另文處理。

416 東方朔，《劉蕺山哲學研究》。

417 宗密，《禪源諸詮集都序》，《大藏經》第四十八冊，頁 399。

418 同上註，頁 410。

「如來藏真心」的儒家副本？而其「致良知」的基本步驟亦不出
宗密所言的「成佛」中之「本覺－不覺－始覺」這一「階段說」
的基本模式呢？事實上，陽明的「四句教」明言：「無善無惡是
心之體，有善有惡是意之動，知善知惡的是良知，為善去惡是格
物。」[419] 準此而觀，於「致良知」上，陽明所說的「良知」雖無
善相，無惡相，言其本性乃純粹至善」[420] 而這一「無善無惡理之
靜」的狀態，顯然相應於「本覺」。而當良知之所發為「意」，
故「有善有惡意之動」。當順身體的欲望而起念時，便與「不
覺」相應，而「知善知惡是良知」，正如牟宗三所指出：「即示
良知超越而駕凌於經驗的善惡念以上」。[421] 準此，「為善去惡
是格物」即表示無限及絕對的「真我」之呈現，這也與「始覺」
相應。理所當然地我們可以發出疑問：究竟陽明是否受到圭峰宗
密的啟發呢？對此一問題，牟宗三斷然做出否定性的答案。他寫
道：

> 唐朝圭峰宗密曾說『知是心之本體』，今陽明亦說「知是心
> 之本體」（《傳習錄》卷一），陽明之悟良知或許是由圭峰
> 宗密而來。此完全是考據家之湊字，不知義理之學之甘苦。
> 思想義理之發展有其規範與法度，人人皆能實得而自說出，
> 何待假借他人？圭峰宗密所說之「知」是來自神會和尚「立
> 知見」之知，即於無住心空寂之體上有靈知之用。此一念靈
> 知乃是菩提覺之根據。故神會亦云「知之一字眾妙之門。」

419　王陽明，《王陽明全集》上冊，頁 117。

420　牟宗三，《宋明儒學的問題與發展》，頁 137。

421　同上註，頁 138。

圭峰宗密承之而言靈知真性，與如來藏自性清淨心會合。彼
亦判性宗與空宗之不同。其言「靈知」者是性宗也。（華嚴
宗禪宗皆是其所為性宗）。**422**

不過，儘管如此，於分析陽明「四有句」中「致良知」一過程之
本質時，牟宗三又宣稱：

四有句之通過致良知以誠意雖在動意上著眼，在「有」上立
根，然誠意底工夫卻不是後天地輾轉對治。說誠意是功夫底
著落處，這只是說意之動是問題底所在處，而解決問題底根
據。即誠意所以可能底超越根據，卻在良知。意之動是後天
的，而良知卻是先天的。是則雖是對治，而對治底根據卻是
先天的。立根於動意是說在動意上著眼在，在「有」上立
根。若從對治底工夫說，則此對治底工夫是立根於良知的。
故「在後天動意上立根」之語不涵著誠意底工夫是後天地展
轉對治。因為依良知教，道德實踐底本質工夫在致良知，並
不再繞出去有待於問學（道問學只是助緣）；而致良知之工
夫所以可能之根據亦正在良知之本身，並不是把良知空擺在
那裡而繞出去取一套外在的工夫以致那良知。良知並不是朱
子所說的心性為二、心理為二的性或理也。良知本身是理亦
是心，是心理為一者。它本身就有一種不容已地要湧現出來
的力量。此只有心才可。若只是理，則無此力量。因為有活
動義故。（此活動不是氣之動）。此亦如佛家言如來藏自性

422　牟宗三，《從陸象山到劉蕺山》，頁 221。

清淨心者，心真如，真如心，真如與心是一，故可言真如熏
習。[423]

十分清楚，依牟宗三：儘管陽明與佛家「別教」所言的「心」有
本質上的差異，但是，基本上兩者都肯定「心」是絕對清淨的；
而且，兩者都將「心」視為世界的可能根據。在實踐的層面上，
兩者亦都肯定「真心」作為「成聖」或「成佛」的可能根據。就
是說，正如佛家「別教」立足「自性清淨心」作為超越的根據，
而高喊「一切眾生皆可成佛」，陽明也以一「至善的良知」作為
「人人皆可成聖」之超越的根據。其同為「唯心論」的立場可以
清楚地見出於以下的宣稱：

位天地、育萬物，未有出於吾心之外也。[424]

萬化根源總在心。[425]

無聲無臭獨知時，此是乾坤萬有基。[426]

此外，陽明這種「心外無物」之「唯心論」立場，更清楚表現在
其名言：「你未看此花時，此花與汝同歸於寂；你來看此花時，
則此花顏色一時明白起來，便知此花不在你的心外。」陽明甚至
極端地補充道：「人的良知，就是草木瓦石的良知……天地無人
的良知，亦不可以為天地矣。」其次，陽明還非常清楚明白地宣
稱：「這良知人人皆有」、「只是知來本無知，覺來本無覺，然

423　同上註，頁 278-279。

424　東方朔，《劉蕺山哲學研究》，頁 259。

425　同上註，頁 790。

426　同上註，頁 790。

不知則遂淪埋。」[427] 這一切清楚地證成牟宗三將陽明「四句教」判為「別教」的論點。

但值得補充的是，陽明之「即」乃是「不離」之意，如清楚地表現於下列的例子：

首先，依陽明，「性善之端，須在氣上始見得，若無氣亦無可見矣。」「惻隱、羞惡、辭讓、是非即是氣。」十分清楚，依陽明的立場，「性」是「形而上的」，但「氣」卻是「形而下的」，所以此中之「即」只能是「不離」之意，因此即使陽明又說：「氣即是性也，性即是氣也。」[428] 這也無改其「不離之即」義。其次，陽明還說：「良知不外喜怒哀樂……除卻喜怒哀樂，何以見良知？」[429] 然而，由於陽明缺乏「純情」的概念，其中所涵的「相即」概念也只是「不離」之意。不過，當他宣稱：「天理即是良知」，或者「良知即是天理」時，[430] 此中之「即」則是了當地意謂「直接同一性」。

總體而觀，當陽明堅稱：「道心者，率性之謂，而未染於人」時，[431] 其「破妄顯真」的「別教」性格便躍然紙上。

---

427 同上註，頁 108、107、95、94。

428 同上註，頁 61。

429 王守仁著，水野實、永富青地、三澤三知夫校注，《陽明先生遺言錄》，張文朝譯，《中國文哲研究通訊》8 卷 3 期（1998）：35。

430 東方朔，《劉蕺山哲學研究》，頁 110、72。

431 同上註，頁 256。

III

基本上，《佛性與般若》一項重大貢獻就是：一方面，透過「不斷斷」的格局凸顯天台宗「圓教的性格」；另一方面，追隨四明知禮指出「別教」有「緣理斷九」的侷限。這意謂，「圓教」所言之「心」乃是「一念無明法性心」，而「別教」則屬於「真心系統」。準此，我們可以清楚地見出：當蕺山如同五峰宣稱「天理人欲，同行而異情」時，其「欲與天理只是一個」之立場也鮮明地具有「不斷斷」的格局；[432] 與此相對，於言「天理人欲」之關聯上，陽明明言：「去得人欲，便識天理」，[433] 這則很難避免「緣理斷九」的侷限。因此之故，針對陽明的「四句教」：「無善無惡心之體，有善有惡意之動，知善知惡是良知，為善去惡是格物」，蕺山方別立「四句教」與之抗衡：「有善有惡者心之動，好善惡惡者意之靜，知善知惡者是良知，為善去惡者是物則。」[434]

上述之分析清楚地顯示出蕺山下列對陽明論「道心人心」關係之責難並非無的放矢：

> 先生〔＝陽明〕說人、道只是一心，極是。然細看來，依舊只是程、朱之見，恐尚有剩義在。孟子曰：「仁，人心也。」人心便只「人心也」之人心，道心即是仁字。以此思之，是一是二，人心本只是人心，如何說他是偽心、欲心？

432　同上註，頁 364。

433　劉宗周，《劉宗周全集》第五冊，頁 60。

434　劉宗周，《劉宗周全集》第二冊，頁 391。

敢以質之先生。[435]

如果借助海德格的術語來說，那麼陽明仍囿於「現實性高於可能性」(Actuality is higher than possibility) 的觀點，這樣當然要堅持「道心」與「人心」為二；相反地，蕺山則已能進致「可能性高於現實性」(Possibility is higher than actuality) 之立場，因而可容許「道心」與「人心」具有「詭譎的同一性」。這一差異於當代哲學之觀點下有一至居關鍵的效果：一方面，與「德國唯心論」一樣，「陽明心學」式「道德形上學」難以通過海德格的批判；另一方面，「第三系」之「道德形上學」則可與海德格的進路有一並存的合作。

　　這一切表明緣何我們如斯反對牟宗三將蕺山言「氣質之性」與「義理之性」中兩個「之」作不同解釋之作法，蓋此中不但牽涉到「圓教」與「別教」的本質差異，而且還對儒家「道德形上學」之發展可能性深具決定性影響。準此而觀，當牟宗三將胡五峰與劉蕺山劃歸為與「程朱理學」與「陸王心學」之外的「第三系」時，這的確是一劃時代的創舉。然而，當牟宗三未能進一步將劉蕺山（如同胡五峰）的「圓教」性格彰顯出來時，卻使人感到其有「未竟全功」之嘆。

435　劉宗周，《劉宗周全集》第五冊，頁 56。

第七章
牟宗三與岡田武彥「蕺山解」的互補性

> 意為心之所存，非心之所發。
>
> ——劉蕺山

在當代中日學界中，蕺山學研究之受到重視，主要分別歸功於牟宗三與岡田武彥兩位的貢獻。一方面，眾所周知，牟宗三對於蕺山學之定位有先後期之分。早期牟宗三雖然指出蕺山「歸顯於密」的立場，但仍然將之歸宗於「王學」；後期則明顯將蕺山與胡五峰歸入主張「以心著性」的宋明儒「第三系」。另一方面，岡田一生儘管致力於闡明蕺山以陽明所言之「良知為第二義」的論旨，卻仍認為蕺山忠實於陽明「知行合一說」而強調其為「王學」的一支。雖然牟宗三與岡田的解釋存在差異，但本章試圖論證兩者可以有一互補的關係，這可以分開兩點來說明：

首先，立足於岡田對蕺山之「意」概念的分析，可進一步釐清其與陽明良知說之本質分歧，此有助於牟宗三「三系說」之成立。

其次，從牟宗三肯定蕺山之「歸顯於密」的立場出發，可以修正岡田未能看出蕺山此一方法論特色的侷限。

I

眾所周知,「意論」乃是蕺山思想一核心環節。但牟宗三對蕺山「意論」有一強烈的不滿之處,他宣稱:「『意為心之所存,非心之所發』,『知藏於意,非意之所起』,這是一系;而『物即是知,非知之所照』,這又是另一系。此兩系並不能相入,而蕺山混而為一。」[436]

於證成其論點上,牟宗三寫道:「蓋從知說到物,說『物即是知,非知之所照』,此中之『知』字並不必即是實體性的良知……歸本言之,致知是致那知本、知止、知先之知。此知是虛位字,並不是孟子陽明所說之實體性之良知,代表本心之良知。」[437] 另一方面,牟宗三認為當蕺山言:「知藏於意,非意之所起」時,所說之「知」則是屬於孟子陽明所說之實體性良知。蕺山之失在於漠視了此兩種「知」之不同。

職是之故,針對蕺山言:

> 且《大學》所謂致知,亦只是致其知止之知。知止之知即知先之知,知先之知即知本之知。惟其知止、知先、知本也,則謂之良知亦得。知在止中,良因止見,故言知止,則不必更言良知。若曰以良知之知知止,又以良知之知知先而知本,豈不架屋疊床之甚乎?[438]

牟宗三立刻評論說:

---

436 牟宗三,《從陸象山到劉蕺山》,頁 480。

437 同上註,頁 480-481。

438 劉宗周,《劉宗周全集》第二冊,頁 318。

因知止知先知本而「謂之良知亦得」，實則並不得也。「知
在止中，良因止見」，此豈孟子陽明說良知之意乎？「故言
知止，則不必更言良知」，實亦無可以使吾人說良知者。
「若曰以良知之知知止」云云，正好是表示不可說良知也，
說良知實不通也。但蕺山卻把知止之知混同良知，以為知止
之知即是良知，只是不必言耳，言之即成架屋疊床，而且不
但架屋疊床，實根本不通也。[439]

整體而言，牟宗三除了做出「蕺山之辯駁言論多不如理，或多無
實義，時不免明末秀才故作驚人之筆之陋習；其說法多滯辭」之
抱怨外，[440] 還批評蕺山未能瞭解陽明之「良知」義。

不過，如果從「岡田解」出發，卻可對蕺山之論調發展
出另一種詮釋。依岡田：「蕺山以意為第一義，以良知為第二
義。」[441] 這因為蕺山強烈反對陽明「以知為良而不以意為良，即
不以意為體而以知為體的思想」。[442] 而蕺山對陽明之批判特別
明顯地表現於對其「四句教」的不滿上。陽明於「四句教」中宣
稱：「無善無惡是心之體，有善有惡是意之動，知善知惡的是良
知，為善去惡是格物。」[443] 但於蕺山眼中，陽明的盲點在於無視
作為「好善惡惡」與「成聖」之根據的「心體」不僅是「知」而
且首先是「意」。職是之故，他提出了新的「四句教」：「有善

439　牟宗三，《從陸象山到劉蕺山》，頁 481。
440　同上註，頁 458-459。
441　岡田武彥著，吳光等譯，《王陽明與明末儒學》，頁 410。
442　同上註，頁 399。
443　王陽明，《王陽明全集》上冊，頁 117。

有惡者心之動，好善惡惡者意之靜，知善知惡者是良知，為善去惡者是物則。」[444]

正如唐君毅所指出的：依蕺山，此種「知」是「知愛而已矣，知敬而已矣」。[445] 這是說：「謂此孩提之愛親敬長之中，『知在愛敬之中』，而不同於知善知惡之知，在所知之善惡之上之外者。」[446] 究實而言，正如岡田所強調，蕺山「並不滿足於陽明以作為對道德價值即善惡進行感知的良知為心體的思想，他主張以對善惡的好惡之心（即意）為心體」，[447] 所以當蕺山言「知止之知」時，即「謂之良知亦得」，此中之「良知」，已非陽明所言之「良知」義，而乃是指這種「知愛」「知敬」的「知止之知」。這顯示蕺山義之「良知」乃是「良因止見」。此外，當蕺山強調，「若曰以良知之知知止，又以良知之知知先而知本，豈不架屋疊床之甚乎」，此中之「良知」應是陽明義之「良知」。因此之故，他才說：「看來良知猶是第二義也。」[448]

準此而觀，當牟宗三宣稱：「因知止知先知本而『謂之良知亦得』，實並不得也」，這表示他還是從陽明義之「良知」出發。因此他方抱怨道：「『知在止中，良因止見』，此豈孟子陽明說良知之意乎？」也正因為牟宗三沒有區分這兩種「良知」意義的不同，他才說：「『故言知止，則不以更言良知』，實亦無

444　劉宗周，《劉宗周全集》第二冊，頁 391。

445　同上註，頁 318。

446　唐君毅，《中國哲學原論・原教篇》，頁 476。

447　岡田武彥著，吳光等譯，《王陽明與明末儒學》，頁 398。

448　劉宗周，《劉宗周全集》第五冊，頁 4。

可以使吾人說良知者。」所以，當蕺山說：「若曰以良知之知知止，又以良知之知知先而知本，豈不架屋疊床之甚乎」，[449] 此並非如牟宗三所批評的，「正好是表示不可說良知也，說良知實不通也」。[450] 實際上，這裡蕺山的目的只是要重申不能以陽明義之「良知」來「知止」。換言之，正如岡田所指出的，蕺山旨在修正陽明的「以知為良而不以意為良，即不以意為體而以知為體的思想」。[451] 如此一來，蕺山的論點便可免於牟宗三所提出的批判。

正如岡田所進一步寫道：

> 他（蕺山）之所以把意作為心之體，即心之所存或心之存主，是因為他把相對於善惡的意之好惡，當作「好必於善，惡必於惡」，「一善而非二惡」的東西，就是說，意決定了心的方向。而且在他看來，意是善而無惡的至善之歸宿，換言之，即具備至善之體的存在。為了說明意，他還巧妙地將其譬喻為舟之舵、定盤針、指南車。根據這一立場，他非難了把意作為善惡雜揉的心之發動處即「所發」的陳說。[452]

這清楚地顯示：蕺山義的「良知」是植根於「意」。與此相對，陽明義的「良知」卻不能是植根於「意」。亦因此之故，蕺山方抱怨道：「只因陽明將意是認壞，故不得不進而求良於知。仍將知字認粗，又不得不進而求精於心。種種矛盾，固已不待龍溪駁

449　劉宗周，《劉宗周全集》第二冊，頁 318。

450　牟宗三，《從陸象山到劉蕺山》，頁 481。

451　岡田武彥著，吳光等譯，《王陽明與明末儒學》，頁 399。

452　同上註，頁 399。

正，而知其非《大學》之本旨矣。」[453]

現在讓我們回來看，當蕺山言「意為心之所存，非心之所發」，「知藏於意，非意之所起」與言「物即是知，非知之所照」，兩者究竟是屬於一系還是屬於兩系的問題。蕺山本來宣稱：「就知中指出最初之機，則僅有體物不遺之物而已。此所謂獨也。故物即是知，非知之所照也。」[454] 然而，牟宗三認為蕺山言「物即是知，非知之所照」是「非圓融地」說，理由是：在格物致知的脈絡裡，「知」只是一種認知關係，這個「物」於是只能指作為「對象物」的「物」，但是蕺山卻「把這虛位字的知止之知混同『知藏於意，意知是一』之實體字的知，遂一氣滾下，『一層切一層』，而說『物即是知，非知之所照』」。[455] 而牟宗三認為唯一的解決之道就是：「物即是知，非知之所照」一論調「只有根據『知藏於意』，意知是一，而說，始能表意」。[456] 因為「若由格致之知止知本而說，則絕不能表意。蓋就格致之知而言，格意本之物（所謂獨）絕不能即是知，而且正是格致所究知者，正是認知地所照者」。[457] 牟宗三還進一步指出：

> 此若把「知」字只限於知本、知止、知先而說（此或可即是「最初之機」中「最初」字之所示），則此知即與意根獨體為凝一；如是，則「物即是知，非知之所照」中之物即意根

獨體之物。但若如此，則與「知藏於意，非意之所起」，
「知則意之所以為意」，為同義之轉換語或循環語，「物」
字為多餘。**458**

不過，他立刻補充道：

> 既必如此說，「物」字似不必為贅詞，亦可有實義。然則此
> 實義將如何瞭解呢？曰：「物」字即示意另一身分也，蓋依
> 蕺山，物即是「物有本末」之物。如是，意是本物……自此
> 一系而言，意亦是物……故此意本之物即是知，非知之所
> 照。**459**

換言之，他也同意於這種解讀方式上蕺山並沒有把兩系混在一
起。

　　實際上，牟宗三的這種解決方式於岡田解可以得到支援。因
為岡田指出：蕺山言「意知一體」。**460** 但必須指出的是，當蕺
山言「意知為一」時，此中之「知」，卻非陽明義之「良知」，
所以，當牟宗三認為陽明之「知」的地位乃同於蕺山的「意」
者，這一論調則還有商榷的餘地。因為正如牟宗三所承認：陽明
的「良知」是「創生直貫」之「良知」，**461** 而「物亦是『知之所
照』，而照之即實現之」。**462** 如此一來，蕺山與陽明之分別，不
單只是如牟宗三所指出的，一為「顯教」，一為「密教」，而且

458　同上註，頁 475。

459　同上註，頁 477。

460　岡田武彥著，吳光等譯，《王陽明與明末儒學》，頁 410。

461　牟宗三，《從陸象山到劉蕺山》，頁 483。

462　同上註，頁 482。

更重要的是：蕺山思想非如陽明的立場般為一種「唯心論」。

　　然而，同時必須釐清的是：究竟「物即是知，非知之所照」一語中兩「知」字應做何解？例如受到牟宗三之影響的東方朔便嘗宣稱：

> 「物即是知」此語可通，即就此「知」為意知是一之「知」處說，此亦與「物即知之所以為知」一句相同，皆是往凝進處說．反之，「知即是物」或「知即物之所以為物」也可通，此即是散開地說，知與物互為圓融兼攝。但「非知之所照」一句即是混知止之「知」而成，此「知」作認識講，非意知是一之「知」。就此而言，物即是物，知即是知。「物」於《大學》一路說，應是知之所照（觀察，認識），因為此知原本即是知止之「知」。若是知藏於意之「知」，即物與知為融一，其間也不存在照不照之問題。故而，總體來說，「物即是知，非知之所照」一句前後矛盾，其癥結在於對「知」字的用法不一。[463]

這一批評使我們聯想到真諦的唯識思想中也似乎有類似的矛盾問題。一方面，真諦說「境不是識」，即「分別性」不是「依他性」；另一方面，他又說「境就是識」，即「分別性」就是「依他性」。其實，此中前者是就「方便唯識」說，後者則是就「真實唯識」言。當然。若果依玄奘、窺基的立場來看，這自是前後矛盾的。[464] 東方朔對蕺山所做出的批評與此相類。基本上，他

463　東方朔，《劉蕺山哲學研究》，頁 259-260。

464　上田義文，《佛教思想史研究》（京都：永田文昌堂，1958）。

贊同牟宗三所主張：《大學》言「格物致知」的「知」只是一種「認知義」的「知」。

　　不過，若細察蕺山之「就知中指出最初之機，則僅有體物不遺之物而已，此所謂獨也。故物即是知，非知之所照也」一論點時，便可見出：無疑此中所言之「知」首先是就《大學》一路說「知止」之「知」。然依蕺山，此乃等同於「知本」之「知」，並非如東方朔所言屬於「認識」、「觀察」義。所謂「體物不遺之物」的確如牟宗三所言乃是指「意」，即「體物不遺之物」。此中第二個「物」字指作為「本物」的「意」。而此中第一個「物」字則指（「意」之外的）「末物」。依蕺山所言「誠者，物之大本」之立場，則離開了「誠體」就無所謂「物」之存在。所以「盈天地間，一物而已」在蕺山而言，應該是偏於「顯」的一面來說。也就是說，蕺山於此乃就「可見的」(visible) 一面來看天地間的事物。但這並不代表在「存有論」的層次上，「物」是比「誠體」首出的。如果忠實於蕺山的「誠意說」，則便如《中庸》般宣稱：「不誠無物。」於此關節上，相較於陽明「意之所在為物」的說法，蕺山顯然是把「誠意」放在「致知」之上。實際上，他認為陽明所言之「意」只不過是「念」，而其所言之「物」也只是「對象物」（境）而已。換言之，於陽明，此是通過「主客對立」所產生的一種「橫攝關係」。與之不同，蕺山本人則要強調：如果不「誠意」，則無所謂「物」。而這乃是一種「縱貫關係」。準此，蕺山方說：「一心耳，以其存主而言謂之意，以其存主之精明而言謂之知，以其精明之地有善無惡歸

之至善謂之物。」[465] 而正如岡田所指出：當蕺山言「意知一體」
時，乃是就「意中之不可欺說知、存主之精明說知」。[466] 於此義
上「知」就是「誠明」之意識。十分明顯，這並非一種「認知意
義」的「知」，而是一種「實踐意義」的「知」。一言以蔽之，
依蕺山，則「意之精神曰『知』，意之本體曰『物』」。[467] 這就
是其所瞭解的《大學》言「知止」之「知」義。

另一方面，在瞭解蕺山之「非知之所照」時，則可以回到其
下列論點：

> 心也者，覺而已矣。覺故能照，照心嘗寂而嘗感，感之以可
> 喜而喜，感之以可怒而怒，其大端也。喜之變為欲、為愛，
> 怒之變為惡、為哀，而懼則立於四者之中，喜得之而不至於
> 淫，怒得之而不至於傷者。合而觀之，即人心之七政也。七
> 者皆照心所發也，而發則馳矣。眾人溺焉，惟君子時發而時
> 止，時返其照心而不逐於感，得《易》之逆數焉。此之謂
> 「後天而奉天時」，蓋慎獨之實功也。[468]

這裡可以看出：「非知之所照」一句中的「知」乃是就這「能
覺」之「心」而言。這也可以是一種有「意向性」的「知」。
因為蕺山義的「意」是「心之所存」而非「心之所發」，故非

---

465 劉宗周，《劉宗周全集》第三冊，頁 380。

466 岡田武彥，《王阳明と明末の儒学》（下）（東京：明德出版社，
　　2004），頁 267；中譯本有誤，見岡田武彥著，吳光等譯，《王陽明與
　　明末儒學》，頁 410-411。

467 劉宗周，《劉宗周全集》第二冊，頁 517。

468 同上註，頁 138-139。

「心之所照」，也不是「知之所照」。不過，這裡只重申了「能照」義之「知」（或「心」）與「知止」義之「知」有一「末」與「本」的本質關聯。基本上，當蕺山言「非知之所照」時，此中之「物」，乃是指作為「本物」的「意」；而作為「知之所照」者，乃應是作為「末物」的「物」。所以，在此意義上，蕺山並沒有如東方朔所言：「『物即是知，非知之所照』一句前後矛盾，其癥結在於對『知』字的用法不一。」[469] 就是說，此中兩個「知」字雖然用法不一，卻沒有相互矛盾，而只表示「致知」其實有一「雙重能所」的「十字打開」之格局。亦即：第一個「知」字是「知本物」義之「知」，第二個「知」字則是「知末物」義之「知」。於「知本物」這一重「能所」中，「意知為一」，故此「物即是知」；於「知末物」這一重「能所」中，「知」則與其「所照」為二。

　　總括而言，依蕺山，所謂「意」或「獨」乃是「體物不遺之物」。因此，作為「本物」的「意」必得關聯其「體物之用」而言。這是說，「意」並非離開「萬物」而獨存。而就其「體物不遺」的功能，可以言其為一「物物」的原則。基本上，透過「物即是知，非知之所照也」這一論調，蕺山的「目的」一方面是要強調作為「本物」的「意」或「獨」，其「存有論的地位」迥然不同於作為「末物」的「萬物」；另一方面也蘊涵作為「本物」的「意」不能離開其「體物不遺」之功能而存在。

　　正如牟宗三所洞見，在強調「天非人不盡，性非心不體」

469　東方朔，《劉蕺山哲學研究》，頁 260。

上，[470] 蕺山的基本立場是「以心著性」。現從其「良知猶為第二義」一論點，便可以證實蕺山與陽明的本質分歧，而在此程度上，「岡田解」對牟宗三的「三系說」展現出了正面的支援。

II

此外，岡田武彥指出：「蕺山之所以以意為心之體，是因為他認為道德的好惡之情是先天固有的、自然純粹的東西，是絲毫不雜人為不純因素的東西，所以，這種情自然區別於其他的情。」[471] 這意謂蕺山所言的「性」不能從「情」中區別出來。而正是在這一關節上，蕺山回到了《中庸》而強調「喜怒哀樂之情」乃是「自然之情」。一言以蔽之，蕺山是「以性為情」。[472]這表示「性」即「自然之情」。岡田進一步明寫道：

> （蕺山認為）心即使在寂然不動時，喜樂哀怒之情也不會淪於無，所以心之未發應該說是陽動；而心即使在感通之時，喜怒哀樂之情亦不會滯於有，所以心之已發應該說是陰靜。因此，心之動是動而無動，心之靜是靜而無靜，而其情即神也。這就是情之所以成為性的原因。

換言之，由於蕺山所言的「喜怒哀樂」乃是「自然之情」，因而

470　岡田武彥著，吳光等譯，《王陽明與明末儒學》，頁 401。
471　同上註，頁 402。
472　同上註，頁 401。

屬「超越動靜有無的性之情」。[473] 與此相應，牟宗三亦嘗指出：
蕺山所言之「性體不空懸，必與『喜怒哀樂四氣周流』為一體而
運，此是具體地融即地言之；而喜怒哀樂亦是自其自然者而言，
故亦屬於性宗也」。[474]

　　十分明顯，儘管牟宗三並沒有像岡田武彥那樣看重蕺山的
「情」，但是他也承認蕺山所言的「喜怒哀樂」是一種「自然之
情」。於此意義上，牟宗三與岡田均忠實於蕺山的立場，因為蕺
山明言：「喜怒哀樂心之情，生而有此喜怒哀樂之謂心之性；好
惡意之情，生而有此好惡之謂意之性。蓋性情之名，無往而不在
也。即云意性、意情亦得，意者心之意也，情者性之情也。」[475]
而在說明「情者性之情也」一論點上，蕺山進一步指出：

> 天無一刻無春夏秋冬之時，人無一刻無喜怒哀樂之時。如
> 曰：喜怒哀樂有去來，而所以喜怒哀樂未嘗去來，是謂春夏
> 秋冬有去來，而所以春夏秋冬未嘗去來也，則亦無去來之
> 可言矣。今日有人絕然無喜怒哀樂之時，必待感而後有，正
> 以笑啼詈罵為喜怒哀樂，則是以風雨露雷為春夏秋冬矣。雖
> 風雨露雷非始於春夏秋冬之氣所成，而終不可以風雨露雷為
> 即是春夏秋冬；雖笑啼詈罵非始於喜怒哀樂所發，而終不可
> 以笑啼詈罵為即是喜怒哀樂。夫喜怒哀樂，即仁義禮智之別
> 名；春夏秋冬，即元亨利貞之別名。「形而下者謂之器，形

473　同上註，頁 402。

474　牟宗三，《從陸象山到劉蕺山》，頁 490。

475　劉宗周，《劉宗周全集》第二冊，頁 344。

而上者謂之道」是也。[476]

這表示，蕺山所言的作為「自然之情」的「性之情」是與一般所言的「七情」有本質上之區別的。因為後者是「感性之情」，即是感於外物而人為地所發，但是作為「自然之情」的「性之情」，喜怒哀樂是人無一刻所沒有的。此外，如果春夏秋冬是就天本身而言，那麼喜怒哀樂則是就偏重人性而言。不過，順著孟子「盡性知性知天」的立場就可以了解：其實，蕺山是主張「以心著性」的，即堅持「心」是透過「情」來「著」「性」的。於此義上，無論是作為「四德」的喜怒哀樂，或者是作為「四氣」。的春夏秋冬，都是屬於「形而上」的層次。這也是為什麼如唐君毅所強調的，必須要高看蕺山義的「情」與「氣」。也正在這一關鍵上，如岡田之所洞察：蕺山所擔心的是，如果「把性從人的自然之情中分離出來，結果，求性時便直視空談光景，並以此為仁義禮智的名色，從而陷於喪失『人生而靜』之體的弊病」。[477] 因為這正是「王學」末流的「玄虛而蕩，情識而肆」產生的原因所在。一言以蔽之，對於蕺山而言，人根本上是一個「情感性主體」（feeling subject)。不過，此中之「情」首先是指作為「自然之情」的「四情」。其實，當牟宗三宣稱：「良知只是個好惡」，[478] 且解說道：「陽明之良知，以今語釋之，可說即是那能夠自己形成一內在的道德決斷之超越的、實體性的、本體論的『智的覺情』 (the transcendental, substantial and ontological

---

476　同上註，頁 345。

477　岡田武彥著，吳光等譯，《王陽明與明末儒學》，頁 403。

478　牟宗三，《心體與性體》第三冊，頁 279。

intellectual feeling which is able to form an inward moral decision by itself)。」[479] 這與其說是指陽明義的「良知」，毋寧更恰當地應就蕺山義的「意」而立言。因為與陽明之以「知」言「四端」不同，蕺山明言：「惻隱，心動貌，即性之生機……辭讓，心秩貌，即性之長機……羞惡，心克貌，即性之收機……是非，心湛貌，即性之藏機。」[480] 且說：「惻隱之心，喜之發也；羞惡之心，怒之發也；辭讓之心，樂之發也；是非之心，哀之發也；喜怒哀樂之未發，則仁義禮智之性也。」[481] 這清楚地顯示：蕺山與朱子相似，均言「四端之情」。所不同者只不過是：蕺山所言之「情」並非朱子義形而下的「感性之情」。而更加重要的是，如岡田所強調：

> 由此也似乎可以看出，他不能遵從陽明致良知之說的理由。據他說，如果從覺地立證性體，並經常保持性體，那麼日用動靜間，便完全可成為天理之流行，這是毋庸置疑的。但是，如果性體離卻情之自然，而必待良知覺照而後返，必收攝本心而後返歸天理之性的話，那麼就會使心性相仇，從而不能不成為「杞柳桮棬」之說。[482]

然而，陽明亦嘗說：「良知只是個是非之心，是非只是個好惡。只好惡就盡了是非，只是非就盡了萬事萬變。」[483] 那麼，為何

---

479 同上註，頁 279。
480 劉宗周，《劉宗周全集》第二冊，頁 421。
481 同上註，頁 412-413。
482 岡田武彥著，吳光等譯，《王陽明與明末儒學》，頁 403。
483 王陽明，《傳習錄下》，《王陽明全集》上冊，頁 111。

蕺山反對陽明之「四句教」，且堅持陽明所言之「良知」為第二義？依唐君毅的解釋，[484] 蕺山認為陽明「四句教」之失在於誤將「知」而非「意」視為道德的最終基礎。對於蕺山而言：「心」之「性」是首先見諸「好善惡惡」的「意」和「情」，而非「知善知惡」的「良知」。而即使陽明言：「良知只是個好惡」，但卻沒有清楚區別此中所言之「好惡」究竟屬於由人為而發的「七情」抑或「自然之情」。而更重要的是，如牟宗三之所洞察：蕺山的立場為「歸顯於密」，此乃其有進於陽明之處。[485] 這清楚地顯示：蕺山之所以倡言「歸顯於密」，目的在於要對治「王學」末流所產生之不良效果。

值得強調的是，岡田武彥由於沒有注意到蕺山這種「歸顯於密」的立場，而犯了只把「喜怒哀樂」之「四情」視作「已發」之過失。因為正如唐君毅所指出：「此蕺山之言喜怒哀樂，自非一般之表現於外之喜怒哀樂。此實是借喜怒哀樂之名，以表此心在意念未起時之純情、或自感之周流不止。故其言此喜怒哀樂之未發，而在人心者，乃應合於仁義禮智之四德、四心、以天之四德、四時而言。」[486] 亦正如蕺山所已宣稱：「《中庸》言喜怒哀樂，專指四德言，非以七情言也。」[487] 準此，唐君毅乃進一步強調：「對此心之純情自感之周而復始之運，蕺山謂即四氣之運。

---

484 詳參本書第三章〈論唐君毅與牟宗三之「蕺山解」〉，頁 73。

485 牟宗三，《宋明儒學的問題與發展》，頁 177。

486 唐君毅，《中國哲學原論‧原教篇》，頁 477。

487 劉宗周，《劉宗周全集》第二冊，頁 414。

於此所謂氣上言者，必須高看。」[488] 這有助於見出：由於忽略了喜怒哀樂作為「純情自運」的可能性，岡田遂犯了將之定為只屬於「已發」的向度之過失；也因此之故，他把蕺山所言的「中氣」只能說成「無非是喜怒哀樂未發之時的氣」。[489] 實際上，岡田本來已看到：於蕺山，「喜怒哀樂之情並不是基於動靜有無而起滅的東西，而是超越動靜有無的性之情」；[490] 然而，他現在又竟將喜怒哀樂之「情」與「念」放在同一層次。十分明顯，這是由於他漠視了作為「純情」之喜怒哀樂與「意」於蕺山本屬同一向度所致。基本上，與「念」同屬「已發」的層次的「情」只是「七情」，此乃是純屬於「顯」的向度；與此相對，與「意」一樣作為「純情」的「喜怒哀樂」，則首先屬於「密」的向度。

整體而言，岡田的「蕺山解」之基本侷限表現於未能見出牟宗三所強調的「歸顯於密」之進路。實際上，岡田所謂蕺山眼中的「自然之情」應該首先屬於「密」的向度。究極而言，於蕺山，作為「好善惡惡」的「意」也不外就是一「純情的主體」。亦因此之故，「意」與「念」之「好惡」方在本質上完全不同。這是說，「意」之「好惡」乃是一種「至善」的「純情」，「念」之「好惡」則只能屬於「有善有惡」之「七情」。

事實上，岡田也嘗指出：依蕺山，「心即使在寂然不動時，喜怒哀樂之情也不會淪於無，所以心之未發應該說是陽動；而心即使在感通之時，喜怒哀樂之情亦不會滯於有，所以心之已發應

488　唐君毅，《中國哲學原論・原教篇》，頁 479。

489　岡田武彥著，吳光等譯，《王陽明與明末儒學》，頁 404。

490　同上註，頁 402。

該說是陽靜」。[491] 這則十分忠實於蕺山所言：「寂然之時亦有未發已發，感通之時亦有未發已發。」[492]

準此而觀，相對於陽明之以「良知」為「體」，而以「喜怒哀樂」為「用」，蕺山則認為作為「純情」的「喜怒哀樂」是通於「體用」的，因此才堅持：「喜怒哀樂，所性者也。未發為中，其體也；已發為和，其用也；合而言之，心也。」[493] 換言之，作為「純情」的「喜怒哀樂」也屬於「體」。這亦是蕺山反對以「氣象」求「中」的理由，因為這代表了「將喜怒哀樂四字看錯」。[494] 這一切本來都應該是岡田贊許蕺山反對「把性從人的自然之情中分離出來」的立場所有的邏輯歸結。[495] 而當蕺山明言：「隱微者，未發之中；顯見者，已發之和。莫見夫隱，莫顯夫微」，[496] 又說：「喜怒哀樂，人心之全體，自其所存者，謂之未發；自其形外之者，謂之已發」，[497] 於此已清晰地表示其所言的「未發」就是「密」，「已發」就是「顯」。而順著蕺山「好惡從主意而決，故就心宗指點；喜怒從氣機而流，故就性宗指點。畢竟有好惡而後有喜怒，不無標本之辨，故喜怒有情可狀，

---

491 同上註，頁 401。
492 黃宗羲，《黃宗羲全集》，頁 915。
493 劉宗周，《劉宗周全集》第二冊，頁 471。
494 同上註，頁 456。
495 見岡田武彥著，吳光等譯，《王陽明與明末儒學》，頁 403。
496 劉宗周，《劉宗周全集》第二冊，頁 456。
497 黃宗羲，《黃宗羲全集》，頁 915。

而好惡托體最微」[498] 一論調，便可以看出其言「心通過情著性」
的可能關鍵所在。

498 劉宗周，《劉宗周全集》第二冊，頁 457。

第八章
海德格與劉蕺山

> 我們必須首先探索情感一般的普遍本質。
>
> ——海德格

　　從歷史的角度來看，在康德之後，「道德情感」(moral feeling) 已經被排除於道德行為之「決定因」(Bestimmungsgrund / determining ground) 的向度之外，而只被視為道德行為之「動力因」(Bewegungsgrund / motivating ground) 而已。本章首先嘗試重新證立道德情感在道德行為上的決定性力量。為達此目標，從海德格將「道德情感」重新解釋為「純情」(pure feeling) 的角度出發，本章將展現出道德情感作為道德行為之「決定因」的可能性。在此關節上，論證連接到劉蕺山「意作為純情」之理論將有助於顯示道德情感之「存有論涵義」的重要性。這也讓我們看出應該如何修正海德格對「道德人格」(personalitas moralis) 所作出的剖析，從而顯示「純粹的道德情感」(pure moral feeling) 屬於「人之存有」(Being of the human being)。這不僅同時見出海德格犯了將亞里斯多德 (Aristotle, 384AD-322AD) 的 entelecheia 化約為僅僅是「現實性」(actuality) 的謬誤，也將標示將之回歸為「落實過程」或「實現過程」(Verwirklcihung / actualization) 的意義之必要性。更加重要地，從將之與劉蕺山「純情」與「元氣」理論的對比角度出發，一方面使得其「四端純情說」與「生生不息之天道」作為「存

有－宇宙論歷程」的實踐性與理論性面向均能具體地被展現出來，從而見出其「性體理論」有進於通過海德格「存有思想」之處。就中國哲學的角度而言，這也在顯示出宋明新儒學於當代相干性方面提示出一個新的方向。特別地，其整體結果指向了一「道德情感現象學」之興起。

另一方面，通過海德格之「存有思想」，不但可幫助說明劉蕺山之「心」具有天台宗式「一念無明法性心」的格局，而且藉著「存有真理的開顯與遮蔽之雙重運動」以安立其「性體奧義」說法。整體而言，這顯示出劉蕺山之「性體」是有一十字打開的格局，即除了「生生不息的天道」(livingly creative Tiandao) 之「縱貫的向度」(vertical dimension) 之外，還有一「存有論運動」(ontological movement) 之「水平的向度」(horizontal dimension)。但海德格義之「存有」只與後者相應。這種連結海德格之「存有思想」與劉蕺山之「道德形上學」(moral metaphysics) 的途徑，為跨文化哲學提供一具體的例子。

I

雖然海德格在其《康德與形上學問題》的焦點是在於為先於「理性」與「感性」一區分之底層的「超越想像力」賦予一關鍵的角色，但是，他令人訝異地在該書第 30 節對於康德的「道德情感論」提出了一個簡要卻相當富有新意之解釋。

首先，海德格指出：當康德說「對法則的尊敬並不是道德的動機（誘因）；它就是道德本身」時，他是在肯定「純粹的道德

情感」之存在。[499] 事實上，康德本來在下面的段落中似乎也承認
道德情感的「純粹性」：

> 我們的責任只能在於「培養」道德情感，甚至通過對其不可
> 探究的起源的驚嘆來強化它。而且，這種驚嘆之所由生是在
> 於道德情感獨立于所有病理學的吸引、全面地由一純粹的理
> 性表象所激發出來。[500]

不過，與休謨不同，康德主張是：只有道德法則方是人的意志的
動機（誘因）。換言之，依康德，於終極意義上，道德法則乃是
道德情感產生的「動力因」。而更重要的是，構成道德之「動力
因」乃是道德法則的形式，而非感性的情感。基本上，道德情感
充其量只是抉擇上的感性衝動。也就是說，道德情感只與道德行
動的動機有關。

　　但是，海德格卻認為：「仍然存在著一種純粹情感 (pure
feeling) 的可能性，此一情感並非必然由感觸 (affections) 所決定，
而是『由主體自身所產生』。」[501] 他補充道：在順應情感的「意
向性」(intentionality) 時，「情感是一種有向之感受 (feeling-for)，
它本身也是一種自感 (feeling-oneself) 的方式」。[502] 而為了明確地
支持康德主張「純粹之道德情感」的可能性，海德格具體地從分
析其「尊敬」概念開始。海德格首先指出：「尊敬法則……本身

499　Heidegger, *Kant and the Problem of Metaphysics*, pp. 163ff。

500　Immanuel Kant, *The Metaphysic of Morals*, Part II, trans. Mary J. Gregor
　　　(Philadelphia: University of Pennsylvania Press, 1964), pp. 59-60.

501　Heidegger, *Kant and the Problem of Metaphysics*, p. 163.

502　Ibid., p. 164.

也是一種對作為行動之自我的顯現。」⁵⁰³ 換言之，作為對道德法則之尊敬，它同時也是「主體」之「自身感受」(self-feeling)。這表示，康德的「自發性」(spontaneity) 之觀念蘊涵了「自我顯現」的可能性。因此，雖然尊敬道德法則的情感顯示出道德法則影響我們的方式，它同時顯示出行動的主體性。如果從米歇爾・亨利的角度來看，可以說：對於海德格而言，作為道德情感的康德式「尊敬」一方面是「他感」(hetero-affection)，而另一方面同時也是「自感」(auto-affection)。因為「尊敬」不僅是個「道德情感」，也同時是個「自我存在之感受」。海德格因而宣稱：對於康德，「尊敬之情」構成了「實踐理性」。更加重要地，海德格進一步斷言：「尊敬的此種本質結構讓超越想像力的原初本性顯現為好像它就是它自身。」⁵⁰⁴ 在此點上，海德格似乎嚴格遵守康德「實踐理性優先於純粹理性」的立場。因為「尊敬之情」構成了「實踐理性」，而「超越想像力」屬於「純粹理性」。可是，海德格卻隨即宣稱：

> 只有瞭解到實踐理性的起源要在超越想像力中找到，我們方可以瞭解緣何在尊敬之情中，法則與行動的自我兩者均非可被客觀地掌握，反而是兩者以一種更為原初、非主題式和非客觀的途徑顯現在其中作為義務和行動，且是由自我本身 (being-as-self) 之非反思性行動模式來進行的。⁵⁰⁵

這樣一來，他不但已經離開了康德的「實踐理性優先於純粹理

---

503 Ibid., p. 165.

504 Ibid., p. 166.

505 Ibid.

性」的原初立場，並對其一己之「基本存有論」(fundamental ontology) 的整體發展方向有決定性的影響。簡言之，其《存有與時間》的整體計畫遂未能順著「實踐之優位性」的路線來發展出一套基本存有論，這大大地削弱了其原要完成的基本存有論之「實踐性程度」。

亦因此之故，當海德格在《現象學的根本問題》(*Die Grundprobleme der Phänomenologie*) 中繼續批判康德的超越哲學時，他最終對於康德的「道德人格」概念只持一負面的態度。不過，儘管存在這一侷限，我們認為海德格對於「道德人格」一概念的分析仍包含了一些甚具啟發性的洞見。如下列所見，這可以對改造其「存有思想」上具有極高的價值。

實際上，在《現象學的根本問題》一書中，他從現象學的角度對康德式「道德情感」之「純粹性」提出了更為深刻的分析。這將尤其有助於我們認清「純粹道德情感」所具有的存有論涵義。讓我們先來看這項正面的遺產。首先，海德格明確地指出：「在康德，對於自我、主體性的真實而關鍵的描述……就在於道德人格的概念。」**506** 也就是說，在康德眼中，「真正能描述一個人的人格為何的，是這個道德人格」。**507**

其次，此中海德格也重述了其《康德與形上學問題》的論點：「這一般地與情感的本質有關，不僅是因為它是對於某物的情感，而且這個對著於某物的感受同時……就是一種自感，且在此

506　Martin Heidegger, *The Basic Problem of Phenomenology*, trans. Albert Hofstadter (Bloomington: Indiana University Press, 1982), p. 134.

507　Ibid., p. 134.

自我中成為一種顯現給自己的模式。」[508] 也就是說，「我們應當注意，對康德，並非每件事都是感性的，亦即，被快樂所決定，因此就是感性 (sensibility)。」[509] 因為「它反而是顯現出自我的非感性本質，把自我顯現成一行動者」。[510] 除此之外，海德格還明白地指出：在康德，「道德情感……界定了道德個體的存有論結構。」[511]

不過，雖然有此等將康德之「自感」觀念顯現為個體之「存有模式」(mode of Being) 的洞見，海德格的結論卻是：這僅僅顯示出「自我 (self) 是以現存的方式 (ontically) 在尊敬的道德情感中被顯現為是個自我 (ego)」。[512] 更一般而言，在為「如何以存有論的方式界定自我」一重要問題尋找答案時，海德格反而對康德的進路劃出限制。因為在海德格看來：「尊敬是以現存方式進入到事實上已存在的自我本身 (ego proper)。」[513] 所以，康德之「道德底形上學」(metaphysics of moral) 無法成為關於「人之存在的存有論」(ontology of human existence)。但是，現在我們要指出的是：海德格忽略了下面這一可能性：與康德之「道德底形上學」(metaphysics of moral) 殊異之儒家的「道德形上學」(moral metaphysics) 能否對「人之存在的存有論」有所貢獻？

於邁向此一重要問題之解決上，值得補充的是：儒家的「道

---

508 Ibid., p. 132.

509 Ibid., p. 133.

510 Ibid.

511 Ibid.

512 Ibid., p. 137.

513 Ibid.

德形上學」(moral metaphysics) 不必然要以柏拉圖式或亞里士多德式之「實在論」形式（如在「理學」中所見），或者「德國觀念論」形式（如在「心學」中所見）來表述。因此，於接受牟宗三所提出之「道德形上學」觀念上，我們屏棄了他以陸象山和王陽明學派為圭臬之偏見。反而，我們會追隨他所提出之由胡五峰、劉蕺山所代表的「宋明儒學第三系」。

II

　　整體而言，海德格把「康德式道德情感」理解成「純粹的」之做法可以說乃是一從現象學作出重新解釋之成果，無可置疑地這已經超越了康德的原有立場。不過，十分可惜，於從現象學的角度指出「道德情感」作為「有向之感」(feeling-for) 同時也是「自感」(feeling-oneself) 一結構上，海德格卻未能見出其彰顯「存有」之功能。基本上，海德格還困囿於僅從「意向性」(intentionality) 的角度看待「道德情感」。因此之故，他只能照顧「道德情感」的「水平面」結構，而卻忽略了其「垂直面」結構。為了對此一缺失作出補救，我們認為可以轉向劉蕺山的「性體理論」——以見出「道德情感」更為原初的顯現「性體」之功能。

　　簡要而言，依劉蕺山：「天非人不盡，性非心不體。」[514] 其實海德格擁有相似的立場：「此在」(Dasein) 為「存有」之所需。特別地，「此在」的功能在於「彰顯」存有本身。Da-sein 就

514　劉宗周，《劉宗周全集》第二冊，頁 138。

是 Sein（存有）的 Da（在此）。於此義上，兩者都肯定「以心著性」之格局。而且同樣地主張：「人能弘道（存有），非道（存有）弘人」。不過，對比於海德格之只訴諸如憂慮 (Angst) 之「存在情感」(existential feeling) 以顯示「存有」，劉蕺山的起點卻是作為「道德主體」的「意」。基本上，不同於王陽明之將「意」化歸至「意念」(volition)，劉蕺山義之「意」是由「純粹的」、「非感性的」(non-sensible)「道德情感」所構成。可以說，這是一種「純意」(pure willing)，其本質在於「好善惡惡」之功能。而且，「意為心之主宰」。[515] 這表示：作為「純情」、「純意」不但是道德行為的「動力因」，而且是道德行為的「決定因」。[516]

因此之故，就像孟子一樣，對於劉蕺山而言，「無惻隱之心，非人也；無羞惡之心，非人也；無辭讓之心，非人也；無是非之心，非人也。」[517] 不過，劉蕺山現明顯地指出：這些道德情感都是「純情」。一言以蔽之，依劉蕺山，於孟子眼中：作為「純情」的「道德情感」構成了人「性」（即人之「存有」）。

與此相關連，於釐清其「性體」之概念時，劉蕺山導入了他的「元氣理論」。在他眼中，除了「材質義」的「形而下之氣」外，還有「形而上的元氣」。這種「形而上之氣」構成了「存

---

515 同上註，頁 343。

516 當林月惠宣稱：「『意』既是道德決斷的判斷主體（定），又是道德決斷的根源性動力（向）」時，雖然仍囿於「反思性哲學」(Reflexionsphilosophie) 之語言，但已能預見這一可能性。林月惠，〈劉蕺山對《大學》〈誠意〉章的詮釋〉，《中央研究院中國文哲研究集刊》19 期（2001）：431。

517 楊伯峻，《孟子譯注》（北京：中華書局，1960），頁 80。

有」本身。所以，由「元氣」所構成的「性體」，不但是「動態的」，而且是一種「生生不息」的過程。

更加重要的是：在開展「以心著性」之格局上，劉蕺山認為「心」是要透過「純粹的道德情感」來「彰顯」(manifest)「性體」，這固然因為「人的存有」主要是由「純粹的道德情感」所構成，也由於基本上，如劉蕺山所指出：作為「純粹之道德情感」的「四德」對應於「形而上之氣」，而作為「感性的（或心理的）情感」之「七情」則對應於「材質的（或形而下的）氣」，而「性體」乃是由「元氣」所構成的。於肯定「純粹道德情感」與「存有本身」這一「對應關係」存在上，可以見出於何義上劉蕺山之進路比起海德格者來得寬宏。十分清楚，於劉蕺山，不但「純粹道德情感」屬於「人之存有」，而且「存有本身」還可具有「生生之意」的層面。

無疑，從一海德格的觀點出發，可以提出如下的挑戰：緣何必須把「人之存有」概念擴充到包含孟子所言的「四端」這些「純粹的道德情感」？又緣何必須把「存有本身」一概念擴充到包含「生生不息」的過程？若果海德格拒絕此一擴充，那麼對於「人之存在的現象學」會產生何種負面結果？而且對「存有本身」一概念之理解又有那些侷限呢？

讓我們先回答後一問題。要指出此等侷限，我們可舉出下列幾點。首先，海德格仍犯一「化約主義的謬誤」。就是說，在將亞里士多德之 dynamis 與 energeia 分別譯作「可能性」(Möglichkeit) 與「現實性」(Wirklichkeit) 時，海德格基本上只將其 entelecheia 與 energeia 視作同義詞。但是，正如陳康所指出：亞里

士多德之 entelecheia 還意謂「實現過程」(actualization)。[518]

　　無疑，為了平衡其早期所主張「可能性優先於現實性」之立場，晚期海德格引進了「自然」(Ereignis) 之觀念作為其現象學進路之主要概念。但是，在宣稱「自然」(Ereignis) 作為「存有之穡式」(Wesung des Seins) 時，[519] 他仍然忽略了「自然」充其量只能為存有物「給出可能空間」(Ermöglichung)。也就是說，「自然」之概念無法取代「實現過程」之概念。這點尤其顯現在他晚期處理亞里斯多德「四因說」的問題上。由於他為「存有」與「四因」兩者之間製造了「對立」與「緊張」的情形下，海德格並未能在這二者之間建立起任何正面的關係。這是他無法從亞里斯多德之作為「實現過程」的 entelecheia 此一重要概念中得出一「中介」結果。因此，即使早在其馬爾堡的最後演講中，海德格已經說到「存有物世界之開出的事件」(das Ereignis des Welteingang des Seienden)，[520] 這表示他也明白從「存有」到「存有物」之「過渡」的必要，但是，無論通過此處所言的「超越」(Transzendenz)，抑或在「轉向」(Kehre) 之後的「自然」(Ereignis) 的概念，均無法解決「迴真向俗」之「下迴向問題」。所以，雖然此時他試圖模仿萊布尼茲為世界奠立基礎，海德格仍然困囿於其「可能性高於現實性」的立場。[521] 這在在均顯示：海德格

518　陳康，《論希臘哲學》（北京：中華書局，1960），頁 362。

519　Martin Heidegger, "Das Sein (Ereignis)," *Heidegger Studien* 15 (1999): 11.

520　Martin Heidegger, *Metaphysische Anfangsgründe der Logik* (Frankfurt/M.: Klostermann, 1978), p. 274.

521　Ibid., p. 280.

不但無法充分地說明如何可以克服「存有論之差異」(ontological difference) 來證成「存有」與「存有物」的「原始統一性」(original unity)，而且亦未能交待緣何「此在」如何可由「非真實性」(Uneigentlichkeit) 過渡至「真實性」(Eigentlichkeit)。

相比之下，由於劉蕺山將「純粹的道德情感」視作「人之存有論結構」，而且其與「形上之元氣」的相應，乃可進入作為「存有—宇宙論歷程」的向度，從而使得亞里士多德義之「實現過程」得到一重建的基礎。而內在於「道德行為」的向度，順著蕺山「意者心之主宰」的立場，[522] 便可見出作為「純情」的「意」不但有「動力因」，且更有「決定因」上不可磨滅之功能。實際上，亦惟有如此，方能使得早期海德格孜孜於將康德義「道德情感」定性為「純情」之努力不致白費！

其次，針對「緣何必須把『人之存有』概念擴充到包含孟子所言的『四端』這些『純粹的道德情感』？」一問題，除了因為這可以於人有能彰顯「生生不息」的「存有—宇宙論歷程」向度之「存有可能性」外，我們還可從海德格下列之重要洞見中得到支持：「尊敬這一本質結構本身讓超越想像力的根源性製作顯現。」(dass diese Wesenstruktur der Achtung in sich die ursprüngliche Verfassung der tranzsendentalen Einheitsbildungskraft hervortreten lässt.)[523] 因為其實這裡清楚地顯示：作為「純情」的「尊敬」不但與「超越想像力」同屬於人之「存有論結構」(ontological

---

522　劉宗周，《劉宗周全集》第二冊，頁 442。

523　Martin Heidegger, *Kant und das Problem der Metaphysik* (Frankfurt/M.: Klostermann, 1973), p. 154.

structure)，而且比「超越想像力」來得更根本。十分可惜，於打著「超越想像力比實踐理性來得更基本」的旗號下，海德格竟於「純粹的道德情感屬於人之存有」這一重要結論前退縮。這明顯地違反了他先前的洞見。考其近因：這一失足源自他最後以「實踐理性」吞沒了「純粹的道德情感」。於此關鍵上，他重蹈了康德之以「純粹理性」吞沒了「超越想像力」的覆轍！

其實，早在 1924 年的馬爾堡演講中，海德格已能注意到亞里斯多德的下列立場：「『情感』(pathos)，若是依據其『本質』(eidos) 而被界定，則會被決定為在世之存有 (being-in-the-world)。」[524] 更重要地，海德格因而承認了「情感」(pathos) 與「存有」(logos) 之間的內在關連性。此處海德格應該可進一步發展致一類似於王弼之立場。眾所皆知，王弼認為道家的聖人仍然有情。此種將「此在」視為一「情感性」之「在世存有」的立場對我們將「主體性」定位成「情感我」(feeling I) 甚有助益。更明確地說，追隨孟子「四端之情」作為「人性」的理論，自可邏輯地推衍出「道德人格」是一「情感我」的立場。不過，與儒家之立場殊異，如同對王弼一樣，對於海德格而言，「情感」(pathos) 作為一存有論概念卻仍缺乏任何道德意涵。

從一批判的角度而觀，可以見出於把「情感」顯示為「意向性之感受」(intentional feeling)，且同時是一種「自感」時，海德格事實上是尚未完全脫離「主客二分」的立場。當然，我們同意

524 Martin Heidegger, *Basic Concepts of Aristotelian Philosophy*, trans. Robert D. Metcalf and Mark B. Tanzer (Bloomington: Indiana University Press, 2002), p. 166.

這是因為康德原來就困圍於「主客二分」之基本模式，以致於其
「道德人格」之觀念停留在「現存 (ontic) 狀態」。但是，海德格
於批判康德時，卻仍犯了同樣的錯誤。這是何以海德格以滿足之
態宣稱：「實踐理性的起源應當要在超越想像力中找尋」。[525] 但
這只不過頂多引生出他的下述重要洞見而已：「尊敬之情……構
成了實踐理性。……『情感』一詞必須在此等存有論的形上學中
加以理解。」[526] 對照之下，劉蕺山藉著其「意情」(will-feeling) 之
概念的提出而可以宣稱：「道德情感」構成了人的「性」。在方
法論之層次上，憑藉「歸顯於密」的「現象學式還原」，劉蕺山
可以全面地破除「主客二分」的侷限，因為「意」是「非意向
性」(non-intentional)。而更加重要的是，如同海德格在《存有與
時間》中把「此在」定位為「存有開顯之處」而有所突破，劉蕺
山順著「以心著性」的立場，鮮明地指出憑藉道德情感的力量，
人可以不但可顯現其「存有」，且可以參與「生生不息」的「存
有－宇宙論歷程」。簡言之，如唐君毅所歸納出的總括：

> 其所謂就性宗指點，即宗于此性［＝存有］德之誠，而指點
> 一此心不與物接，不與感通而思慮不起之時，此心所自有之
> 純情純氣之周流不息，而知其必有本原之出于天者，以成其
> 不息；而見此純情純氣之理，是人之性理，亦即天道［＝存
> 有－宇宙論歷程］之元亨利貞之理。[527]

最後，順著與「生生不息」的「存有－宇宙論歷程」相應指出憑

525　Heidegger, *Kant and the Problem of Metaphysics*, p. 166.

526　Ibid.

527　唐君毅，《中國哲學原論・原教篇》，頁 487。

藉道德情感的力量，亦能交待緣何「此在」可由「非真實性」過渡至「真實性」。

現在，我們可以得出以下之結論：由於缺乏此「意情」(will-feeling) 之概念，海德格僅能將「道德」視作「現存的」(ontic)。在此關節上，劉蕺山的「道德形上學」可以幫助海德格完成其「亞里斯多德式之旅程」(Aristotelian route)。事實上，在海德格「轉向」中至居關鍵的那些年，令人驚訝地他已經能夠體認到：「如何 (the How) 必然地從屬於力」(notwendigen Zugehörigkeit des Wie zur Kraft)。[528] 也就是說，若「力」是「存有－宇宙論歷程」的動源，則「存有論運動」只有在依賴它的情況下才有可能。而蕺山義的「元氣」正可與這種「力」相提並論！

但是，當聚焦於把「存有」之意義視為「實現過程」一層面時，基於海德格之「反形上學」立場，必須首先釐清：緣何順著宋明儒學「第三系」的思路前進可以得出一可與海德格之「存有思想」相融之「生生不息的本體－宇宙論歷程 (onto-cosmology)」圖像？否則，它會像「傳統西方形上學」一樣，根本無法通過海德格式的現象學批判。

眾所周知，依晚期海德格：「存有」於開顯時同時自身遮蔽，而且此中自身遮蔽乃是「存有真理」(a-letheia of Being) 之「核心」。基本上，與此相應，劉蕺山倡言「性無性」、「性不可明」：「夫性何物也，而可以明之？但恐明之之盡，已非性之

---

528 Martin Heidegger, *Aristoteles, Metaphysik Θ 1-3* (Frankfurt/M.: Klostermann, 1981), p. 102.

本然矣。」[529] 正如牟宗三所指出，劉蕺山主「性本無性」旨在強調「性體之奧義」。因此，這清楚地顯出其思想不但無淪落「主體主義形上學」之虞，而且可謂與晚期海德格式「同一性哲學」異曲同工！

III

相對於目前大多數學者都認為蕺山是歸宗於「心學」——這表示蕺山思想是一「真心」的系統，我們卻認為蕺山與天台宗一致，即其所言之「心」是有與「一念無明法性心」相似的基本存有結構。事實上，像天台宗主張「煩惱」和「菩提」（亦如海德格所說的「真實性」和「非真實性」）都是「心」之「內在可能性」，蕺山明言：「心者，凡聖之合也。」[530] 這是說：於這種「凡與聖合於一心」的結構中，「凡」對應天台宗義的「無明」、「聖」則對應於「法性」。而且，相類地在蕺山眼中，「心」首先是「一念心」，因此要「以意去念」才能變成與「法性心」可以相提並論「意」。從儒家之觀點以言，「成聖之道」在蕺山而言就是要「化念歸意」。無疑，從一批判性的角度來看：這會立刻導致一十分重要的疑問出現。就是：若果蕺山所說的「心」是包含「非真實性」於其「存有可能性」中，那麼豈非會與其「性善論」產生衝突？

然而，從蕺山之強調「意」與「心」的不同出發，仍可以找

529　劉宗周，《劉宗周全集》第二冊，頁281。

530　同上註，頁265。

到一條化解這一衝突的方案。

首先，對於蕺山而言，即使「心」的活動不一定「純善」，但這並不蘊涵「意」本身不可能「純善」。換言之，從「心」的觀點看，人性並非純善，但從「意」的觀點看，人性則是純善。職是之故，蕺山方高喊：「意非心之所發」、「意乃心之所存」。這是說：「意」比「心」來得「根本」。

其次，從上述關於海德格的「存有」與蕺山的「性」之對比分析中，可以見出：海德格只偏重「存有」作為「存有論活動」，而蕺山則首先從「生生之德」以言「性體」。因此，如就海德格義的「存有」層面來看蕺山義的「心」之「性」，則雖然其中也有「非真實性」之一面，但這也無妨於蕺山義的「意」之「性」為「純善」，因於後一脈絡中，「性」是主要就「天道」的「生生之德」而言。基本上，蕺山義的「意」之「性」所以為「純善」的理由乃是因為來自「天命」。換言之，蕺山義的「性」之為「純善」，乃因其合於「天道」的「生生之德」。於此義上便可理解緣何他堅持：「性是就氣質中指點義理者，非氣質即為性也。」[531]

最後，由於蕺山以「意」作為「純粹的道德情感主體」，即「意」乃是人之「存有真實性」一面，這不但無改於孟子「性善論」之基本立場——因為「情善即性善」，而且還有增強其以「四端」視為人之「存有論結構」的主張。

另一方面，由於蕺山容許「心」可以有「凡」（「人心」）「聖」（「道心」）兩種「存有可能性」——儘管其目標是「超

---

531 劉宗周，《劉宗周全集》第一冊，頁514。

凡入聖」，蕺山遂能夠同時強調：「人心道心，只是一心；氣質義理，只是一性。」[532] 實際上，此一使人困惑之論調還可藉海德格的「可能性高於現實性」一立場之助而能得到解明。這是說，與海德格之將「真實性」與「非真實性」屬同一 Dasein 之兩種「存有可能性」相類；依蕺山，「凡」（「人心」）「聖」（「道心」）都只是屬於「心」之兩種「存有可能性」，所以這不會導致將「心」分裂為「二」之不良後果。反而，通過海德格的「真實性與非真實性不能相離」一洞察，可以明白蕺山緣何竟然宣稱：「義理之性即氣質之性。」[533] 因為正如海德格所主張：如果離開了「非真實性」，「真實性」便變成不可能；對於蕺山而言，如果離開了「氣質之性」，「義理之性」亦變成不可能。換言之，若就海德格義「存有可能性」而言，蕺山遂可宣稱：「『人心惟危，道心惟微』，即形上、形下之說也。」[534] 這一切不但可以為蕺山義的「性」解作海德格義的「存有可能性」之做法作出支持，而且說明了於何義上其具與天台式之「一念無明法性心」相似的格局。當然，這並不意謂蕺山義的「性體」可全為解作海德格義的「存有」所能窮盡。

　　總而言之，蕺山言「性」是有一「十字打開」的格局，即除了「生生不息的宇宙論過程」這一「縱貫的向度」之外，還有一「存有論運動」之「水平的向度」。前者就「生生的天道」而

532　劉宗周，《劉宗周全集》第二冊，頁 301。

533　同上註，頁 410。當然，此中之「即」是如天台宗中所言之「詭譎的相即」（牟宗三語）。

534　劉蕺山，《劉宗周全集》第三冊，頁 299。

言，後者則與海德格義之「存有」相應。

不過，這一對比同時凸顯了海德格言「存有」之侷限：只滿足於「可能性」與「現實性」之對立性，然卻未能交待由「可能性」到「現實性」之「實現過程」。考其病因，可以追至下列之事實：與蕺山之視「存有」與「價值」為「一體兩面」殊異，海德格將「存有」與「價值」完全分割開來。現在，通過作為「性體」之「縱貫面」的「生生不息天道」之開出，蕺山便可幫助海德格解決由「非真實性」過渡至「真實性」之「可能性」乃至「必要性」。

值得補充的是，於《圓善論》中牟宗三嘗明言：

> 若真依天臺「一念三千，不斷斷，三道即三德」之方式而判，則四有句為別教，四無句為別教一乘圓教，而真正圓教（所謂同教一乘圓教）則似當依胡五峰「天理人欲同體而異用，同行而異情」之模式而立。同一「一念無明法性心」三千法體不變，而「三千在理同名無明，三千果成咸稱常樂」。[535]

這除了有助於見出緣何我們宣稱只有胡五峰與劉蕺山的「第三系」可以符合天台圓教」的要求外，而且，更具體地順著牟宗三之「宋明儒三系說」的分判方式，可以幫助見出與胡五峰同屬「第三系」之劉蕺山其實不但同樣地宣稱：「天理人欲，同行而異情，故即欲可以還理」，[536] 而且，正如上述分析所顯示，他

---

535 牟宗三，《圓善論》，頁 324。
536 劉宗周，《劉宗周全集》第二冊，頁 386。

還進一步鮮明地提出與天台宗「一念無明法性心」的相似的格局：「合凡聖於一心」。這亦可以反過來對牟宗三以上的論點作出了有力的支持。更何況立足於蕺山「純情說」之立場，亦可發現與天台宗所言之「樂」相應的孟子義「樂」其實乃是一種「非感性」的「純情」。這也有助於消弭康德對順從道德律所帶來之「愉悅」的低貶之失。

不過，基於劉蕺山義之「性體」除了「縱貫面」之「天道創生層」外，還包括「水平面」之「存有運動層」，特別於「人之存有可能性」上具有天台宗「一念無明法性心」的相似的「弔詭的同一性」格局，因此之故，我們無法贊同牟宗三所主張的「圓教必透至無限智心始可能」一論點。[537] 實際上牟宗三這一論點反而又最終只將其孜孜地分判出來之「第三系」天臺式「圓教」淪為與陽明「心學」無異之「別教」。與此相反，當我們將蕺山之「合凡聖於一心」立場與海德格的「非真實性」與「真實性」同屬 Dasein 之「存有」一主張相提並論時，不但有助見出真正天台義「圓教」之「心」乃是「有限的」(finite)，而且，也可理解緣何蕺山竟批評陽明「於性猶未辨也」。[538] 相當明顯，這乃歸咎於陽明只滿足於將作為「性體」之「縱貫面」的「創生層」絕對化，因而忽略了其「水平面」的「存有可能性」具「非真實性」與「真實性」所致。職是之故，陽明「心學」遂既犯了將「心」加以「無限化」的「法病」，更在其後學身上出現了「情識而肆」、「玄虛而蕩」的「人病」。而從一歷史的角度來說，

---

537 牟宗三，《圓善論》，頁 332。
538 劉宗周，《劉宗周全集》第二冊，頁 285。

這更完全違反了先秦儒家所強調的「人能弘道，非道弘人」之基本立場。因為「心學」所做者正是（不當地）將「道心」化約為一「無限的主體」。此外，由於作為「無限的主體」之「心體」乃是「通體透明」的，所以根本無法與具「奧義」之「性體」相容，遑論可以容納智者大師所言「不可思議境」。

一言以蔽之，象山與陽明所代表的「心學」所言之「無限的主體」不但在本質上與海德格的「存有思想」對立，而且，根本無法逃過其「反主體主義形上學」之批判。相比之下，蕺山的「圓具」立場既可通過海德格的現象學檢證與印證，還能揭示其所未嘗達致的「生生不息」之天道層面的本來面目，更加難能可貴地顯示出儒家於何義上真正滿足天台宗所言的「圓教」標準！準此而觀，關於劉蕺山理論的恰當瞭解不僅對正確解釋宋明儒學是根本的，而且對於重新活化傳統中國哲學也是非常關鍵的。

第九章
黃宗羲氣論之重新定位

若無氣則俱無也。

——王船山

　　雖然近年來學界對黃宗羲這位明清儒學大師的研究日益增多，但是十分可惜對於作為其哲學主幹之氣論思想卻似仍未見有真能諦解者。基本上，於當代學界中，迄今對黃宗羲哲學之「定位」，大致上分成兩種方式：一是將之歸入陽明的「心學」傳統，另一則視之為「自然主義」或「唯物論」。基本上，前者之代表人物有劉述先、黃俊傑、黃敏浩、楊祖漢等學者；[539] 後者之代表人物則有牟宗三、沈善洪、吳光、衷爾鉅和李明友等學者。[540] 但本章旨在證明：黃宗羲的「氣論」既不屬於「心學」一

539　見劉述先，《黃宗羲心學的定位》（臺北：允晨文化實業股份有限公司，1986）；黃俊傑，《孟學思想史論》卷二（臺北：中央研究院中國文哲研究所籌備處，1997），頁 234、285-329；黃敏浩，〈從《孟子師說》看黃宗羲的心學〉，收入李明輝、葉海煙、鄭宗義合編，《儒學、文化與宗教——劉述先先生七秩壽慶論文集》（臺北：臺灣學生書局，2006），頁 25-42；楊祖漢，〈黃宗羲對劉蕺山思想之繼承〉，收入楊祖漢、楊自平主編，《黃宗羲與明末清初學術》（中壢：國立中央大學出版中心，2011），頁 21-46。

540　見沈善洪，〈黃宗羲全集序〉，收入黃宗羲，《黃宗羲全集》第一冊，頁 1-28；吳光，《儒道論述》（臺北：東大圖書公司，1994）；衷爾

系，更不能納入「自然主義」或「唯物論」。[541] 本章將進一步詳細論證黃宗羲的「氣論」與陽明「心學」之本質分歧，從而對牟宗三之「三系說」作出一嶄新的確證。正如將於本章結論所見：黃宗羲的「氣論」系統地展示出其師「以心著性」之立場的實現基礎；但這一「以心著性」之格局於陽明「心學」中卻是付之闕如的。簡言之，追隨蕺山、黃宗羲為一「唯氣論」者，此完全迴異於陽明之「唯心論」。

I

將黃宗羲的哲學作「心學」式之「定位」，大概以劉述先之工作最具代表性，因此以下將首先集中對其論點詳加分析與批判。簡單地說，劉述先反對牟宗三將黃宗羲視作一「自然主義者」。而針對牟宗三之認為黃宗羲的哲學背離其師劉蕺山之立場的說法，劉述先力持梨洲與蕺山在思想上之一致性。他主張兩者均屬「內在一元論者」。劉述先更進而宣稱：在本質上蕺山之思想與陽明的「心學」兩者「若合符節。陽明是以良知為體，蕺山則以意為體，凡可用來說良知之為體者移過來講蕺山之以意為體，莫不妥當貼切。」[542] 而「梨洲之學為蕺山之進一步的發展，其宗旨固無背於蕺山。」[543] 所以梨洲應定位為「王學的殿

　　鉅，《蕺山學派哲學思想》（濟南：山東教育出版社，1993）；李明友，《一本萬殊》（北京：人民出版社，1994）。

541　請參本書第十章〈黃宗羲之孟學解釋：從劉蕺山到王船山〉。

542　劉述先，《黃宗羲心學的定位》，頁 19-20。

543　同上註，頁 4。

軍」。[544]

在解釋「內在一元論」一詞時，劉述先寫道：

（針對）朱子的理是完全超越的，只存有而不活動，氣則是
完全內在的，變化無方……明儒乃有強烈的一元論的傾向。
蕺山乃謂，道理皆從形氣而立，離形無所謂道，離氣無所謂
理，則超越隱涵於內在之中，是一種內在主義的思想。[545]

劉述先並宣稱：

其實內在一元論的思想在陽明已有清楚的表達。只陽明未減
然超越義，蕺山始將之推到一極端之型態矣……蕺山所謂
「盈天地一氣也」的說法也可以說是濫觴於陽明。[546]

十分明顯，劉述先基本上進隨牟宗三早期對蕺山之定性方式，將
之與陽明的「心學」立場相提並論。[547] 立足於早期牟宗三對蕺山
之定性上，劉述先寫道：

蕺山之批評陽明處，大多不稱理……然則蕺山何必平地起風
波，背離致良知教乎？此完全由對良知教之顯教所產生之流
弊之反激而起，故必歸顯於密，而另倡誠意慎獨之教，主要
係基於功夫論之考慮。[548]

---

544 同上註，頁 1。

545 同上註，頁 26。

546 同上註，頁 27-28。

547 關於牟宗三對蕺山哲學思想底早期與晚期解釋之分別的討論，請參本書
第三章〈論唐君毅與牟宗三之「蕺山解」〉。

548 劉述先，《黃宗羲心學的定位》，頁 20。

實際上，與唐君毅將「朱陸之異」化約為「工夫論」上之差別相似，早期牟宗三對蕺山與陽明之不同亦只了解為「工夫論」上之分歧。於此關鍵上，劉述先乃是早期牟宗三的忠實信徒。不過，這並不影響劉述先堅持：梨洲「的確把蕺山的思想徹底內化，而且加以進一步的發揮，似並未違背他由蕺山處繼承來的那些原則」。[549] 言下之意，梨洲的「氣論」也無改其與陽明同屬「內在一元論」之基本立場——儘管劉述先同時強調：「這種內在一元的說法，超越義必然減煞」。[550]

而為了證明蕺山師徒與陽明兩者思想上的一致性，劉述先首先引述梨洲於〈子劉子行狀〉中關於蕺山對陽明之批評的總括：

> 先生以謂新建之流弊，亦新建之擇焉而不精、語焉而不詳有
> 以啟之也。其駁天泉証道証曰：「新建言無善無惡者心之
> 體，有善有惡者意之動。知善知惡是良知，為善去惡是格
> 物，如心體果是無善無惡，則有善有惡之意，又從何處來？
> 知善知惡之知，又從何處起？為善去惡之功，又從何處用？
> 無乃語語絕流斷港乎？」其駁良知說曰：「知善知惡，從有
> 善有惡而言者也。本無善無惡，而又知善知惡，是知為心祟
> 也，良在何處？止因新建將意字認壞，故不得不進而求良於
> 知，仍將知字認粗，故不得不進而求精於心，非《大學》之
> 本旨，明矣。」蓋先生於新建（陽明）之學，凡三變。始而
> 疑，中而信，終而辯難不遺餘力，而新建之旨復顯。[551]

549　同上註，頁 29。

550　同上註，頁 2-3。

551　黃宗羲，〈子劉子行狀〉，收入劉宗周，《劉宗周全集》第六冊，頁

劉述先進而宣稱：「梨洲這最後一句話最有意思。辯難的是陽明『擇焉而不精、語焉而不詳』處，其目的則在復顯王學之本旨。」[552] 十分明顯，劉述先這裡將梨洲所言之「而新建之旨復顯」完全看成是一「正面的」評價語。可是，若從一「批判的角度」來看，則劉述先這一斷定恐未能成立。理由有二：一者是從原文之內容可以見出梨洲此中道出了蕺山對陽明的批判重點所在；而其主要目的是為進一步說明蕺山超越陽明之處。另一者是當梨洲言「而新建之旨復顯」時，無疑有為陽明「心學」之本質釐清之意，但更重要的目標是於拓清其本質後便可凸顯陽明「心學」之真正侷限所在。可以說，梨洲認為惟在經過其師作深入論辯究明後，陽明「心學」方得到恰如其分之「定性」。因為亦只有這樣方能見出蕺山思想與陽明「心學」之本質分歧——特別是了解於何義上蕺山思想有進於陽明「心學」。其實，劉述先不也自言：「化了好多力氣，把四句教這一公案加以透徹的分析」，[553] 因而聲稱：「梨洲心學之實義既明」。[554] 可是，他不僅得出蕺山師徒之學低於陽明「心學」的定位方式，而且亦雅不欲對之認同！

　　於支持我們上述的不同解讀方式上，可以檢看下列兩項證據：

　　首先，正如劉述先所也指出：「梨洲《明儒學案》首引師

43。

552　劉述先，《黃宗羲心學的定位》，頁 33。

553　同上註，頁 60。

554　同上註，頁 125。

說，對於陽明，蕺山曾為之辨誣。」[555] 此中，蕺山的看法是：
「先生之言曰：『良知即是獨知時』，本非元妙，後人強作元妙
觀，故近禪，殊非先生本旨。」[556] 不過，相當清楚，蕺山這裡目
的是要釐清陽明「心學」本非「禪」，即指出其後學之狂禪表現
並不符合其原來之立場，而梨洲便於此一義上指出蕺山使得「新
建之旨復顯」；但這並不蘊涵蕺山會同意陽明之「心學」。

其次，梨洲無疑於〈姚江學案〉〈敘錄〉中亦嘗宣稱：

> 其實，無善無惡者，無善念惡念耳，非謂性無善無惡也……
> 先生所謂「致吾心之良知於事事物物也」四句，本是無病，
> 學者錯會文致。彼以無善無惡言性者，謂無善無惡斯為至
> 善。善一也，而有有善之善，有無善之善，無乃斷滅性種
> 乎！彼在發用處求良知者，認已發作未發，教人在致和上著
> 力，是指月者不指天上之月，而指地下之光，愈求愈遠矣。
> 得義說而存之，而後知先生之無弊也。[557]

不過，這並不表示梨洲對陽明因而作出毫無保留的肯定。因為於
〈姚江學案〉中，他隨即指出：「誠無為，便是心髓入微處，
良知即從此發竅者，故謂之立天下之本。看來良知猶是第二義
也。」[558] 這是說，梨洲只是「有條件地」對陽明加以認同。正如
唐君毅所洞見：

555　同上註，頁 46。

556　黃宗羲，《黃宗羲全集》第七冊，頁 15。

557　同上註，頁 198。

558　同上註，頁 205。

戴山對陽明思想之批判志在標示作為「純善的意」的良知「優先於」作為「知善知惡」的良知。於陽明思想中，良知首先知善知惡，其次由於好善惡惡，然後方為善去惡。這好像是常識中之心理次序。可是，在戴山看來：這一次序必需倒轉過來、從而顯示出作為心之根本可能性的善意及與之關連的另一作為心之根本可能性的情之優先性。知之功能在本質上是由根本的意及作為其伴隨的情所決定的，因而在存有論之次序上落在意和情之後。[559]

若果梨洲真能緊守師說，他當然不會只是在「工夫論」之次序上——而非首先於「本體論」或「存有論」之次序上——將陽明義之「良知」視作「第二義」。[560]

　　然而，正正由於對戴山師徒與陽明於「良知」之「定性」與「定位」上這一本質性差異的無視，劉述先方抱怨道：

梨洲將致字解作行字，這略失之寬，但陽明一貫講知合一，可謂並未喪失其宗旨。其次辨無善無惡，釋之為無善念無惡念，此得其意而未盡，不免仍失之於拘執。無善無惡也

---

559 Chun-i Tang, "Liu Tsung-chou's Doctrine of Moral Mind and Practice and His Critique of Wang Yang-ming," p. 313. 但十分可惜唐君毅仍有一局限，就是未能見出戴山之「意」乃是「良能」；這可能是致使他未及牟宗三之能提出「三系說」的一個主因！

560 一位匿名審查人認為「誠無為……良知猶是第二義也」這一段文字應源自戴山。可是，這也無礙其亦代表梨洲之立場。因為既然梨洲將之放入〈姚江學案〉，這只充分證明他完全贊同其師之立場，而非如這位匿名審查人所說「因此梨洲與戴山不同」。

可解作不呈現善相惡相，則超越善惡之相對情狀，其為絕待之至善無疑。若由這條路進去，則雖言性無善惡，無過，五峰即言性無善惡也……他的思想型態蓋「以心著性」，牟宗三以為蕺山思想實與之若合符節；獨於性論不合，蓋時不同也……事實上在有善相之善之外，另有不呈善相之善，何至於就斷滅性種。此辯之不諦，明矣。良知既為本體，其發用乃為人之自覺道德生活之開始，致良知之「致」字，與孟子之言「擴充」同功，又何疑乎……正因其良知本體純善，此可以將良知認粗乎？[561]

準此，劉述先遂斷定：

梨洲這種懷疑是無據的……陽明本人既明言，不動於氣，即無善無惡，是謂至善，可見陽明顯然未像梨洲那樣把無善無惡與至善看作截然不同的兩件事。[562]

可是，劉述先這一對梨洲之反駁卻未能奏效！理由如下：

第一、無可置疑地陽明原來之立場是：「無善無惡者理之靜，有善有惡者氣之動，不動於氣，即無善無惡，是謂至善。」[563] 此中洋溢著黑格爾之色彩。換言之：當「理」「在其自己」(an sich / in-itself) 時，乃是「無善無惡」(beyond good and evil)，這就意謂其為「至善」(highest good / agathon)。而只有當「理」「對其自己」(für sich / for-itself) 時，方有善惡相之出現，

---

561 劉述先，《黃宗羲心學的定位》，頁49。

562 同上註，頁51。

563 王陽明，《王陽明全集》上冊，頁29。

此中之動力乃是源自「氣」。一言以蔽之,依陽明,「理」本身是無善惡可言的,於此義上「理」本身是至善的;另一方面,「氣」則是有善惡之區分。而基於其「心即理」之主張,陽明當然亦同時可言「心體」之為「無善無惡」與「至善」。

那麼蕺山師徒緣何反對陽明此一基本立場呢?

首先,從其主張以「一元生生之氣」為宇宙本體的立場出發,蕺山師徒根本不能容許有「不動於氣」的「靜態之理」出現。因為按其「無氣外之理」的說法,[564]「理」本身是不能不動的。而亦唯有如此方可忠實於儒家言「生生不息」與「於穆不已」的原始精神。

其次,陽明顯然將「氣」視作「形而下的」。從人之主體上立言,這種「有善有惡」的「氣」只不過就是「念」。因為正如蕺山所已指出:當陽明宣稱「有善有惡意之動」時,他犯了以「念」作「意」之失。實際上,陽明根本無法見出以「好善惡惡」為「本質」的「意」,更遑論可提出「意者,心之中氣」這種主張。[565]而於此一分際上,十分明顯,陽明之「氣論」缺乏了蕺山師徒所言「形而上」的「元氣」。但依蕺山師徒,正是緊扣此一「形而上」的「元氣」方可以闡明先秦儒家所言之「亙萬古常存,先天地而無始,後天地而無終」的「一元生生之理」,[566]而正於此義上蕺山方宣稱:「天樞萬古不動,而一氣運旋,時通

564 黃宗羲,《黃宗羲全集》第一冊,頁 133。
565 劉宗周,《劉宗周全集》第二冊,頁 342。
566 同上註,頁 374。

時復，皆從此出。」[567]

最後，如梨洲所明言：「理者，純粹至善者也……在人雖有昏明厚薄之異，總之是有理之氣。」[568] 而依「理不離氣」與「心即氣」之立場，[569] 這清楚地展示出：「元氣」本來是「純善」的，因而「人性」本來是「純善」的。即基於「人稟是氣以生，原具此實理」，[570] 根本不能容許「心體」之為「無善無惡」。這意謂：在邏輯上，同時主張「心體為無善無惡」與「心體為至善」乃是自相矛盾的。而即使從「工夫論」之角度來看：「向使性中本無仁義，則惻隱羞惡從何處出來？吾人應事處人，如此則安，不如此則不安，此非善而何？由此推之，不但『無善無惡』之說非，即謂『性中只有一箇性而已，何嘗有仁義來』，此說亦不穩。」[571] 而陽明之所以未能緊扣此一「安」與「不安」以言「心體」首屬善，原因在於他根本欠缺「純情」(pure feeling) 之概念；但實際上「人情即天理」。[572] 由於對此點之無知，陽明從未強調「離情無以見性」。[573] 然而，如梨洲後來所明言：「孟子指出惻隱、羞惡、辭讓、是非，是即性也。……情與性不可離……情者，一氣之流行也，流行而必惻隱、羞惡、辭讓、是非之善，無殘忍刻薄之夾帶，是性也。故《易》曰：『利貞者，性

---

567 劉宗周，《劉宗周全集》第二冊，頁 378。

568 黃宗羲，《黃宗羲全集》第一冊，頁 135。

569 同上註，頁 60、161。

570 同上註，頁 94。

571 同上註，頁 94-95。

572 劉宗周，《劉宗周全集》第二冊，頁 380。

573 黃宗羲，《黃宗羲全集》第一冊，頁 136。

情也。』」[574] 職是之故，蕺山方對陽明作出「於性猶未辨」之批判。[575]

然而，這些存在於蕺山師徒立場與陽明心學之間的本質差異，於劉述先這一對梨洲之反駁中幾乎完全沒有被觸及。

第二，無疑梨洲將陽明「致良知」之「致」解作「行」，但其批評的目的卻在於指出陽明所言之「致」並未能與孟子義「擴充」相比。原因是：陽明既主「無善無惡心之體」，亦即謂「良知」本身「無善無惡」，這意涵正相似於後來陳確之「提出『性賴於擴充』的主張，他認為，只有當人『擴充盡才，始見其善』，而如果『不擴充盡才，未可為善』。此『擴充』仍是指後天的修養工夫。」[576] 當然這也基於陽明只將「良知」歸於「未發」之向度所致。可是，與陳確同病相憐，陽明之過失在於因而未能證成「不管其擴充『盡才』還是不擴充『盡才』，性皆是善的」這一孟子大旨。[577] 然而，對於此中出現的「本質不相容性」，劉述先竟然視若無睹！

第三，於牟宗三之影響下，劉述先辯稱陽明之所以言「無善無惡心之體」乃旨在強調不要對「行善」即「善相」之「著執」。無疑，真正的聖人是不會對「行善」感到沾沾自喜的；不過，這種酷似於禪宗之「不落有無」地對於「善惡二相之超脫」

---

574 黃宗羲，《明儒學案》四十二卷（清道光莫晉校刊本），轉引自程志華，《困境與轉型》（北京：人民出版社，2005），頁 191。

575 劉宗周，《劉宗周全集》第二冊，頁 380。

576 程志華，《困境與轉型》，頁 189。

577 同上註，頁 189。

只屬「工夫論」層次的一法門。所以對於蕺山師徒而言，不能因此便說「心之體無善無惡」。否則，以「性為無善無惡」就真的會招致將儒家「禪宗化」之不良效果了。

第四，假如蕺山師徒亦贊同聖人也於「工夫」之層次上既不應執著於「惡相」，也不應執著於「善相」，那麼按照其所肯定之「即工夫即本體」的原則，他們理當同意陽明之「無善無惡心之體」一論點，緣何兩人如斯大唱反調呢？簡言之，這完全因為陽明之出發點是「良知」，但於蕺山師徒眼中：「良知猶是第二義。」而在本質上，「良知」是「外向的」活動；職是之故，方有所謂「惡相」、「善相」之生起。然而，若果能夠回歸至更根源之向度，即以「好善惡惡」為本質之「意體」，則根本上「善」是不會以「相」（對象）之身分出現的。借助現代西方哲學之術語以云，則陽明之「良知說」仍囿困於「反思性哲學」(Reflexionsphilosophie) 的樊籠；與之相比，蕺山師徒卻早已進入「先於反思性」(pre-reflective) 之向度了。因此之故，劉述先反對梨洲「將良知認粗」的做法很難再保得住！

值得補充的是：若果胡五峰明言「性無善惡」，那麼依「三系說」則蕺山也沒有違反此一說法之必要。可是，與牟宗三同過，劉述先並未能見出五峰之「性無善惡」與陽明之「無善無惡心之體」兩者的本質差別。其實，五峰言「性」之出發點是「道」，即乃是將「性」等同於「天道」，而由於為了強調「天道」純為「至善」，故他宣稱「性無善惡」。而且，與陽明之「心」置於「未發」之向度不同，五峰則視「心」為屬「已發」。更加重要的是，此中是套在「以心著性」之格局而立言的。這清楚顯示：在本質上，五峰是要回到先秦儒家「人能弘

道，非道弘人」之基本立場。一言以蔽之，五峰「以心著性」之格局意在強調「性」作為「生生不息」之「天道」過程只有在「道德心」方能得到「形著」。

與此不同，基於其「心即理」——即「心」直接地等同於「性」和「天道」——之架構，陽明根本上欠缺這一「以心著性」的格局，所以當他言「性無善惡」便立即使得「道德心」變成不可能。因為，屬於「未發」向度之「道德心」在本質上是不能無善惡可言的。十分明晰，在這一關鍵性之分歧上，可以確證五峰蕺山一系與陽明心學的基本差異。另一方面，由於蕺山引入「歸顯於密」之原則，他便能見「意」於「未發」之中；這可說是其有進於五峰與陽明之處。同時，基於蕺山首先由「人性」出發以言「性」，故可由「人性」之純善出發以言「性為至善」。但這些與五峰相異之處只不過顯示兩者之相互補充，而且更無改於其共同之「以心著性」格局。但是，牟宗三便因之誤以為這表示蕺山與五峰之「性論」不合。究其過失，乃是源自他未能徹底地了解其一己所提出之「以心著性」一論旨的深義所致。

最後，無可否認，即使蕺山本人也言「性無性」。不過，蕺山之意乃是要強調「性體」之「奧祕義」而已。十分明顯，此中所言之「性」乃是指「存有論義」之「性」，而非指「人性」之「性」；所以，這並不會導向如劉述先所宣稱：「蕺山也知性不可以以善惡言」，[578] 即認為蕺山也應同意陽明所言之「性無善惡」這種誤解。因此，蕺山師徒於此點上並無「自相矛盾」之虞！

---

578 劉述先，《黃宗羲心學的定位》，頁 53。

II

具體而言，蕺山師徒上述種種批判陽明「心學」的論點都可透過「四端究竟是什麼？」這個問題之解答來加以說明與極成。

「四端究竟是什麼？」這個問題就是要問：「四端」的「本質」(Wesen / essence) 究竟是什麼？即「四端」的「本性」(Natur / nature) 究竟是什麼？在這問題之解答上我們將可以見出蕺山師徒對「四端」之「本質」的理解是一個非常具有革命性的貢獻。

基本上，我們認為：與王船山連成一陣線，蕺山師徒提出了一「唯氣論」之孟子圖像。但是這一「唯氣論」不能等同為「唯物論」，理由是：此中之「氣」首先指「非材質義」(immaterial) 的「形而上之元氣」；在本質上，與「唯物論」義之「氣」迥異，此一「形而上之元氣」不僅富有「道德涵義」，還在本質上帶有「生生之意」。[579]

首先，對於「四端的本質究竟是什麼？」一問題，陽明的答案很簡單：「四端」之「本質」就是「良知」。這意謂：於「四端」與「良知」中間可以劃上一個等號。但是為什麼這不是一標準答案呢？而且，對於蕺山和梨洲來說這甚至是一個錯誤的了解，即不忠實於孟子的答案呢？理由是：依劉蕺山，「四端」在本質上是一種「純情」。換言之，「四端」是一種「非感性的情」(non-sensible feeling)。而陽明之失在於根本上沒有注意到「純情」的可能性。所以，對於「四端的本質是什麼？」一問題，他

---

579 對於此點之詳細分析與論證，請參本書第十章〈黃宗羲之孟學解釋：從劉蕺山到王船山〉。

未能見出「四端就是純情」。而梨洲則更進一步指出：「四端就是元氣」。其實在蕺山那裡也已有這個意思；可是陽明也沒有注意到這個答案。總而言之，對於陽明來說，「情」只能是「形而下的」，即只是「感性的」，也即是屬於「心理學意義的」；而「氣」也只是屬於「形而下的」、「材質義」(material)，即是屬於「物理學意義的」。相比於陽明不但沒有「純情」，也沒有「形而上的氣」之可能性，當蕺山師徒說「四端是純情」、「四端是元氣」的時候，這是非常富有新意的。職是之故，在《孟子大旨》一書之最後一段話中，蕺山正式對陸王之「孟子解」作出挑戰：

> 昔象山之學，自謂得之孟子。人有誚之者，曰：「除了先立乎其大者一句，更是無伎倆。」象山聞之曰：「然。」近世王文成深契象山，而曰：「良知二字，是千聖相傳嫡骨血。」後人亦稱文成為孟子之學。夫二子皆學孟子，而所得於孟子者僅如此。今不知大與良在何處，學者思之。[580]

十分明顯，劉蕺山認為這兩位前輩並沒有真正得到孟子的真傳。而在對治此一過錯上，還於《孟子大旨》一書中提出了「天能」的概念。[581] 所以，如果回到「四端的本質究竟是什麼」一問題，則對於劉蕺山師徒來說，正確之答案應是：「四端」之本質首先不是「良知」，而是「天能」。換言之，「四端」之本質乃是「良能」。那麼這一回答究竟有什麼革命性新意呢？事實上，先

580　劉宗周，《劉宗周全集》第二冊，頁 173。
581　同上註，頁 173。

前一些學者如李明輝不就已認為孟子義之「良知、良能」乃是「一體兩面」嗎？[582] 準此，當陽明將「四端」之本質視作「良知」時，豈不可同時意涵其為「良能」？但為甚麼劉蕺山又竟不接受這一答案呢？理由是：對於陽明來說，作為「四端」之本質的「良知」是優先於「良能」的。嚴格而言，站在「心學」之立場，如牟宗三所指出：只有「才」方屬「良能」。[583] 這意謂嚴格來說「良能」並不能視為屬於「四端」之本質。因此陽明只說：「知為心之體」。[584] 可是，對於蕺山來說，「良能」是優先於「良知」的。如用一座大樓來作比喻的話，那麼「良能」在基層，而「良知」則只在二樓而已。可是陽明沒有看清楚這一點，所以就產生了誤解。依蕺山，只有「良能」方構成「四端」之「本質」。亦因此之故，梨洲遂跟著宣稱：「良知猶是第二義。」[585]

那什麼是「良能」呢？依孟子，「不學而能者」就是「良能」。人之能力無可置疑有一些是不用通過後天學習而得到的，比如說「記憶能力」等等，但這不是孟子義之「良能」。因為孟子義之「良能」不是「生物學義」之「本能」(instinct)。而現在我們可以見出：內在於儒家的傳統，對於孟子之「四端」本質的了解，從陸王「心學」過渡到蕺山師徒乃至後來的王船山，

582　李明輝，《孟子重探》（臺北：聯經出版，2001），頁 100。

583　牟宗三，《圓善論》，頁 23。

584　王陽明，《王陽明全集》上冊，頁 6。

585　事實上，如下文所詳言，此中實涉及了一「範式轉換」。但由於對此點的無視，所以今學界仍奉陽明之「四端良知說」為圭臬，甚至連首倡「三系說」的牟宗三亦不例外。

基本上可以說有一個「範式轉換」(paradigm shift)。簡單來說，在「心學」之「範式」裡，中心概念就是「我知」(I know)。這意謂陽明在將「四端」的本質看成是「良知」的時候，乃是把它視作「我知」，十分清晰，這「良知」是一「知的主體」(knowing subject)，那麼比照笛卡爾的講法：「我知故我在」(I know, therefore I am)，陸王顯然認為孟子主張：「若無良知，則人便淪為禽獸而非人了」。但是對於蕺山師徒來說，新的「範式」的中心概念則是「我能」(I can)，這意謂「四端」的本質是「我能」，當然這也不是生物學或是動物學意義上所講的「本能」的意思。事實上，在國外常常有學者從一「道德心理學的進路」(moral-psychological approach) 來看孟子，就有這誤解之產生；而這樣一來，孟子所言之「良能」就變成了經驗意義的、動物性的本能。[586] 可是這既違反了孟子的意思，也無法達至蕺山師徒的理解。

　　一言以蔽之，從陸王「心學」對「四端」本質的理解過渡到蕺山師徒對「四端」本質的理解，是從一以「四端」的本質為「知」(know / savoir / kennen) 的範式過渡到一以「四端」的本質為「能」(can / pouvoir / können) 的範式；也就是從一「以『良知』為中心的範式」過渡到一「以『良能』為中心的範式」。這表示：於蕺山師徒眼中，若失去「良能」，則人便不再是人了。而在此義上，可說他們的立場就是：「我能故我在」(I can, therefore I am)。

586　關於此方面之討論與批判，請參：Wing-cheuk Chan, "The Philosophical Thought of Mencius," in *Classical Confucianism*, ed. Vincent Shen (New York: Springer, 2011).

　　可是，兩千年來似乎沒有幾個人能看到孟子「四端」的真正本質，遑論能意識及此中牽涉到明清儒學之一場至居關鍵的「內部鬥爭」。即使在當代對於劉蕺山思想之研究中，也還沒有人能見到明清儒學中這一從「良知」到「良能」的「範式性轉換」。而且，迄今為止大部分學者不但將蕺山歸之於陽明「心學」，還又對梨洲作同樣之劃分。然而，他們卻都無法說明緣何於《明儒學案》一書中黃梨洲如斯大膽批判陽明地說：「良知猶是第二義」。十分明顯，對蕺山師徒來說：良知只是「次要的」(secondary)，然則什麼才是「首要的」(primary) 呢？答案就是「良能」。當然這清晰地顯示了蕺山師徒主張「良能優先於良知」。因此之故，不能像李明輝般將「良知」與「良能」看成是同一樣的東西。而且，唯有從「良能在存有論上優先於良知」這一立場出發，方能真正地掌握到蕺山與梨洲的「孟子解」之核心論旨：「四端」之本質是「良能」。所以，若不好好地區分「良知」與「良能」之不同，則不但未能了解蕺山師徒之「孟子圖像」，也沒法注意到其與陽明「心學」之重要的本質性差別。而從後來王船山反對陽明之「良知首出說」便可見出此一「新範式」的效力了。依船山：「近世王氏之學，捨能而孤言知」，[587]「以知為首，尊知而賤能，則能廢……廢其能，則知非其知，而知亦廢。」[588]

　　當然，從一「哲學史」或「思想史」之角度，我們可以追問：究竟為什麼會有這樣一個「範式轉換」產生呢？一般來說，

587　王夫之，《船山全書》第十二冊，頁 121。
588　王夫之，《船山全書》第一冊，頁 989-990。

自從孔恩 (Thomas Kuhn, 1922-1996) 提出其「科學革命之結構理論」(Theory of the structure of scientific revolution) 後，[589] 所謂「範式轉換」的概念變得十分流行，其應用甚至還過於氾濫。不過，事實上從一個「範式」轉換到另一個「範式」並非屬於偶然。簡言之，這乃是由於有一些「非常態」(abnormal) 的問題出現了，而於窮盡了一切在現行之「範式」中所能提供的資源與方法都無法加以解決後，現行之「範式」乃陷入了「危機」(crisis) 之中；但由於在新之「範式」中這些「危機」卻可得以迎刃而解，於是現行之「範式」便要退位讓賢了。所以，於嚴格意義上，只有通過這樣的過程方可產生孔恩義之「範式轉換」。

然則，現在所言之「從良知到良能的範式轉換」個中所涉及之「必要性」為何？就是說：究竟「以良知為中心概念來了解四端之本質」這一「範式」出現了什麼「危機」而導致其崩潰，進而必得轉換至「以良能為中心概念來了解四端之本質」的「範式」呢？簡單而言，眾所周知，於「王學末流」，王陽明的弟子高喊「滿街都是聖人」。而正如劉蕺山之分析所顯示，「情識而肆」和「玄虛而蕩」就是王學末流的弊病。這代表了「以良知為中心之範式」的「危機」(crisis) 之出現。而用現代術語來說，造成這種「危機」出現的一個主要原因在於陽明預設了「理性與感性」(reason and sensibility) 的對立。基本上，其所謂「存天理，滅人欲」之立場導致了一不必要之緊張局面的出現。那麼面對這一種把「天理」和「人欲」錯誤地對立之弊病要如何克服

589　Thomas Kuhn, *The Structure of Scientific Revolutions* (Chicago: University of Chicago Press, 1962).

呢？簡單地說，於對治此一問題上蕺山認為關鍵在於要認識到：「人情即天理」。換言之，必要真正地做到「情理交融」方能得到解決。當然，必須強調的是：這「情」不是一般的「感性意義」的「情」，而乃是「純情」。一般「感性意義的情」是因外物而發，但這「純情」乃是「自感」(auto-affection)。對於此點，唐君毅看得非常清楚，所以他說要「高看」蕺山義的「情」與「氣」。[590] 於唐君毅眼中，蕺山的立場是可以用「純情自感、大氣流行」這格局來勾畫的。[591] 如果回到大樓的譬喻，那麼「理性跟感性的區分」只是在二樓，而「純情」則是屬於基層。但由於陽明缺乏「純情」一概念，所以整個「心學系統」之侷限在劉蕺山眼中看來乃是「於性猶未辨也」。就是說：陽明根本沒有辨別清楚什麼是「性」之本質。這在在都顯示出「以良知為中心來了解四端之本質的範式」之本質侷限性，所以，只有通過轉化到「以良能為中心來理解四端之本質的範式」方能解決這些問題。

依陽明，「良知」首先「知善知惡」，然後由於「好善惡惡」而「為善去惡」；而亦於此義上他主張「知行合一」。[592] 相當明顯，於他眼中，孟子所言之「良能」只是指「為善去惡」之能力而已。既然「為善去惡」必須以「知善知惡」為其可能條件，「良知」當然比「良能」來得更為基本。但是，陽明所主張

---

590 唐君毅，《中國哲學原論・原教篇》，頁 477。

591 請參本書第三章〈論唐君毅與牟宗三之「蕺山解」〉。

592 另一位匿名審查人認為「四句」並無時間性先後可言；但這只或適用於王龍溪的「頓教」觀點，而並不符合陽明本人之立場。因為在仲裁王龍溪與錢德洪之爭論中，陽明便同時指出：「德洪之見，是我這裡為其次立法的。」王陽明，《王陽明全集》上冊，頁 117。

之「良知對良能的優先性」只不過是就「道德心理學之次序」而言，但若從「存有論之次序」上觀，則「良知」必得落在「意」和「情」，亦即「良能」之後。所以，如果忠實於「即本體即工夫」這一最高原則，則必須贊同蕺山之立場。除了以上對從「以良知為中心來理解四端之本質」過渡到「以良能為中心來理解四端之本質」這一「範式轉移」的「必要性」之安立外，我們可以進一步證成「四端良能說」比「四端良知說」更為忠實於孟子之立場。多年前傅佩榮提出了一個於臺灣學界頗為掀起爭論的論點，他說：孟子根本沒有主張「性善說」，其所言的只是「人性向善說」。**593** 也就是說：孟子只是認為人是「傾向」於善、而並非說「人性本善的」。這當然跟過去我們都認為孟子主張「人性是善的、是至善的」之立場大相逕庭！但是，如果以「良知」為中心來看「四端」之本質的話，的確是很難反駁傅佩榮之論點。因為陽明不是清楚地指出「無善無惡心之體」嗎？顯然陽明也未能擺脫「心之性本是中立的」一說法。可是，如果我們能夠回到「以良能為中心來看四端之本質」，那麼就可有反對傅佩榮之論點的辦法。理由是：這「良能」本身對於孟子來說不但「構成人之為人」、而且是「純善的」、「至善的」。實際上，蕺山便明言：

> 孟子曰：「乃若其情，則可以為善矣。」……孟子言這箇惻隱心就是仁，何善如之？仁義禮智，皆生而有之，所謂性也，乃所以為善也。指情言性，非因情見性也。即心言性，

593　傅佩榮，《儒家哲學新論》（臺北：業強出版社，1993）。

> 非離心言善也。……所云情，可云性之情，決不得性與情
> 對。**594**

準此而觀，傅佩榮認為孟子只是主張「人性向善論」，而非「人性本善論」的說法便不能再成立了。

我們現也可以明白緣何蕺山和梨洲對王學之「無善無惡心之體」一主張如斯痛恨。**595** 因為這不但意謂陽明義之「良知」本身並非「純善」，而且由於陽明視「良知」為孟子之「四端」的本質，這還更招致孟子之「性善論」無法成立之不良效果。理由

---

594 劉宗周，《劉宗周全集》第二冊，頁 465。

595 本書其中一位匿名審查人認為梨洲贊同陽明所言之「無善無惡者理之靜，有善有惡者氣之動」一論旨，理由是「他用來解善惡指善念惡念」。但這一說法大概無法成立。因為即使梨洲於〈姚江學案〉中宣稱：「其實，無善無惡者，無善念惡念耳，非謂性無善無惡也。下句意之有善有惡，亦是有善念惡念耳。兩句只完得動靜二學。他日語薛侃曰：『無善無惡者理之靜，有善有惡者氣之動』，即此兩句也。所謂知善知惡者，非意動於善惡，從而分別之為知，知亦只是誠意中之好惡，好必於善，惡必於惡，孰是孰非而不容已者，虛靈不昧之性體也。」（見《黃宗羲全集》第七冊，頁 198）不過，其潛臺詞卻是在於批判陽明只將「知」視作「分別之知」之本來不正確做法。當他進一步將「知」等同為「誠意中之好惡」時，其目的正是以蕺山義之「意」來重新解釋「良知」（此即唐君毅所言之蕺山義的「良知」）。無可置疑，如果從陽明之觀點出發，可以責怪梨洲乃是以「偷天換日」的方式發揮了其師「意為心之所存」的基本立場。不過，與其師相似，梨洲之所以沒有明背陽明，原因在於要借「陽明學之殼」來與朱子學爭短長——當然這只屬其策略上之運用而已。基本上，其以朱子為主要攻擊目標的立場清晰地表現於《孟子師說》一書。而這種以朱子為首要論敵的傾向，即使延至戴震仍然十分明顯。

是：如果「四端」作為「良知」是「無善無惡」的，那麼由「四端」所定義之「人性」當然無法為「純善的」：這樣一來，孟子當然頂多只能主張「人性向善」而已！因為梨洲不也於《孟子師說》中〈仁人心也章〉云：「蓋人之為人，除惻隱、羞惡、辭讓、是非之外，更無別心？」[596] 但是，正如蕺山所明察：假如孟子真的只能主張「人性向善」，那麼其立場與告子者有何分別？這也豈不意謂其與告子之辯只屬一場大混戰？職是之故，為了防止這種誤解之出現，蕺山方大聲疾呼地指出：如依陽明之解釋，「則心之與性，先心之與性，先自相鬩，而杞柳桮棬之說，有時而伸也必矣」。[597] 而特別於具體地修正此種錯失上，蕺山首先反對陽明把「意」看成是一種「外向的」、「有善有惡」的「心的活動」之做法——因其實這只是「念」，進而重申把「意」看成是「心之所存」、而非「心之所發」。[598] 依蕺山，「意」的本質表現在「好善惡惡」。基本上，「好」、「惡」都是一種「情的表現」，但這不是「感性的情」，也不是「動物性的本能」。更重要的是：這以「好善惡惡」為本質的「意」本身就是「純善的」。而正於此一關節上孟子方言「性善」。其實，此中之「好」「惡」作為「純情」也是一種「不學而能」之「良能」。亦因此之故，梨洲方強調：「離情無以見性」。依孟子，人之為人就表現在「四端」之「良能」上。所以，如果人沒有作為「良能」之「四端」，按照孟子的講法，就跟禽獸一樣了。

596　黃宗羲，《黃宗羲全集》第一冊，頁141。
597　劉宗周，《劉宗周全集》第二冊，頁414。
598　同上註，頁390。

III

一言以蔽之，依陽明：

> 為學工夫有淺深。初時若不着實用意去好善惡惡，如何能
> 為善去惡？這着實用意便是誠意。然不知心之本體原無一
> 物，一向着意去好善惡惡，便又多了這分意思，便不是廓然
> 大公。《書》所謂無有作好作惡，方是本體。所以說「有所
> 忿懥好樂，則不得其正」。正心只是誠意工夫裏面當自家心
> 體，常要鑑空衡平，這便是未發之中。[599]

但是，正如梨洲所引之〈師說〉指出：

> 既無善惡，又何有心意知物，終必進之無心、無意、無知、
> 無物、而後元。如此則致良知三字著在何處？……有無不
> 立，善惡雙泯，任一點虛靈知覺之氣從橫自在，頭頭明顯，
> 不離著於一處，幾何而不蹈佛氏之坑塹也哉？[600]

這意謂：若然離開了善惡，則便會招致淘空「道德心」之存在。
這樣一來，「未發」即淪為一「空集」(empty set)。那麼，最終只
得如惠能般走上「本來無一物」之地步。於蕺山眼中，在歷史上
這一不良效果正見於「龍溪直把良知作佛性看，懸空期個悟，終
成玩弄光景。」[601]

　　所以，當劉述先要為龍溪作辯護而批評蕺山時說道：「龍溪之

599　王陽明，《王陽明全集》上冊，頁 34。
600　黃宗羲，《黃宗羲全集》第七冊，頁 16。
601　同上註，頁 17。

言四無，並非完全無据，然談無說有，的確有蕩越處，蕺山直視之為攻陷特城之木馬，則過矣。」[602] 這顯示他完全無視了個中實涉及一上述所言之至居關鍵的「範式轉換」。

　　以上一切清楚地展示出：依蕺山師徒，在「本體論」上只有拋棄「以良知作為中心之範式」，而轉向「以良能作為中心之範式」，儒家方能真正避免「滿街都是聖人」這一嚴重弊端之再生。

　　相應地，於「方法論」之層次上，則陽明之「良知說」仍圍困於「反思性哲學」的樊籠，所以陽明所言「致良知」之「致」亦只能是「擴充」了「良知」而已。因此之故，其所起之效果便只能如牟宗三所宣稱：

> 故此逆覺之覺就是那良知明覺之自照。自己覺其自己，其根據即是此良知明覺之自身。說時有能所，實處只是通過其自己之震動而自認其自己，故最後能所消融而為一，只是其自己之真切貞定與朗現（不滑過去）。[603]

不過，這顯然並非蕺山師徒對孟子「擴充」一概念的理解，但也不是孟子原來言「擴充」的立場。為什麼呢？因為當孟子言「四端」的時候，便立即指向「養氣」，而「養氣」的本質作用就是「擴充四端」，即是把「良能」作為「首端」的身分「往上提升其強度」。可是，這一點於上述牟宗三所引之文字中完全沒被提及；顯然他並無意識到陽明式「自照」在本質上不可能達致「良

602　劉述先，《黃宗羲心學的定位》，頁 55。

603　牟宗三，《從陸象山到劉蕺山》，頁 231。

能」這一根源性向度。

總括而言，上述之分析清晰地顯示出劉述先所作出的「蕺山、梨洲之學為王學之右派」這種定位方式必得被推翻。[604] 其實，蕺山與梨洲的確如劉述先所言「背棄致知教」，[605] 但這應意謂蕺山、梨洲之學根本不同於陽明「心學」。在本質上，一方面，陽明學派屬「主體主義」(subjectivist) 之「唯心論」，於儒學中嚴守「以良知為中心」之範式；另一方面，蕺山、梨洲之學則屬「非主體主義」(non-subjectivist) 之「唯氣論」，於儒學中下開了「以良能為中心」之範式。由這兩者之南轅北轍的分歧，當亦可知根本不能將梨洲視作「最後一位捍衛王學的大師」。[606] 因此之故，出乎牟宗三本人意料之外，只有通過此種對梨洲「氣論」之重新「定位」，方可為其「三系說」提供一強而有力的奧援！而在開展此一嶄新範式上，梨洲於其《明夷待訪錄》中更提出了一套大膽而創新的社會政治哲學。相對於其師之貢獻偏重於「內聖」一面，梨洲則邁向「新外王哲學」的建立——而並非更「內化」。職是之故，我們也不能同意劉述先之所言：「梨洲是思想史家，不是哲學家」。[607] 最後，在《從陸象山到劉蕺山》一書中，於完結其關於蕺山之學的紹述後，牟宗三嘗擲筆三嘆地寫道：「明亡，蕺山絕食而死，此學亦隨而音歇響絕。此後，中國之民族生命與文化生命即陷於劫運，直劫至今日而猶未已。噫！亦可

604　劉述先，《黃宗羲心學的定位》，頁 60。

605　同上註，頁 60。

606　同上註，頁 1。

607　同上註，頁 3。

傷矣！」[608] 相當可惜，只緣於其將梨洲之「氣論」判作「自然主
義」的誤解，牟宗三方未能同時得見此中實早已透露出重建中華
文化之一道曙光了！十分明顯，梨洲並非一位只屬「過去」之哲
學家。而關於明清哲學之研究，豈能僅限於思想史之層次？

608　牟宗三，《從陸象山到劉蕺山》，頁 541。

第十章
黃宗羲之孟學解釋
——從劉蕺山到王船山

> 言心言性，言天言理，俱必在氣上說。
>
> ——王船山

　　宋明儒學對孟學之重視可說是其一大特色。這不但見諸朱子之將《孟子》列入「四書」，而除了朱子本人之《孟子集注》，陸象山亦宣稱他是「因讀《孟子》而自得之」。[609] 可以說，自王陽明肯定象山之學「真有以接孟氏之傳」、為「孟氏之學也」後，[610]「心學」便被奉為孟學之「正宗」。而牟宗三更直接了斷地宣稱：象山「是孟子後唯一能懂孟子，與孟子相應者」。[611] 不過，若果依照牟宗三之「三系說」，則不難發現劉蕺山其實為孟學詮解開闢了一條嶄新的途徑。當然，其思想是否比「心學」更接近孟子之原意一問題很值得深研。蕺山可能於論述《中庸》與《大學》方面耗力最深，不過其用心是在闡揚孟學。基本上，他是要結合《中庸》與《大學》來重新解釋孟子。無疑，於「四

609　陸九淵，《陸九淵集》（北京：中華書局，1980），頁 471。

610　同上註，頁 538。

611　牟宗三，《從陸象山到劉蕺山》，頁 4。

書」中，蕺山唯對《孟子》獨缺專書討論。[612] 但這無改於其對孟子之重視。作為其大弟子黃宗羲之撰寫《孟子師說》一書，便是為了填補這一「空白」而矢志闡述蕺山「孟子解」之「宗旨所在」。[613] 而於揭示黃宗羲的孟學解釋之特質上，本章將一方面指出其《孟子師說》對蕺山立場之忠實承接與弘揚之處，另一方面揭示其與王船山的孟子圖像可相銜接之點。

I

首先，讓我們檢視對黃宗羲的孟學解釋作陸王「心學」式定位之學者所提出的論證。

劉述先乃是主張從「心學」之角度解釋黃宗羲的孟子圖像之代表性人物，其所提出的理由主要有二：

(1)《孟子師說》中〈齊桓、晉文之事〉章云：

> 王霸之分，不在事功而在心術：事功本之心術者，所謂「由仁義行」，王道也；只從迹上模倣，雖件件是王者之事，所謂「行仁義」者，霸也。[614]

劉述先認為：「由此可見，梨洲繼承明代儒學的精粹，把樞紐點完全放在『心』上，此不待言。」[615]

---

612 蕺山之〈孟子大旨〉基本上只屬於一種提要式抄錄。見劉宗周，《劉宗周全集》第二冊，頁 165-174。

613 見黃宗羲，《黃宗羲全集》第一冊，頁 48-166。

614 黃宗羲，《黃宗羲全集》第一冊，頁 51。

615 劉述先，〈論黃宗羲對於孟子的理解〉，頁 3。

(2)《孟子師說》中〈仁人心也〉章云：

仁無跡象可言。孟子於無迹象之中，指出迹象，人人可以認取，如「仁義禮智根於心」，「惻隱之心仁之端也」云云。「仁，人心也」，不一而足。蓋人之為人，除惻隱、羞惡、辭讓、是非之外，更無別心，其憧憧往來，起滅萬變者，皆因外物而有，於心無與也。故言「求放心」，不必言「求義理之心」；言「失其本心」，不必言「失其義理之心」，則以心即理也。孟子之言明白如此，奈何後之儒者，誤解人心道心，歧而二之？以心之所有，止此虛明靈覺，而理則歸之天地萬物，必窮理而纔為道心，否則虛明靈覺，終為人心而已！殊不知降衷而為虛靈知覺，只此道心，道心即人心之本心，唯其微也故危。伊尹之言「先知先覺」，初不加以「知此理、覺此理」一字，蓋無理之知覺，則禽獸矣。人心顧如是哉！豈可比而同之乎？[616]

劉述先指出：「所謂後之儒者乃指朱學者而言，有二元之弊。梨洲乃標舉出『心即理』的大原則，這是王學昌明以來明儒共許的看法，可以免於內外分離的毛病。」[617]

　　無可置疑，陽明「心學」不但以「心」作為樞紐，而且主張「心即理」，既然《孟子師說》持有相同之特色，那麼將黃宗羲的孟學解釋定性為「心學」應是理所當然。不過，正如劉述先也提及，牟宗三卻認為黃宗羲的解釋不但偏離孟子，且其「心即

---

616 黃宗羲，《黃宗羲全集》第一冊，頁 141。
617 劉述先，〈論黃宗羲對於孟子的理解〉，頁 5。

理」不等同於「心學」義。牟宗三宣稱：

> 梨洲如此言理，非古人言天命、天道、於穆不已之流行之體
> 之義也。如此言性，亦非孟子言性善之義也。甚至亦非象
> 山言「心即理」、陽明言「良知之天理」之義也。其視心
> 為氣，既已無異於朱子矣，而於理則又完全喪失其超越之意
> 義，如此言理氣為「一物而兩名」，「只有氣更無理，所謂
> 理者、以氣自有條理，故立此名」，此則純成為自然主義實
> 然之本鋪，不幾成為唯氣論乎？亟欲內在而一之，結果理與
> 性為虛名，有何優於朱子處？其不如朱子之分理氣為二也遠
> 甚！[618]

於牟宗三眼中，梨洲只是一「自然主義」的「氣化論」者。言下
之意，《孟子師說》甚至背離蕺山的思想，所以作出以下之結
論：

> 黃梨洲之論點，是承其師劉蕺山於理氣問題上之滯辭而誤引
> 者，不足為憑。即蕺山亦不如此。蕺山十分正視「天命於穆
> 不已」之實體。彼由此言性體，言獨體。貫其血脈，雖於理
> 氣問題上不免有滯辭與多無謂之爭論，然決不至如梨洲之講
> 法。[619]

基本上，劉述先還認為於《孟子師說》中〈浩然〉章「是極重要
的一章」，[620] 此中梨洲寫道：

618　牟宗三，《心體與性體》第二冊，頁 121。
619　同上註，頁 135。
620　劉述先，〈論黃宗羲對於孟子的理解〉，頁 3。

天地間只有一氣充周，生人生物。人稟是氣以生，心即氣之
靈處，所謂知氣在上也。心體流行，其流行而有條理者，
即性也。猶四時之氣，和則為春，和盛而溫則為夏，溫衰
而涼則為秋，涼盛而寒則為冬，寒衰則復為春。萬古如是，
若有界限於間，流行而不失其序，是即理也。理不可見，見
之於氣；性不可見，見之於心；心即氣也。心失其養，則狂
瀾橫溢，流行而失其序矣。養氣即是養心，然言養心猶覺難
把捉，言養氣則動作威儀，旦畫呼吸，實可持循也。佛氏
「明心見性」，以為無能生氣，故必推原於生氣之本，其所
謂「本來面目」，「父母未生前」，「語言道斷，心行路
絕」，皆是也。至於參話頭則壅竭其氣，使不流行。離氣以
求心性，吾不知所明者何心，所見者何性也。[621]

可是，對牟宗三而言，這一「心即氣」的論調正正證明了梨洲與
「心學」之本質分歧。因為從「心學」言「心即理」並不能推論
出「心即氣」。所以，當梨洲透過「心即氣」來詮釋「心即理」
時，其立場根本與象山、陽明者有別。相當明顯，牟宗三是將梨
洲所言之「氣」等同於朱子義。這是說，「氣」只屬「材質的」
(material)、「形而下的」。

面對牟宗三對梨洲之批判、於為梨洲辯護上，劉述先強調：

在主觀意願上，梨洲一貫以乃師的思想綱領作為指導原則，
決無背離之事。他繼承陽明、蕺山心學的線索，內在一元論
的傾向日增，超越之義則更為減煞……但無論超越義如何減

---

621 黃宗羲，《黃宗羲全集》第一冊，頁 61-62。

　　然，梨洲之說還是多少保留了這一層面，決不能將之比同於
　　王廷相一類自然主義的氣化論思想。[622]

但整體而言，劉述先對梨洲之「孟子解」作出了下列之評價：
「梨洲以一元的思想方式解《孟子》，固然有的地方比朱子的解
釋順適，但因超越義減煞，也未能完全相應地把握到孟子學的精
神。」[623] 這裡，可以見出他似無法有力地反駁牟宗三所宣稱下列
之論點：

　　依梨洲論理氣之態度，「氣自有條理」，「氣自為主
　　宰」……一條鞭地視心為氣，以心氣之中氣說性，則在此處
　　說「心與理一」，此語卻並非全稱命題。是則「理與氣一」
　　與「心與理一」，即在梨洲，亦不能為同義語也。而梨洲混
　　而同之，轉相借證，遂並「心即理」、「心與理一」之本義
　　亦喪失矣。[624]

可以說：基本原因在於劉述先雖認為「對於梨洲，理只是氣之
理，並非二物」，[625] 但他與牟宗三的論點一樣將梨洲所言之
「氣」視與朱子者同義。然而如上所見：梨洲明言「心即氣之
靈處」，如果此中之「氣」只屬「形而下」的「材質義」之
「氣」，則其所了的「心」根本不能與象山、陽明義之「心」相
提並論，因為後者是「超越的」，更遑論兩者之「心即理」可有

622　劉述先，〈論黃宗羲對於孟子的理解〉，頁 9。
623　同上註，頁 9。
624　牟宗三，《心體與性體》第二冊，頁 134。
625　劉述先，〈論黃宗羲對於孟子的理解〉，頁 4。

相同之處。這清楚地顯示出劉述先完全無視了梨洲之「四端元氣
說」中之「元氣」在本質上乃是「形而上的」。究極而言，其病
因同於牟宗三。

　　相對於劉述先純從一「哲學的角度」以論梨洲之「孟子
解」，黄俊傑雖然偏重於「思想史之進路」，但他也提出兩項
「哲學性」的論點來支持對《孟子師說》之「心學」式定位。

　　(1)「王陽明說：『今人存心，只定得氣。』與黄宗羲『養氣
　　　即是養心』的說法相近。」[626]

　　(2)「陽明又說：『理者，氣之條理；氣者，理之運用。無條
　　　理則不能運用，無運用則亦無以見其所謂條理矣。』」[627]

十分清楚，黄俊傑認為梨洲之「氣」反而等同於陽明所言之
「氣」義。言下之意，於此義上，梨洲之「心即氣」不外就是
「心學」之「心即理」。

　　無疑，陽明同時提出了「性亦氣」之論點：

　　凡人信口說，任意行，皆說此是依我心性出來，此是所謂生
　　之謂性。然卻要有過差。若曉得頭腦，依吾良知上說出來，
　　行將去，便自是停當。然良知亦只是這口說，這身行，豈能
　　外得氣，另有個去行去說？故曰「論性不論氣不備，論氣不
　　論性不明」；氣亦性也，性亦氣也，但須認得頭腦是當。[628]

更重要的是，陽明還說：「夫良知一也，以其妙用而言謂之神，

626　黄俊傑，《孟學思想史論》卷二，頁 298。
627　同上註，頁 298。王陽明：《王陽明全集》上冊，頁 62。
628　王陽明，《王陽明全集》上冊，頁 100-101。

以其流行而言謂之氣」。[629] 但是，這是否意謂陽明會贊同梨洲之「心即氣之靈」主張？特別是陽明明言：「無善無惡者理之靜，有善有惡者，氣之動。不動於氣，即無善無惡。是為至善。」[630] 又說：「學者信得良知過，不為氣所亂，便常做個羲皇已上人。」[631] 他更指出「孟子亦曰：『形色天性也。』這也是指氣說。」[632] 這均顯示陽明義之「氣」基本上還是屬於「形而下的」。不過與朱子之「理氣二分論」不同，他是主張「理氣不離」。這是說，陽明是緊扣「不離」言「氣亦性」與「性亦氣」的。而正正為了強調兩者之「不離」，陽明方說：「性善之端，須在氣上始見得，若無氣，亦無可見矣。」[633] 所以，無怪乎梨洲對陽明作出下列之反應：「先生之見，以到八九分，但云『性即是氣，氣即是性』，則合更有商量在。」[634] 事實上，朱子也同樣說：「蓋性即氣，氣即性也」，[635] 但這裡無改於其「氣為形而下」的概念。

職是之故，雖然黃敏浩「視宗羲為氣一元論者」，[636] 他立即補充道：「超越的本心即是理，不離氣。」[637] 他的結論是：黃宗

629　同上註，頁 62。

630　同上註，頁 29。

631　同上註，頁 116。

632　同上註，頁 100。

633　同上註，頁 61。

634　黃宗羲，《黃宗羲全集》第七冊，頁 213。

635　朱熹，《朱子語類》第四冊，頁 1388。

636　黃敏浩，〈從《孟子師說》看黃宗羲的心學〉，頁 41。

637　同上註，頁 41。

義「氣一元論實蘊含理氣不離不雜之義，因此不是純粹實然的氣一元論。……這也許正是從陽明、蕺山一路下來的心學傳統，為宗羲所繼承不失」。[638] 這意謂：

> 宗羲好像是氣一元論者，但此氣一元論的形態較為特別，其中心之與氣有不同，且不但是同質的不同，更有異質的不同之勢……這其實是表示一心與氣的辯證的不離不雜關係的思想。只是宗羲好言心氣不離的一方面，絕不願言其不雜的一面，遂有如「心即氣」一類的說法。至謂「心即氣之靈處」，「靈處」其實已暗示一不雜的關係。……說辯證，則心氣不雜；通而為一，則心、氣亦不能離。宗羲就在此意義下說「氣亦無非理義」；當然，此處的理義就是心。[639]

一言以蔽之，於黃敏浩看來：梨洲之「心即氣」中之「即」與「氣亦無非理義」中之「無非」都不能解作「同一」義，而只能詮釋為「不離」義。另一方面，當陽明言「心即理」時，此中之「即」應解作「同一」義。可是，黃敏浩卻沒有因此將梨洲排斥於陽明「心學」之外。十分明顯，此一解釋方式所付出的代價是要肯定：首先，梨洲之言「心即氣」與「心即理」並不同義；其次，於梨洲，「心」在邏輯上比「氣」來得更根本。

　　不過，儘管此一解釋方式或可以幫助梨洲避免牟宗三所提出的批評，但卻已偏離其原來之立場。理由是梨洲非常明確地指出：

638　同上註，頁 41-42。
639　同上註，頁 28-29。

(1)「理氣之名，由人而造，自其浮沉升降者而言，則謂之氣，自其浮沉升降不失其則而言，則謂之理。蓋一物而兩名，非兩物而一體也。」[640]

(2)「夫在天為氣者，在人為心；在天為理者，在人為性。理氣如是，則心性亦如是，決無異也。」[641]

實際上，黃敏浩不但有把梨洲之「理」、「氣」視為「兩物而一體」之傾向，而且還犯了將其於「理為氣之理，無氣則無理」一命題中所顯示之「氣之存有論優先性」加以抹殺的過失。[642] 然而，梨洲正是為了強調此一「氣之存有論優先性」，方倡言：「天地之間，只有氣，更無理。」[643]

蔡家和於肯定梨洲持「氣之存有論優先性」的同時，反對牟宗三將之定性為「唯氣論」、「自然主義」之做法。[644] 為了反駁牟宗三所宣稱之「梨洲卻將『天命於穆不已』之流行之體誤解為『氣化之變』的流行之體，不免滑落下去」一論點，他指出梨洲其實透過「流行」與「主宰」之區分防止了兩者之混淆。這是說，對比於「自然主義」式「『氣化之變』的流行之體」，梨洲所言之「天命流行之體」是具「主宰」義。於蔡家和眼中，「這裡不是全盤的肯認現實，而沒有超越義。氣雖同於自然，但道氣

---

640 黃宗羲，《黃宗羲全集》第八冊，頁 355-356。

641 同上註，頁 408。

642 黃宗羲，《黃宗羲全集》第七冊，頁 121。

643 黃宗羲，《黃宗羲全集》第八冊，頁 487。

644 蔡家和，〈牟宗三〈黃宗羲對於天命流行之體之誤解〉一文之探討〉，《湖南科技學院學報》27 卷 1 期（2006）：1-7。

是本然之氣時始可如此言之，這時理氣同為先天義。」[645] 這樣一來，作為「天命流行之體」之「氣」就是至善本身。無可置疑，蔡家和的釐清為梨洲作出了有力的辯護。不過，他同時又宣稱：

> 宗羲認為這一氣之流行之氣是就本然之［氣］而言，本然之氣雖落於後天，但後天而奉天時，故本然之氣為善，這裡不受後天的習氣所染，故黃宗羲雖言一物而兩名，但這不是一味的承認現實，所謂的現實之物有其物理的意思，而是理氣都為理想性所在。故理與氣之關係為同一，一個就材質面而言，一個就形式面而言，但兩者都是先天之善，氣雖落於形而下，但未為習氣所染，故能完全展現形上之理。在此這本然之氣要高看，此一氣之流行為至善，這如同蕺山所謂的中氣一樣，一氣之流行都為理想性的理所主宰。[646]

這似乎否定了梨洲所言之「氣」應首先理解為「形而上之氣」的可能性。而由於蔡家和將梨洲義之「氣」只視為「形而下」，所以他強調：「便是要在氣化之中談一個主宰，這主宰不能只是氣。」[647] 職是之故，他反對將梨洲視為「唯氣論者」。十分明顯，對蔡家和而言，「唯氣論」義同「唯物論」。不過，問題卻是：如前所見，梨洲不是明言「天地之間，只有氣，更無理」？如果梨洲所言之「氣」只能視為「形而下」，那麼為何他不能是「唯物論」義之「唯氣論者」呢？

事實上，蕺山亦嘗宣稱「形而下者謂之氣」，[648] 如果梨洲忠實於其師之說，那麼為何我們也反對將兩人定性為「唯物論者」？特別地、為什麼我們不接受如沈善洪、吳光、袁爾鉅和李明友等學者所提出代表於大陸學界之主流定論：

> 宗羲在這裡說明……「氣」是指「浮沉升降者」即運動著的物質本原。「理」是指「浮沉升降不失其則者」，即物質運動的規律。所以是「一物而兩名」，即同一物質運動過程中的兩種屬性，並不是兩個不同的東西結合成一體的，「非兩物而一體也」。[649]

我們的答案是：首先，即使在言「形而下之氣」的同時，蕺山亦強調「形而上者謂之性。」[650] 這清楚表示他不會將「形而下之氣」視為宇宙之「最終實體」。其次，追隨其師言：「盈天地間，皆心也」，[651] 梨洲也說「盈天地皆心也。」[652] 若按「唯物論解者」之邏輯，這豈非顯示兩人同時又是一「唯心論者」？而更重要的是，當蕺山說：「天地之間，一氣而已，非有理而後有氣，乃氣立而理因之寓也」時，[653] 他的確以「氣」視為宇宙之「本體」，可是這裡是指「形而上」的「一元之氣」。正如他立即補充道：「元氣種於先天，而流貫於臟腑四肢，終不得指臟腑

648　劉宗周，《劉宗周全集》第二冊，頁 269。

649　沈善洪，〈黃宗羲全集序〉，頁 19。

650　劉宗周，《劉宗周全集》第二冊，頁 269。

651　同上註，頁 122。

652　黃宗羲，《黃宗羲全集》第七冊，頁 3。

653　劉宗周，《劉宗周全集》第二冊，頁 230。

四肢即元氣。」[654] 亦惟有引入「形而上」之「元氣」一概念，他方能對抗朱子「理生氣」之說，因朱子只承認「形而下之氣」。而正是於此一分際上，唐君毅強調必須高看蕺山的「氣」[655] 這清楚地顯示蕺山已非僅依「理（與形而下之）氣不離」之觀點來反對朱子，而乃是直就「元氣」作為「理之寓」之立場否定其「理生氣」之說。當梨洲宣稱：「只有氣，更無理」，他完全忠實於蕺山之「元氣說」。因此，其所言之「氣」不能是「形而下的」。況且，他認為只有緊扣此一「形而上」之「元氣」方能見出「天心生生之幾，無時或息。」[656] 無論說「盈天地間，皆氣也」或「盈天地間，皆心也」，其義均不變。因為「形而上」之「元氣」不但是「至善的」，而且是「生生於穆不已」；職是之故，梨洲方能宣稱：「孟子言萬物皆備於我，言我與天地萬物一氣流通，無有礙隔。故人心之理，即天地萬物之理，非二也。」[657] 相比之下，「唯物論」義之「氣」既缺「道德涵義」亦欠「生生之意」。一言以蔽之，「唯物論」義之「氣」只屬「形而下的」。

上述之分析表明：當蕺山與梨洲之「氣」理解為「形而上」之「元氣」時，其思想可說是「唯氣論」，但其意義並不等同於「唯物論」。無可否認，蕺山與梨洲亦承認有「形而下之氣」，不過，這主要就「材質義之氣」或「氣質之氣」而言；更不能因

654　同上註，頁 330。
655　唐君毅，《中國哲學原論・原教篇》，頁 477。
656　黃宗羲，《黃宗羲全集》第一冊，頁 139。
657　黃宗羲，《黃宗羲全集》第七冊，頁 593。

此而抹殺其所言之「元氣」乃是指「形而上」的「本然之氣」。
十分清楚，兩人肯定有不同種類之「氣」的存在。

II

當我們將梨洲之思想從陸王「心學」與「唯物論」解放出來
後，便可以進一步正面地勾畫其「孟子圖像」之特質，從而見出
其與蕺山一致之處。

首先，梨洲緊扣「純情」以論「四端」。於解釋《孟子・公
都子問性章》時他指出：

> 先儒之言性情者，大略性是體，情是用；性是靜，情是動；
> 性是未發，情是已發。程子曰：「人生而靜以上，不容說。
> 纔說性時，他已是性也。」則性是一件懸空之物。其實孟子
> 之言，明白顯易，因惻隱、羞惡、恭敬、是非之發，而名之
> 為仁義禮智，離情無以見性，仁義禮智是後起之名，故曰仁
> 義禮智根於心。若惻隱、羞惡、恭敬、是非之先，另有源
> 頭為仁義禮智，則當云心根於仁義禮智矣。是故「性情」二
> 字，分析不得，此理氣合一之說也。體則情性皆體，用則情
> 性皆用，以至動靜已未發皆然。才者性之分量。惻隱、羞
> 惡、恭敬、是非之發，雖是本來所具，然不過石火電光，我
> 不能有諸己。故必存養之功，到得「溥博淵泉，而時出之」
> 之地位，性之分量始盡，希賢希聖以至希天，未至於天，皆
> 是不能盡其才。猶如五穀之種，直到烝民乃粒，始見其性之

美，若苗而不秀，秀而不實，則性體尚未全也。[658]

無疑，這裡梨洲明顯地反對朱子之「性情二分」格局。依朱子，「惻隱、羞惡、恭敬、是非，情也；仁、義、禮、智，性也，……因其情之發，而性之本然可得而見，猶有物在中而緒見於外也。」[659] 又說：「四端，情也，性則理也。發者，情也，其本則性也，如見影知形之意。」[660] 這意謂「性是體，情是用」。[661] 朱子還宣稱：「四端便是情，是心之發見處。四者之萌皆出於心，而其所以然者，則是此性之理所在也。」[662] 他斷然認為「情有善惡，性則全善。」[663] 正由於「四端」之「情」只屬於「所發」，必須肯定「理」為其「所以然」。因為只有認清「此[四端之]情而出於性而善也」，[664] 方可說明「孟子言情、才皆善」一論旨。[665] 換言之，「四端」之「情」與一般之「七情」的分別只在於：「四端是理之發，七情是氣之發。」[666]

不過，雖然朱子以其所言之「四端」作為「性之情」而將之與「七情」簡別開來，但這無改於其屬「已發」之向度。這是

---

658 黃宗羲，《黃宗羲全集》第一冊，頁 136-137。

659 朱熹，〈孟子集注〉，《四書集注》（臺北：世界書局，1977），頁47。

660 朱熹，《朱子語類》第一冊，頁 89。

661 同上註，頁 91。

662 同上註，頁 90。

663 同上註，頁 90。

664 同上註，頁 92。

665 朱熹，《朱子語類》第四冊，頁 1381。

666 同上註，頁 1381。

說，「四端之情」還只是「感性的」(sensible)。基本上，正是由於反對朱子這種「性情論」，蕺山方引進其「四德說」。當蕺山宣稱：「《中庸》言喜怒哀樂專指四德言，非以七情言也」，[667] 其意不但在於表明「喜，仁之德也；怒，義之德也；樂，禮之德也；哀，智之德也」，[668] 即惻隱之心就是喜、羞惡之心就是怒、辭讓之心就是樂、是非之心就是哀，而且還強調作為「四端之情」乃是「非感性的」(non-sensible)。理由是：「喜怒哀樂，性之發也；因感而動，天之為也。忿懥恐懼好樂憂患，心之發也；逐物而遷，人之為也。」[669] 正如唐君毅所洞見：蕺山所言之「四德」均為「純情」。[670] 十分明顯，儘管於外表上，蕺山與朱子均言喜怒哀樂乃是「性」之發，且「四端」亦被稱「性之情」，但是，兩者所理解的「情」卻有天淵之別。因此，蕺山還指出：

> 惻隱，心動貌，即性之生機，故屬喜，非哀傷也。辭讓，心秩貌，即性之長機，故屬樂，非嚴肅也。羞惡，心克貌，即性之收機，故屬怒，非奮發也。是非，心湛貌，即性之藏機，故屬哀，非分辨也。[671]

這表明作為「四端」之本質的「情」乃是「天情」。而只有通過這種「存有論之情」(ontological feeling) 方能了解孟子之「性善」義。因而蕺山宣稱：

---

667 劉宗周，《劉宗周全集》第二冊，頁 414。

668 同上註。

669 同上註，頁 381。

670 唐君毅，《中國哲學原論・原教篇》，頁 477。

671 劉宗周，《劉宗周全集》第二冊，頁 421。

孟子曰：「乃若其情，則可以為善矣。」……孟子言這箇惻
隱心就是仁，何善如之？仁義禮智，皆生而有之，所謂性
也，乃所以為善也。指情言性，非因情見性也。即心言性，
非離心言善也。……所云情，可云性之情，決不得性與情
對。[672]

於蕺山眼中，王學之失正源自不明孟子所言之「情」乃是「純
情」，而誤以「感性之情」作為「存有論之情」，遂招致以下局
面之出現：「今天下爭言良知矣，及其弊也，猖狂者參之以情
識，而一是皆良；超潔者蕩之以玄虛，而夷良於賊。」[673] 這在
在顯示出陽明「於性猶未辨也。」[674] 相對之下，只有緊扣「即
性言情」方可明瞭「四端」之本質。而且，實際上必須通過「純
情」，「心」方能「著性」。

　　一言以蔽之，對於蕺山而言：「即情即性」。[675] 所以，當梨
洲宣稱：「體則情性皆體，用則情性皆用」，他完全忠實於其師
之立場。而其「情性同體同用」一論旨不但肯定「四端之情」是
「非感性」之「純情」，且意涵將此種「情」只視為「已發」是
不當的。是以梨洲重申：「滿腔子是惻隱之心，此意周流而無間
斷，即未發之喜怒哀樂是也。遇有感觸，忽然迸出來，無內外之
可言也。先儒言惻隱之有根源，未嘗不是，但不可言發者是情，

672　同上註，頁 465。
673　同上註，頁 278。
674　同上註，頁 285。
675　同上註，頁 346。

存者是性耳。」[676] 這清楚顯示作為「純情」之「四端」乃是「未發」時已有的。事實上，不但朱子、即使陽明亦忽視這一點，因而蕺山批評道：「夫文成之學，以致良知為宗，而不言致中，專以念頭起滅處求知善知惡之實地，無乃亄視良知乎？」[677] 所以，當梨洲正面斷言：「惻隱、羞惡、恭敬、是非之心，不待發而始有也。未發之時，此四者未嘗不流行於中，即使發之時，四者有何聲臭之可言乎！」[678] 他完全沒有溢出蕺山之立場。準此，他提出了以下對陽明之批判：

> 先生既以良知二字冒天下之道，安得又另有正修工夫？只因將意字看作已發，故工夫不盡，又要正心，又要修身。意是已發，心是未發，身又是已發。先生每譏宋儒支離而躬蹈之千載而下。每欲起先生於九原質之而無從也。[679]

其次，梨洲緊扣「形而上」的「元氣」以論「四端」。

於指出「四端」為純情之後，梨洲進一步宣稱：「心即氣也。」他認為孟子之「性善論」旨在闡明：「人有惻隱之心，亦只是氣，因其善也，而謂之性。」[680] 理由是：

> 人受天之氣以生，只有一心而已，而一動一靜，喜怒哀樂，循環無已。當惻隱處自惻隱，當羞惡處自羞惡，當恭敬處自恭敬，當是非處自是非。千頭萬緒，轇轕紛紜，歷然不能昧

676 黃宗羲，《黃宗羲全集》第一冊，頁 69。
677 劉宗周，《劉宗周全集》第二冊，頁 423。
678 黃宗羲，《黃宗羲全集》第一冊，頁 137。
679 黃宗羲，《黃宗羲全集》第七冊，頁 228。
680 黃宗羲，《黃宗羲全集》第八冊，頁 487。

者，是即所謂性也。初非別有一物，立於心之先，附於心之中也。[681]

這意謂「四端」也是「形而上」的「元氣」。實際上，於此點上梨洲乃是本諸其師將「四端」與「四氣」相配之主張。因蕺山明言：

> 乃四時之氣所以循環而不窮者，獨賴有中氣存乎其間，而發之即謂之太和元氣，是以謂之中，謂之和，於所性為信，於心為真實無妄之心，於天道為乾元亨利貞，而於時為四季。故自喜怒哀樂之存諸中而言，謂之中，不必其未發之前別有氣象也。即天道之元亨利貞，運於於穆者是也。自喜怒哀樂之發於外而言，謂之和，不必其已發之時又有氣象也。即天道之元亨利貞，呈於化育者是也。惟存發總是一機，故中和渾是一性。如內有陽舒之心，為喜為樂，外即有陽舒之色，動作態度，無不陽舒者。內有陰慘之心，為怒為哀，外即有陰慘之色，動作態度，無不陰慘者。推之一動一靜，一語一默，莫不皆然。此獨體之妙，所以即隱即見，即微即顯，而慎獨之學，即中和，即位育，此千聖學脈也。[682]

同時，蕺山早已通過「形而上」的「元氣」來間釋「性體」：「盈天地間，一氣也。氣即理也」。[683] 對於蕺山來說：「有是氣

681　同上註，頁 408-409。
682　劉宗周，《劉宗周全集》第二冊，頁 414-416。
683　同上註，頁 408。

方有是理，無是氣則無是理。」[684] 而且「理即是氣之理，斷然不在氣先，不在氣外」。[685] 無可置疑，蕺山言「理為氣之理」之立場固然首先針對朱子之「理生氣說」；不過，他也認為由於陽明未能見出「四端即四氣」，故此方「必借良知以覺照，欲就其一往不返之勢，皆一一逆收之，以還之天理之正」；[686] 可是，如此一來，「則心之與性，先自相讎，而杞柳桮棬之說，有時而伸也必矣。」[687] 此暗示陽明言「無善無惡心之體」根本不符孟子之「性善論」。

而當《孟子師說》〈浩然章〉云：

> 孟子以為義理即心，而是以心之主宰而言曰「志」，有主宰則不患不流行。「志至焉，氣次焉」，次，舍也……。志之所，氣即次於其所，氣亦無非理義矣。[688]

其根據就是在於蕺山「氣立而理因之寓也」一論旨。這是說因為「元氣」是「理」之「寓」，所以「元氣」也是「志」之「舍」。惟有如此，梨洲方可以作出下列之結論：「志即氣之精明者是也，原是合一，豈可分如何是志，如何是氣！」[689] 其所謂「離氣無所為理，離心無所為性」，[690] 更同時表達了蕺山透

---

684 同上註，頁 410。

685 同上註。

686 同上註，頁 414。

687 同上註。

688 黃宗羲，《黃宗羲全集》第一冊，頁 61。

689 同上註，頁 62。

690 黃宗羲，《黃宗羲全集》第八冊，頁 891。

過「以心著性」之格局來詮解孟子基本立場。正如蕺山本人所指出：

> 盈天地間，一氣而已矣。氣聚而有形，形載而有質，質具而
> 有體，體列而有官，官呈而性著焉，於是有仁義禮智之名。
> 仁非他也，即惻隱之心是；義非他也，即羞惡之心是；禮非
> 他也，即辭讓之心是；智非他也，即是非之心是也。是孟子
> 明以心言性也。[691]

而植根於其師之言「即本體即工夫」的立場，梨洲將「養氣」視為「擴充」「四端」之工夫。事實上，蕺山亦早已有「養氣說」之提出。於解釋孟子「我善養吾浩然之氣」一句時，他明言：「浩然之氣，即天地生生之氣，人得之為元氣而效靈於心，則清虛不滓，卷舒動靜，惟時之適，不見其所為浩然者。及夫道義之用彰，而充塞之體見，浩然與天地同流矣。」[692] 正是於此一基礎上，梨洲進一步宣稱：「浩然之氣非固有，如何養得？就其實，昏濁頹塌之氣，總是一氣，養之則點鐵成金，不是將好氣來，換卻此氣去也。」[693]

當然，於梨洲看來，只有通過這種「唯氣論」立場方能說明緣何孟子所言之「浩然之氣」可以「塞於天地之間」。總括而言，梨洲與其師同主「四端純情說」、「四端元氣說」。

691　劉宗周，《劉宗周全集》第二冊，頁 280-281。

692　劉宗周，《劉宗周全集》第二冊，頁 314。

693　黃宗羲，《黃宗羲全集》第一冊，頁 65。

III

如果說「唯氣論」是其孟學解釋的一本質特色，那麼於此點上梨洲與船山持有相通之處。作為張載之忠實信徒，王船山同樣主張「唯氣論」。且不同於梨洲之對《孟子》只作選擇性的詮釋，船山提出了更為全面和詳細的孟子解。[694]

於《讀四書大全》中，船山開宗明義地指出：「若云惻隱之心從中發出便忍不住……此求之人之天良」。[695] 而「孟子於此，看得吾身之有心有氣，無非天理。」[696] 不過，船山同時強調：「乃孟子此言四端，則又在發處觀心、繇情以知性……抑此但可云從情上說心，卻不可竟將四者為情。情自是喜怒哀樂，人心也。此四端者，道心也。道心終不離人心而別出，故可於情說心；而其體已異，則不可竟謂之情。」[697] 無可置疑，這清楚顯示出：與蕺山師徒殊異，船山缺乏「純情」之概念，但這無改其「唯氣論」之基本立場。當船山直承橫渠宣稱：

> 理即是氣之理，氣常得如此便是理。理善則氣無不善，氣之
> 不善，理之未善也。人之性只是理之善，是以氣之善；天之

---

694 船山於孟學方面之著作有：《讀四書大全》（王夫之，《船山全書》第六冊，頁 391-1147）；《四書稗疏》（王夫之，《船山全書》第六冊，頁 17-82）；《四書考異》（王夫之，《船山全書》第六冊，頁 83-104）；《四書箋解》（王夫之，《船山全書》第六冊，頁 105-375）；《四書訓義》（王夫之，《船山全書》第七冊、第八冊）。

695 王夫之，《船山全書》第六冊，頁 941。

696 同上註，頁 936。

697 同上註，頁 946。

道惟其氣之善，是以理之善……在天之氣無不善……理只是
以象二儀之妙，氣方是二儀之實。健者，氣之健也；順者，
氣之順也。天人之蘊，一氣而已。從乎氣之善而謂之理，氣
外更無虛託孤立之理也。[698]

其立場與梨洲之言「理為氣之理，無氣則無理」可謂毫無二致。
當然，船山此中所針對者仍是朱子，但與梨洲一樣，他並非只主
張「理氣不離」，而是肯定以「氣」為整個宇宙之根源。更重要
的是：他所言之「氣」首先是指「形而上的元氣」。其實，從其
「氣一向是純善無惡」一語已可透露出船山與「唯物論」之本質
區別。而特別地在他眼中，「孟子之所以為功於人極，而為聖學
之正宗」正是由於能點出「知氣之善，而義之非外亦可知」。[699]
換言之，「孟子性善之旨」在於闡明「氣亦善也。其所以善者，
氣亦天也」。[700] 相對於蕺山師徒，船山進步之處表現於能夠引入
「陽氣」與「陰氣」之劃分：「陰氣之結，為形為魄，恆凝而有
質；陽氣之行於形質之外者，為氣為神，恆舒而畢通。」[701] 此
中不但可以清楚看到「陽氣」之「非材質的」形而上性格，而且
見出，即使蕺山所謂之「形而下的氣」也還只應以「陰氣」所替
代。十分明顯，當他宣稱「蓋言心言性，言天言理，俱必在氣
上說，若無氣處則俱無也」，[702] 船山所指者乃是「形而上之元

698　同上註，頁 1052。

699　同上註，頁 1059。

700　同上註，頁 961。

701　王夫之，《船山全書》第一冊，頁 43。

702　王夫之，《船山全書》第六冊，頁 1109。

氣」。此一意義之「氣」與朱子所言者迥然不同。所以，儘管船山與蕺山師徒存在上述之種種相異，這無改他們同重「元氣」的基本立場。而船山之「元氣」的鮮明「形而上」性格，為梨洲之「非自然主義」、「非唯物論」式「唯氣論」提供了有力的奧援。

IV

當然，這裡可產生一疑問：若從一純哲學之角度來看，究竟在「人性論」的向度「唯氣論」與陽明「心學」之本質分別何在？

基本上，蕺山、梨洲與船山之「唯氣論」進路能夠「高看」孟子義之「良能」。於〈盡心〉章中孟子開宗明義地宣稱「人之所不學而能者，其良能也；所不慮而知者，其良知也。」這顯示孟子不但將「良能」與「良知」相提並論，而且給予「良能」一「相對的優先性」。可是，後來陽明卻只偏重「良知」：「知是心之本體」。[703] 因此之故，最後陽明得出了「無善無惡是心之體」的結論。不過，這樣一來，正如梨洲所指出，陽明必須面對以下之難題：「若心體果是無善無惡，則有善有惡之意又從何處來？知善知惡之知又從何處來？為善去惡之功又從何處起？」[704] 依蕺山，這完全是陽明低貶「良能」而高舉「良知」的不良效果。為了修正陽明此一偏失，蕺山早於《孟子大旨》中重申「天

---

703 王陽明，《王陽明全集》上冊，頁6。
704 黃宗羲，《黃宗羲全集》第七冊，頁224。

能」一概念之重要性。[705] 而從同書中下列之文字可以見出他顯然並不認為象山、陽明之「心學」得到孟子的真傳：

> 昔象山之學，自謂得之孟子。人有誚之者，曰：「除了先立乎其大者一句，更是無伎倆。」象山聞之曰：「然。」近世王文成深契象山，而曰：「良知二字，是千聖相傳嫡骨血。」後人亦稱文成為孟子之學。夫二子皆學孟子，而所得於孟子者僅如此。今不知大與良在何處，學者思之。[706]

這完全因為陸王均無視了「意」之本質重要性所致，蕺山遂強調曰：「意者心之存，非所發也。」[707] 在他看來，「意為心之所存，正從《中庸》以未發為天下之大本，不聞以發為本也。」[708] 與陽明之以「意」為「有善有惡」不同，蕺山堅持「好善惡惡」方是「意」之本質；所以他宣稱：「心之本在意。」[709] 這是說：「意者，心之所以為心也」。[710] 十分清楚，於蕺山眼中，「意」乃是一「良能」、「天能」。而且，由於「意者，至善之所止也」，[711] 陽明「無善無惡是心之體」一論點必須被推翻。追隨其師，梨洲乃言：「『無善無惡』之說非」。[712] 考其病因，這完

---

705 劉宗周，《劉宗周全集》第二冊，頁 172。
706 同上註，頁 173。
707 同上註，頁 390。
708 同上註，頁 372。
709 同上註，頁 390。
710 同上註，頁 341。
711 同上註，頁 390。
712 黃宗羲，《黃宗羲全集》第一冊，頁 94。

全歸咎於陽明將「意」與「念」混為一談所致。在本質上，如蕺山所指出：「意之好惡與起念之好惡不同。意之好惡，一機而互見；起念之好惡，兩在而異情。以念為意，何啻千里？」[713] 而在此一基礎上，梨洲遂對陽明作出以下之詰問：「以心之所發言意，意之所在言物，則心有未發之時，卻如何格物耶？即請以前好惡之說參之。」[714] 且尖銳地批評地說：「〔陽明〕先生每以念字與意字合說，恐念與意終有別。」[715] 又道：「若意字看得分曉，不必說正心，更有工夫矣。」[716] 這一切顯示他們認為：陽明根本無視了《大學》所言「誠意」中之「意」乃是孟子義的「良能」。亦因此之故，陽明從未能正視「純意」一概念。

此外，正由於陽明拙離了「良能」以論「良知」，所以其「致良知之說」也不忠實於《大學》所言之「致知」義。依蕺山：

> 所謂致知者也，即所謂誠意者也；是以謂之知本，是以謂之知至。故曰：「知至而後意誠。」知止之知，合下求之至善之地，正所謂德性之良知也。故言知止則不必更言良知。陽明子之言良知，從「明德」二字換出，亦從「知止」二字落根，蓋悟後喝語也……若曰：「以良知之知知止，以良知之知知本。」則又架屋疊床之甚矣……據僕所窺，《大學》之道，誠意而已矣……卒乃授之知善知惡，而又為善而去惡，

713　劉宗周，《劉宗周全集》第二冊，頁 412。
714　黃宗羲，《黃宗羲全集》第七冊，頁 223。
715　同上註，頁 223。
716　同上註，頁 232。

　　將置「《大學》之道，誠意而已矣」一語於何地乎？[717]

此中可以見出：於蕺山眼中，陽明之失有二。首先，陽明以為只有透過「良知之知」方能「知本」。用現代哲學術語說，就是以為只有透過「反思」(reflection) 方能「知本」。但是，陽明不知道真正之「知本」首先乃是一種「純情自感」，而且只有以此為基礎，方可能有「知善知惡」之良知。[718] 其次，陽明只言「知善知惡」（知）和「為善而去惡」（行），然而卻忘記了更為根本的「好善惡惡」之「意」。

　　正如唐君毅所洞見：

> 蕺山對陽明思想之批判志在標示作為「純善的意」的良知「優先於」作為「知善知惡」的良知。於陽明思想中，良知首先知善知惡，其次由於好善惡惡，然後方為善去惡。這好像是常識中之心理次序。可是，在蕺山看來：這一次序必需倒轉過來，從而顯示出作為心之根本可能性的善意及與之關連的另一作為心之根本可能性的情之優先性。知之功能在本質上是由根本的意及作為其伴隨的情所決定的，因而在存有論之次序上落在意和情之後。[719]

717　劉宗周，《劉宗周全集》第三冊，頁 386-388。

718　關於此點之進一步討論，請參本書第三章〈論唐君毅與牟宗三之「蕺山解」〉。

719　Tang Chun-i, "Liu Tsung-chou's Doctrine of Moral Mind and Practice and His Critique of Wang Yang-ming," p. 313. 但可惜唐君毅仍有一侷限，就是未能見出蕺山之「意」乃是「良能」；這可能是致使他未及牟宗三之能進一步提出「三系說」的一個主因！

一言以蔽之，蕺山認為陽明之失在於誤將「知」——而非「意」——視為道德的最終基礎。而更徹底地說：此乃由於陽明未能正視「良能」之優先性，且實際上以其一己所了解的「良知」概念取代了孟子義之「良能」所致。當梨洲強調：「此心當惻隱時自能惻隱，當羞惡時自能羞惡」，[720] 其旨便是要糾正陽明此一本質性的過失。

值得補充的是：牟宗三認為孟子義之「良能」只是就「才」而言。他說：「才字即表示人之足夠為善之能力。」[721] 可是，牟宗三未能注意到這卻還不是蕺山義之「意」。因為如陽明一樣，這種作為「為善之能力」的「才」乃是以「知善知惡」的「良知」為先行的。不過，當牟宗三同時強調：「這種良能之才決不是『生之謂性』下才性之才。才性之才是屬於氣的，不是人之普遍定有的，但良能之才卻是人之普遍定有的」，[722] 卻有助於澄清孟子義之「良能」不能解作「生物學義的本能」(biological instinct)。這也可防止孟子的「性善論」淪為一種「道德心理學」(moral psychology) 中之立場。牟宗三的侷限只是在於未能見出梨洲所言之「氣」並非全為「形而下」或只是「氣質」之義而已。

事實上，梨洲之重「氣」相當忠實於其師的立場；因蕺山早已明言：「意者，心之中氣；志者，心之根氣。」[723] 而於此一分際上，蕺山所指的乃是「形而上」的「元氣」。正是緊扣此一

720　黃宗羲，《黃宗羲全集》第一冊，頁 141。
721　牟宗三，《圓善論》，頁 23。
722　同上註。
723　劉宗周，《劉宗周全集》第二冊，頁 342。

「形而上」的「元氣」以闡明「亙萬古而長存，先天地而無始，後天地而無終」的「一元生生之理」，[724] 蕺山因而指出：「天樞萬古不動，而一氣運旋，時通時復，皆從此出。」[725] 這表明了其「元氣」首先是一「本體—宇宙論的」(onto-cosmological) 概念。對於蕺山來說：若果離開了「元氣」，那麼「即存有即活動」之「性」便變成不可能。正如後來船山清楚地補充道：「為氣之理，動者氣也，非理也」。[726]

　　無疑，蕺山與梨洲言「元氣」仍有斑雜之處。只有到船山手上，「唯氣論」方得系統性的建構。[727] 而相對於蕺山師徒偏重《中庸》與《大學》以解《孟子》，船山則回到《易傳》以申論「形而上之氣」的「宇宙論涵義」：「氣不倚於化，元只氣，故天即以氣言，道即以天之化言，固不得謂離乎氣而有天也。」[728] 基本上，船山之「以顯陰陽固有之撰者，此則氣之良能」一語，[729] 有助於了解蕺山師徒之所以反對「貴性賤氣之說」，其中一個目標便是要證成「良能」於孟子「四端說」中之首出性。正如船山所指出：

　　原心之所自生，則固為二氣五行之精，自然有其良能（良能者，「神」也。）而性以託焉，知覺以著焉……此氣化之肇

724　同上註，頁 374。
725　同上註，頁 378。
726　王夫之，《船山全書》第六冊，頁 1108。
727　關於船山「唯氣論」之詳細討論，請參本書第二章。
728　王夫之，《船山全書》第六冊，頁 1109。
729　同上註，頁 1054。

乎神明者，固亦理矣，而實則在天之氣化自然必有之幾，則
但為天之神明以成其變化之妙，斯亦可云化理而已矣。[730]

所以，若不從「形而上的元氣」出發，則「性善」與「生生不
息」之必然關連性亦無法安立；這樣一來，孟子言「盡心知性知
天」便只可能淪為空洞之口號了。可以說，從《孟子》之文本來
看，「唯氣論」既忠實於〈公孫丑〉章所言之「浩然之氣」，又
可使〈盡心〉章之「上下與天地同流」一論點得到理解。

V

總而言之，當梨洲宣稱「心為氣之靈」或「心即氣」時，
他完全忠實於蕺山以「意」為「氣」之立場。一如其師，梨洲視
以「好善惡惡」為本質的「意」為孟子所言之「良能」。相對於
陽明「心學」之以「良知」為首出，梨洲追隨其師肯定「良能」
的優先性。依蕺山，以「知善知惡」為本質之「良知」在「存有
論之次序」上必須預設以「好善惡惡」為本質的「良能」。所
以，他不滿陽明將「良能」放在「行」之層次。[731] 這是說，依
梨洲，只有以「良能」為基礎，陽明所主張之「知行合一」才可
能。而當梨洲稟承其師之「形而上」的「元氣」概念以論「四
端」時，他的目標便是要指出其首先為「良能」或「天能」之本
質。而同於蕺山，此中所言之「氣」並非屬於「形而下」、「材

---

730 同上註，頁 1113。

731 當年宗三將「良能」等同為「才」時，他實際上亦只將「良能」放在
「行」之層次。

質」義者,所以不能將「良能」或「天能」理解為「生物學」義之「本能」。基本上,陽明「心學」之以「良知」為首出顯示出其主「『我知』(I know) 優先於『我能』(I can)」之立場。與此相反,梨洲與蕺山、船山同主「『我能』(I can) 優先於『我知』(I know)」。所以,於孟學詮釋上,梨洲顯然並不贊同陽明「心學」之以「四端」為「良知」之理解,因為這抹殺了「四端」首先是「良能」之本質。他因而宣稱:「誠無為,便是心髓入微處,良知即從此發竅者,故謂之立天下之本。看來良知猶是第二義也。」[732] 因此之故,如果將梨洲之孟子解歸屬於陽明「心學」一系,則其特質便會完全被一筆勾消了!而這正是劉述先之盲點所在。

最後,從上述之對比,可以見出孟子之「乃若其情則可以為善矣」一句在解釋上產生很大的分歧。首先,於「語法」(syntactic) 之層次上,此句可斷為「乃若其情,則可以為善矣」或「情則可以為善矣」。這裡顯示出了「句讀」於中國解釋學上之重要性。其次,於「語意」(semantic) 之層次上,「情」字有歧義。它既可解作「情感」也可解作「情實」。最後,於「語用」(pragmatic) 之層次上,整個句子於闡釋孟子之「性善論」上起著不同的功能。基本上,對於此句至少有下列四種可能解釋:

(1)朱子:「『乃若其情,則可以為善』。……所謂『四端』者,皆情也。」[733] 這意謂「四端」均是一種「感性的情」,但由於屬於由「性理」所發,故是「純善」,而與由「(材質義

---

732 黃宗羲,《黃宗羲全集》第七冊,頁 205。

733 朱熹,《朱子語類》第四冊,頁 1380。

之）氣」所發的「七情」之「可善」與「可不善」不同。不過，作為感性的「四端之情」仍只屬於「所發」之向度。

（2）陽明與牟宗三：「乃若其情，則可以為善矣」是「就一切理性存有之為理性存有之實情，而言其『可以為善』」。[734] 所以，「『人之情』即人之為人之實，情者，實也，非情感之情」。[735] 而從陽明之言：「仁義禮知，性之性也。聰明睿智，性之質也。喜怒哀樂，性之情也。私欲客氣，性之蔽也。質有清濁，故情有過不及，而蔽有淺深也。」[736] 可以見出「心學」定然反對將「四端」視為「感性之情」。

（3）蕺山與梨洲：「乃若其情，則可以為善矣」意謂「四端」均是一種「純情」，而非感性之「七情」，故是「純善」，與「性」同體。

（4）船山：「『乃若其情，則可以為善矣。』可以為善、則可以為不善矣。」[737] 這表明「孟子言情，只是說喜怒哀樂，不是說四端」。[738] 換言之，「四端」非情：「夫情，則喜、怒、哀、樂、愛、惡、欲是已。」[739] 這裡「情」只指「七情」。基本上，船山便將孟子之原文斷為「情可以為善」。[740]

由此可以見出：當蕺山視「四端」為「情」時，他並非指

---

734 牟宗三，《圓善論》，頁 22。

735 同上註。

736 王陽明，《王陽明全集》，頁 68。

737 王夫之，《船山全書》第六冊，頁 1053。

738 同上註，頁 1065。

739 同上註。

740 同上註，頁 1064。

「感性之情」或「七情」。十分清楚，其所謂「純情」在層次上比朱子所言的「純善之本情」來得更根本。基本上，與朱子義「四端之情」只為「現存的」(ontic)，且只屬「已發」向度殊異，蕺山義「四端之情」乃是已見諸「未發」向度的「純情」。更加重要的是：依蕺山，「四端之情」不但是「純情」，且屬人之「良能」。而由於陽明昧於此點，方倡言「良知即是天理」，[741] 但這正顯示其無法領悟「人情即天理」之侷限。[742] 相比之下，「唯氣論」之進路則能照顧到「情理交融」的目標。無可否認，這裡亦存在船山與蕺山師徒之間的分歧。就是說：與蕺山師徒不同，船山如同朱子、陽明般只言「感性之情」。這種不知「純情」的缺失正需蕺山師徒之「唯氣論」來補救。基本上，與康德相似，船山只將「情」理解為「道德實踐」的「動力因」(Bewegungsgrund)。因此他說：「不善雖情之罪，而為善則非情不為功。蓋道心惟微，須藉此以流行充暢也。」[743] 換言之，「蓋惻隱、羞惡、恭敬、是非之心，其體微而力亦微，故必乘之於喜怒哀樂以導其所發，然後能鼓舞其才以成大用。」[744] 另一方面，蕺山師徒之「純情」概念則首先應屬於康德所言之「道德實踐」的「決定因」（Bestimmungsgrund) 之向度。兩者所言之「情」在本質上雖然有所差異，卻可有互補的作用。[745]

741　王陽明，《王陽明全集》上冊，頁 72。

742　劉宗周，《劉宗周全集》第二冊，頁 380。

743　王夫之，《船山全書》第六冊，頁 1069。

744　同上註，頁 1067。

745　關於這方面之進一步探討，惟待他日另作處理。

　　總括而言，本章之結論是：我們認為梨洲之「孟學解釋」十分忠實於其師之立場，而其「唯氣論」既不同於「唯物論」或「自然主義」、亦迥異於陽明「心學」。可以說，從蕺山到梨洲與船山之孟子「唯氣論圖像」之一主要貢獻在於緊扣「良能」以論「四端」。於「孟學解釋」中，從陽明「心學」之「以良知為中心的範式」轉移到蕺山所肇始之「以良能為中心的範式」上，梨洲作出了不可磨滅之貢獻。而此一關鍵性的差異，亦可給予牟宗三之「三系說」作出有力的支持。因為與朱子、陽明不同，其「孟子解」清晰地展示「四端」既是「非心理學義」、「非感性」的「純情」，亦為「非材質義」、「形而上」的「元氣」。

第十一章
《周易》重建與智測現象學

夫物莫不有數也。

——秦九韶

《易經》可說是中國哲學中最古老的典籍，然而，有關其意義和分際等問題，迄今仍然模糊不清。長期以來，它被視作卜筮之書。即使最近大陸掀起的「周易熱」，亦肇始於人們相信其具有預測之能力。但是，將《易經》只看成是卜占之書便會抹殺了其真正的本質。基本上，作為一部神思式 (divinatory) 的典籍，《易經》首先成就了一套「宇宙論系統」。其實，它的哲學涵義早在先秦時代就已被廣泛地討論著，其中特別是陰陽家對之最為重視。《易傳》便是這期討論的一種成果。在往後對《易經》之研究發展中，一般哲學史認為有三大「解釋典範」之存在：(1) 漢易；(2) 晉易；(3) 宋易。與之相比，清代學者在此方面之研究成果幾乎全遭漠視。例如胡煦的《周易函書》罕見有人提及；其次，雖然焦循的《易學三書》廣為流傳一時，卻很少人認真深入去研究其義理。實際上，學界的成見都以為清代哲學乏善可陳。在這種偏見影響之下，更加少人敢去冒逆流重新考察胡煦和焦循關於《周易》之解釋。可以說，一直要等到青年牟宗三的出現，胡、焦二人的卓越成果方再為世人所知！1933 年，牟宗三以二十四之齡出版了一部名為《從周易方面研究中國之玄學及道德哲

學》的著作。[746] 在這部「青年作品」(Jugendschift) 中，牟宗三企圖透過懷德海的宇宙論來重建胡煦與焦循的《周易》解釋。這是一個十分富有成果的嘗試！問題是只採用懷德海的自然哲學作為解釋學架構，卻存在著未能充分地捕捉到宇宙生成過程與數之密切關連的侷限性。而實際上，正是對這一重要關連的強調，構成了牟宗三關於胡、焦二人《周易》思想之重建的基本特色。為了補救這一缺陷，本章將揭示：牟宗三這一部重建工作，在本質上是屬於「智測現象學」(mantic-phenomenology)。換言之，借助於奧斯卡‧貝克所發展出來的新現象學方向，我們可以找到一個嶄新的進路來證成牟宗三之貢獻！

I

從一歷史的角度來看，在《周易》眾多詮解中，首先能夠正視數之宇宙論涵義者乃是漢易。漢易家十分明顯地將數關連至宇宙秩序：「數者五行佐天地生物成物之次。」[747] 牟宗三解釋道：「簡言之，自然之生成是有秩序的有數學性的，故皆可以數表之；故數不能致生 (Generate) 萬物，而數由自然生成之次序而引申出也。」[748] 準此，數之表象功能是內在於宇宙生化過程而決定的。其中，1、2、3、4、5，特被稱作「生數」，而6、7、8、

---

746 在再版時，該書更名為：《周易的自然哲學與道德函義》（臺北：文津出版社，1988）。本章中所有引文均以此一版本為準。

747 《月令注》，轉引自牟宗三，《周易的自然哲學與道德函義》，頁47。

748 同上註，頁48。

9、10則稱作「成數」。無疑，漢易對於數的宇宙論涵義之開發仍屬相當粗糙；不過，在後來之晉易和宋易中，這種對數的重視卻幾乎完全消失。基本上，直至胡煦和焦循的工作面世，這種對數之遺忘方被克服！

　　針對晉易和宋易只滿足於玄思式或重道德的立場，胡煦回到《河圖》和《洛書》以求發展出一種數理性解釋。簡言之，胡煦認為《河圖》、《洛書》不外是以數的排比來表象宇宙之生成過程。他清楚地指出：「《河圖》之象，不獨生成合也，而奇偶悉合，《洛書》之象，不獨生成分也，而奇偶亦分。……無《洛書》之分，則無以顯《河圖》之合；無《河圖》之合，則無以顯《洛書》之分。」[749] 並進一步宣稱：

> 玩《河圖》者，須向何處留神，其以在內為生數者，謂其中包羅含六，不可限量，從此無窮作用，隨所成就者，皆由此生，故以成數附於其外。外則事體既成，可見之象也；然必附於生數而兩不相離。明事物所成，其始必各函有生機，保合太和正由此出也。夫成似非先天所有，而《河圖》有之，明能成之理，即具生理中。……乃生數各隨成數而附之者，謂無一事之成，不即此生機而具，即天向一中生人造化，萬物各具一太極之象。總以見能成之妙即能生之理所由該，能生之機即能成之用所由著。[750]

正如牟宗三所說，這裡胡煦明顯地強調宇宙過程中「生」與

749　胡煦，《周易函書》第一冊（北京：中華書局，2008），頁15。
750　同上註，頁102。

「成」之互相依附:「生成互相依附,成顯生,生該成。生成合聚,即為先天。合聚 (Togetherness) 即『一』(One) 之謂。生成散處,即為後天。散處 (disjunctive diversity) 即『多』之謂。多與一的觀念由此顯。多是生成的『分歧』;一是生成的『契合』。」[751]

在《自然之概念》中,懷德海嘗宣稱:「沒有離開空間的時間,也沒有離開時間的空間,更沒有離開自然事件之變遷的空間和時間。」[752] 這種「整體論」(holism) 的立場同樣存在於胡煦對《周易》之解釋中。依胡氏,時空是構成一個不可分離的整體;因而「須知時位皆無截然可分之界。」[753] 不過,當他進一步宣稱「須知二三四五兼有時位:故但紀之以數。蓋數固既可徵時亦可徵位者也」[754] 之時,胡煦便超出了懷德海的立場。實質上,正如牟宗三所指出,胡氏於此主張:「數之可徵時者言其自然之變遷也;數之可徵位者,言其變遷之自有步驟也。」[755]

此外,胡煦對《洛書》之解釋清楚地展示出:數目「十」在宇宙生成過程中占有中心的位置。從表面上看,於圖中並無「十」之出現,但胡氏認為這並非表示「十」之不存在;相反,「十」這種不可見性意謂著「十」之無處不在:「河圖五十居中,洛書獨缺十數,非缺也。明十為成數之總,今已散處四方,

---

751 牟宗三,《周易的自然哲學與道德函義》,頁 189。

752 Alfred N. Whitehead, *Concept of Nature* (Cambridge: Cambridge University Press, 1920), p. 142.

753 胡煦,《周易函書》第三冊,頁 889。

754 同上註,頁 888-889。

755 牟宗三,《周易的自然哲學與道德函義》,頁 197。

故對待取之，合成四『十』，以見其各有所成耳。」[756] 牟宗三指出：依胡氏之解釋，「河圖中之不散性從積極方面表其『有』，表其『作用』；洛書中之散從消極方面表現其『有』，表其『作用』。但從『成』上看，則洛書中之『十』又是積極的了。」[757] 一言以蔽之，《河圖》與《洛書》分別表象了自然過程的綜合和分化。這意謂《周易》之根本立場在於主張「數」可以表象「宇宙之生成」。

依胡煦的「體卦說」，如牟宗三所指出：「每一爻就是一個數，」[758] 而每一卦也就是一個數。關於這點，牟宗三進一步作出以下之說明：

> 因為爻根本即是動，每一動即成一個體，體卦是它的區場，故爻成即卦成也即是數成。如是所謂數，根本即是一個有主宰有區場的一個統一體 (Unity)。換言之。也即是一個有始有終的原子統一體。每一統一體，每一個原子體，從特殊的事實看是物事是實體，由之而抽成一個公共的符號看，則便是一個數。故數雖可以物事解析，但不要認為即是物事本身。[759]

另一方面。對於胡煦來說，數之「宇宙論作用」並非毫無限制。

756　胡煦，《周易函書》第一冊，頁 118。

757　牟宗三，《周易的自然哲學與道德函義》，頁 199。牟宗三並進而指出：「故每一個體皆以『十』標誌之。」（前揭書，頁 198）。

758　同上註，頁 228。

759　同上註，頁 228-229。

他亦清楚地宣稱：「初在理氣相接之始，非數之所能始也。」[760]
言下之意，數雖然具有宇宙論涵義，但並不能因此而將之視作形
上學之實體。當然，這卻不妨礙「生數」仍可表象「乾陽」之
動，以及「成數」表象「坤陰」之貞定。實際上，正是建基於宇
宙生成此種「數學」之「可表象性」，胡煦堅持自然是可以理解
的！

II

眾所周知，「旁通」、「時行」、「相錯」是焦循易學中
三個基本原則。這三者其實都是建基於焦循關於「比例」之思想
上。焦循明言：「夫九數之要，不外齊同比例。以此之盈，補彼
之朒，數之齊同如是，易之齊同亦如是。以此推之得此數，以彼
推之亦得此數。數之比例如是，易之比例亦如是。」[761] 牟宗三進
一步解釋道：「比例即是數學上之比例，也即是類推之謂。以此
而比他，則可以擴展其範圍也。焦氏之比例即以數學上之比例及

---

760 胡煦，《周易函書》第一冊，頁 79。但牟宗三在詮解胡氏此語時宣
　　稱：「故數不能全副表象了世界，止能於分化的有限範圍中施效。這是
　　確定了的數的範圍。胡氏的分化之可以數計即指空間而言，他的初上之不
　　可以數計即生生不息的時流而言。」（牟宗三，《周易的自然哲學與道
　　德函義》，頁 234）

761 焦循，《易學三書》下冊（北京：九州出版社，2003），頁 87。牟宗
　　三只滿足於將焦循之「比例」理解為「相錯」之「附屬原則」（牟宗
　　三，《周易的自然哲學與道德函義》，頁 266），此恐有不忠實之失！
　　因為焦循明言：「事有萬端，道原一貫，義在變通，而辭為比例。以此
　　求易，庶乎近焉。」（焦循，《易學三書》下冊，頁 89）。

六書上之假借為基礎而成者也。藉此比例則可以把全經鈎貫引起來。」[762] 而焦循《周易》解中的獨特貢獻，正是在於他能夠透過「比例」來披露「數之宇宙論功能」。因此之故，在《易學三書》中，焦循嘗夫子自道：「極奇零隱曲之數，一比例之，無弗顯豁可見。因人悟聖人作易，所倚之數，正與此同。」[763] 言下之意，易之道與數之理是同一的！因此之故，在焦循眼中，數學原理是通往宇宙變易原理的踏腳石。

焦循認為《周易》的整個意涵，只能通過卦、爻之變動來顯示。事實上，每一卦象都可以看成是由其他卦象之爻變換所得之結果。儘管這些變換十分錯綜複雜，然而其結果卻是相同的。通過這種程序，在卦象之間就可以建立出不同的比例關係。值得指出的是：焦循所說的比例是指向「齊同性」(congruence) 之概念。這裡使人回憶起懷德海之名言：「這是人類經驗中最突出的事實：於面對無數不能辨別的競爭者中，所有人竟在沒有任何特定的理由的情況中，均能一致地集中注意於只有一種齊同關係上。」[764] 從一數學的觀點來看，《易經》中的六十四卦不外就是六十四個「等價類」(equivalent classes)。每一個這樣的等價類，相對於那些與之成比例的其他卦象中之爻的可能變換而言，乃是齊同的。懷德海還宣稱：「自然中的萬物都只能作為自然的構成素而存在。在區別過程中所呈現的整體，早已於感性覺識之中被設定為對於所區別之部分而言乃是必需的。一個孤立的事件並非一個事

---

762 牟宗三，《周易的自然哲學與道德函義》，頁 275-276。

763 焦循，《易學三書》下冊，頁 89。

764 Whitehead, *Concept of Nature*, p. 123.

件，理由是每一個事件都不外是一比之較大的整體中之因子，而且於其中具有重要的位置。」[765] 這一論點十分有助於我們對焦循的「比例思想」之了解。首先，比例關係的存在，顯示了一卦象是如何地可通及其他所有的卦象。換言之，比例使得全體卦象彼此之間的溝通成為可能。實質上，通過比例，所有卦象共同構成了一個有機的整體，因此，每一個卦象都只能是此一整體的一非孤立性因子。而由於沒有任何一爻或卦是靜態的，所以這一整體在本質上乃是動態的。其次，《周易》的卦象系統並非一毫無意義的遊戲。當焦循強調「易」之意義只能通過爻和卦的變動來顯示時，其言下之意是在於肯定「變易」的本質可藉爻和卦的相互變通得以全幅披露。而實際上，每一爻表象了一自然的構成素，每一卦則表象了一事件，至於卦象之間的比例關係便即表象了宇宙生成過程的變遷。正如牟宗三所指出：焦循易學的貢獻在於「以數學之法求出卦爻記號之形成及藉之以表示一切之生成變易也。」[766]

焦循對於「齊同性」的重視也表現於他對《繫辭傳》〈大衍〉之一章的著名解釋中。《繫辭傳》云：「大衍之數五十其用四十有九。」在其解釋中，焦循首先強調：「生數能變，成數已定，不能變也。是天地之數衍一二三四而得六七八九。故相傳，此為『五』、『十』不用者此也。非不用大衍之數『五十』也。」[767] 然則，大衍之數既為 50，其用為何就變成 49 呢？早在

---

765 Ibid., pp. 142-143。

766 牟宗三，《周易的自然哲學與道德函義》，頁 354。

767 焦循，《易學三書》上冊，頁 570。

漢易中，鄭玄便嘗說：「五十之數不可以為七八九六也。」[768]
雖然鄭氏之言為歷來所接受，但是卻沒有證明為何用 49 就可得
出七、八、九、六。這直至宋代李泰伯 (1009-1059) 方作出理性
的說明。儘管焦循贊同李氏之說明，不過他本人亦提出了另一
種證明。簡言之，正如牟宗三所指出，焦循對於必得用 49 之緣
由如下：「(i) 為何必用 49 呢？分掛揲扐只 48 數而已。用 49 為
何？曰 49 者，其微妙即在掛一也。(ii) 用 49，一，一數之，二，
二數之，三，三數之，四，四數之，皆奇一之數。即皆餘一之
謂。」[769] 十分明顯，於此焦循指向了這一推衍中所包含的四個
「同餘式」(congruence)。實際上，只有借助於此一奇數 1 作為同
餘之數方可以從 49 推出 7、8、9、6。另一方面，之所以要捨棄
多不用，理由就在於由它無法得出任何同餘之數！很清楚，在此
一說明中，「齊同性」一概念扮演著十分關鍵性的角色。無可置
疑，對於《易經》來說，這一從生數 1、2、3、4 到成數 6、7、
8、9 的推衍至居重要。因而焦循強調：

> 其用以一、二、三、四之生數，其得以六、七、八、九之成
> 數。易取生生，故用生數也。以生為始，以成為終也。必得
> 以奇一為樞，乃得六、七、八、九之數，故多不可用而用四
> 十九，而此四十九即五十所約而得之；故四十九乃五十之用
> 數，五十乃五十五數之衍數，衍而用之乃成變化而行鬼神。[770]

牟宗三在總結焦循整個說明時遂指出：

768 鄭玄，《周易正義》（臺北：藝文印書館，1989），頁 1520。
769 牟宗三，《周易的自然哲學與道德函義》，頁 358。
770 焦循，《易學三書》上冊，頁 575。

50 不用有二義：(a) 只用 1、2、3、4 之生數及 6、7、8、9 之
成數，5 與 10 不用也。此種不用之 50 當寫為 5 與 10 或五、
十。(b) 因 50 不能奇一故用 49，此種不用之 50 即是一個整
數。……由 1、2、3、4 求 6、7、8、9 其間之過程，奇一掛
一即顯示出。由 1、2、3、4 到 6、7、8、9 即是由生到成。
生成不息即是終則有始。奇一掛一，一方面可以造成曆法之
閏，一方面也即表象生成之繼續。……所以由 1、2、3、4 之
生到 6、7、8、9 之成即表象中國的全部學問及全幅思想之特
性。[771]

準此而觀，焦循《周易》詮解思想之重要性明矣！

III

在全面評價胡煦和焦循兩人的易學思想時，牟宗三一方面指
出：「胡煦的生成哲學可以引出『數』之構成理論。自然之生成
之有數學性於此顯，而自然數之形成亦於此顯。」[772] 另一方面他
推許焦循能夠闡明「全部《周易》即是數學之推衍，而此數學之
推演也即是表象具體世界之大衍也。或者可以說《周易》一書即
是藉著數學的推演為符號而表象具體世界之變化也」[773]。言下
之意，焦氏之本質貢獻在於能「抉發《周易》中的數學成分及其

771　牟宗三，《周易的自然哲學與道德函義》，頁 368-369。
772　同上註，頁 353。
773　同上註，頁 354。

在《周易》中之位置」。[774] 無疑，胡、焦二人的易學思想之間亦
有一些差異存在，借助朱子的區分「易」之「交易」和「變易」
二義，則可以說：胡煦偏重於「交易」面，而焦循偏重於「變
易」面。但是，他們卻一致地強調具體世界具有數學性、因而可
以用數來加以表象。可以說，青年牟宗三的最大貢獻，在於他能
重新發掘出這兩位易學家關於《周易》之「數理解釋」。不過，
可惜的是：牟宗三並沒有將胡、焦兩人關於數之宇宙論涵義的理
論關連到畢達哥拉斯主義 (Pythagoreanism)。相反，他卻孜孜於區
別兩者：「此種思想與希臘早期哲學家畢達哥拉斯所謂『數』意
義並不相同。在中國只認『數』為記號，在畢氏則為本體上的實
在。」[775] 因而，牟宗三只滿足於採用懷德海的宇宙論為其闡釋
胡、焦二氏易學思想的理論架構。無可置疑，在胡、焦兩人與懷
氏之間存有不少顯著的相似之處。採取懷氏之思想亦有助於開展
《周易》自然哲學之物理內容；可是，單憑懷氏的宇宙論卻無法
足以闡明數之宇宙論涵義——儘管懷氏本人嘗明言其哲學立場是
屬於「人類的宇宙論玄測，一種在柏拉圖之前且曾對之有所啟發
的畢達哥拉斯學派中方首度獲得科學上之重要性的玄測。」[776] 而
事實上，牟宗三後來也修正其早年之論點，公開承認「羲和之
學」為「中國之畢達哥拉斯傳統」。[777] 至於牟宗三早年之所以要

774　同上註，頁 353。

775　同上註。

776　Alfred N. Whitehead, *Process and Reality*, corrected edition (New York: Free
　　Press, 1978), p. 71.

777　牟宗三，《五十自述》（臺北：鵝湖出版社，1989），頁 50。

把胡煦和焦循之學與畢氏學派區分開來，其徵結在於他對畢氏思
想之錯誤形象。可以推測：青年牟宗三對於畢達哥拉斯學派之認
識源自亞里士多德的《形而上學》。然而，正如奧斯卡・貝克之
探究所顯示：亞里士多德之有關記載並不忠實。依貝克，畢氏學
派之本來立場是主張「萬物的本質可以回溯至『數』——於數上
可規定之定律」。[778] 這即是說：「『數』所意謂者至多好像一決
定的、於算術上可描述的結構，它在萬物中潛隱著且確定其各各
之本質。」[779]

此外，由於菲洛勞斯 (Philolaus, c. 470- c. 385 BCE) 的殘稿之
發現，今天我們對於畢達哥拉斯主義可有一較充分之了解。實際
上，值得指出的是：在《周易》與菲洛勞斯的《論宇宙》[780] 之間
存在著一些相當本質性的相似點。

首先，「和諧」同是《周易》和畢氏學派的中心概念。《周
易》中「保合太和」一概念甚至可以通過下列菲洛勞斯的斷片來
表達：「和諧是眾多聚合（元素）之『統一』，且是相剋（元
素）的相生。」[781]

其次，《周易》和畢氏學派同樣主張：「十之歸于中為核心
者取其終而有始之意。」[782] 正如胡煦所說：「今觀河圖不過自一

778 Oskar Becker, *Grösse und Grenze der mathematischen Denkweise* (Freiburg: Karl Alber, 1959), p. 5ff.

779 Ibid., p. 14.

780 Freeman, K. *Ancilla to The Pre-Socratic Philosophers* (Oxford: Blackwell, 1962), p. 75.

781 Ibid.

782 牟宗三，《周易的自然哲學與道德函義》，頁 197。

至十之數耳。」[783] 牟宗三更進一步強調:「十為成數之終,在河圖中,十終而歸於中以為終而有始之機。然在分散之洛書中,體為一定,形為已成。不自其循環不息處看,而自其完成一定處看;不自其終而有始處看,而只注目放其成終之處;故十之核心在此可散也。……故每一個體皆以『十』標誌之。」[784]

此外,牟宗三將整個《周易》思想定性為一「生成觀的中立一元論」。《周易》之「元一」思想不禁使人聯想到菲洛勞斯以下之言:「一是萬物之始。」[785]

還有,《周易》式美學與畢氏學說均堅信數與音樂之間有一種非常密切的關聯。在闡明此一「律」與「數」的聯絡上,牟宗三引述了朱載堉 (1536-1610) 的著名論點:「夫河圖洛書者律曆之本源,數學之鼻祖也……《易》曰:河出圖洛出書,聖人則之。所謂則之者,非止畫卦敘疇兩事而已,至於律曆之類,無不皆然。……故律曆倚之而起數。」[786] 牟宗三並進一步補充道:「河圖洛書即是以數表象萬物生成的圖象。而律呂本源即起於河洛。」[787] 而朱載堉之名句:「夫音生於數者也。數真則音無不合矣。」[788] 遂成《周易》式音樂美學之圭臬。相類似地,畢達哥拉斯亦嘗明言:「在音調長度之間是存在著一相當確定的整數關

783 胡煦,《周易函書》第一冊,頁 16。
784 牟宗三,《周易的自然哲學與道德函義》,頁 197。
785 Freeman, *Ancilla to The Pre-Socratic Philosophers*, p. 74.
786 原文見朱載堉,〈序〉,《律學新說》,《樂律全書》,今轉引自牟宗三,《周易的自然哲學與道德函義》,頁 382。
787 同上註。
788 同上註,頁 396。

係。」[789] 而且,無論是《周易》式美學抑或畢氏學說,均認為這些數值關係乃至音樂本身都是與「天體音樂」(「天籟」)有所關聯的!

最後,畢氏學派明顯地宣稱:「自然本身要求一種神的理智而非人的理智。」[790] 這一主張可以幫助我們了解因何《周易》中聖人的圖像是一種「神而明之」的人物。胡煦便嘗恰當地指出:「緣聖人畫圖作易,無非發明天地間化育之所自起,與化育流行之妙耳。」[791]

IV

在現象學運動中,貝克最重要的貢獻是上承以「和諧」和「比例」為核心的畢達哥拉斯之傳統而提出了「智測現象學」(mantic phenomenology)。在開展其「智測現象學」上,貝克將之對比於海德格的「解釋現象學」。相應於「了解」是「解釋現象學」之核心概念,「神思」(manteia) 是「智測現象學」的基本觀念。從「解釋現象學」之角度來看,人首先是一「顯有者」(Dasein);但由「智測現象學」之觀點省察則人首先是一「顯性者」(Dawesen)。海德格所強調者是「存有」(Sein) 與「存有物」(Seiende) 之間的「存有論差異 (Ontological difference),然而貝克所

---

789 Oskar Becker, *Dasein und Dawesen* (Pfullingen: Neske, 1963), p. 130.

790 請參考拙文:〈建築與／或音樂——關於嘉達馬與貝克之論爭〉(於 1992 年 9 月在馬德里所舉行之第十二屆世界美學會議宣讀)。

791 Becker, *Dasein und Dawesen*, p. x.

集中者卻是「本質」(Wesen) 與「具質者」(Wesende) 之間的「超存有論不二」(parontological sameness)。其實，早在狄里達 (Jacques Derrida, 1930-2004) 之前，貝克已提出「解釋學之侷限性」的論點。不過，其理由卻是：「無機自然顯示自身為不可詮解、因而是『非歷史性』的。」[792] 貝克又明言：「在詮闡性的『解釋學』程序不能派上用場之處，便正是數學性思維模式的用武之地。」[793] 基本上，這兩類型的現象學各有其有效的分際；一方面，「解釋現象學」是內在於「歷時性」之向度，另一方面，「智測現象學」的分位則是在「永恆」之域。因此，儘管兩者有本質上之差別，貝克仍然宣稱：「數學性思維與解釋性思維之間享有一種獨特的互補關係。」[794] 一言以蔽之，「智測現象學」的本質特色表現於其聲稱：「我們只能透過數學來確認自然之光。」[795]

在肯定數之宇宙論作用和強調「和諧」與「比例」上，《周易》思想可歸類於「智測現象學」。這種定位方式有助於將《周易》思想帶回至「超歷史性」(supra-historical) 之向度。在中國哲學史中，《周易》思想是唯一主張將「自然」視作為一數學地可確定的「構造」之哲學。實際上，胡煦和焦循的主要貢獻便是在於他們能夠重申《周易》中的數學成分及其宇宙論涵義。其中，

---

792 《周易的自然哲學與道德函義》，頁 264。

793 Otto Pöggeler, "Hermenutische und mantische Phaenomenologie," reprinted in *Heidegger*, ed. Pöeggeler (Cologne: Kiepenheuer & Witsch Koln, 1969), pp. 321-357.

794 Pöggeler, *Grösse und Grenze der mathematischen Denkweise*, pp. 168-169.

795 Ibid., p. 169.

焦循更難能可貴地提出了失傳已久的算法。亦只有在青年牟宗三的努力之下，這兩位思想家的理論之深刻性才再為世所知！現在，我們將《周易》思想關連至畢達哥拉斯學說的做法，可以進一步顯示：通過「智測現象學」可以發現兩者在今日並沒有變得陳舊或已被擯出局，相反，它們仍然「具有現實的當代意義」。[796] 由此可見，將《周易》之「智測現象學」性格揭露出來，不僅可把它帶回至其本來之分位，而且亦可證成牟宗三對胡煦和焦循易學思想之重新發現的工作。

相當可惜，貝克的「智測現象學」迄今仍不大為人所知，這與海德格的「解釋現象學」之廣泛流行可說大相逐庭。「智測現象學」這種吃不開的命運或會使人對其可行性有所置疑。有人甚至會認為「智測現象學」和「解釋現象學」之間是一種水火不相容的關係，或者甚至極端到只滿足於相信海德格的「解釋現象學」比貝克的「智測現象學」來得重要。現在我們將牟宗三對《周易》之重建與貝克之「智測現象學」相提並論，這一做法應可有助於對上述局面之釐清。首先，在拙著《海德格與中國哲學》中我們曾具體地展示了海德格與道家哲學之間的本質相依之處。[797] 而在傳統中國哲學之發展中，作為儒家經典的《周易》與作為道家經典的《老子》並行於世而不悖；而且，由於傳統中國哲學之主流在儒家，是以《周易》所享有之地位較《老子》為崇高。立足於傳統中國哲學發展之經驗上，我們對《周易》之「智

---

796 Becker, *Dasein und Dawesen*, p. 140.

797 Chan Wing-Cheuk, *Heidegger and Chinese Philosophy* (Taipei: Yeh Yeh Book Gallery, 1986).

測現象學」性格的揭示，亦當可展現：「智測現象學」與「解釋現象學」兩者之間並非一種「零和遊戲」的關係！而《周易》在中國傳統哲學中之尊崇地位亦可顯示出「智測現象學」之強度。

「當代新儒家」可說是肇始於熊十力 (1885-1968)；而眾所周知，熊十力的傳世之作《新唯識論》便是要重返《周易》宇宙論的根本儒家立場！雖然牟宗三後來轉向以康德哲學作為重建儒家之架構，因而使得《周易》的自然哲學失去其應有之立足點，以致整個當代新儒家之發展主流用走上了一條費希特 (Johann G. Fichte, 1762-1814) 式的「主觀唯心論」(subjective-idealism) 之途。可是，如果我們仍然確認《周易》的自然哲學乃儒家之核心思想，並且堅信「象數之學，儒者當知」（梅文鼎之家語）；那麼，從牟宗三這部青年時代作品中，便可找到一個理性地重建《周易》的堅定出發點！而且，如上所述，在往此一方向重建儒家之自然哲學上，更可以與西方的「智測現象學」掛鉤。這一方面可使《周易》之宇宙論洗脫其迷信神祕色彩，並彰顯出其在當代之相干性；另一方面，當代新儒家若能重建出一套富有現實意義的自然哲學，那麼，儒家長期以來所遭人非議之「反智」垢病，亦可有一得以沖擦的機會。（這方向可參考將來發表之拙著：《萊布尼茲與《易經》哲學》）實際上，作為西方近代科學奠基人物如哥白尼、克卜勒、伽利略、牛頓和萊布尼茲等，都是奉行畢達哥拉斯主義的「自然觀」為其指導思想。一種通過「智測現象學」之重建《周易》方式，當有助於近代科學在中國土壤上之植根和發展！其實，與西方近代科學伊始同期的明末大儒王船山亦早已洞悉：「期必然以符自然，則存乎數。」[798]

798　王夫之，《船山全書》第一冊，頁 1079。

第十二章
王船山的時間觀

在每一個年代都需要嘗試將傳統從把它淹沒掉的墨守成規立
場中掙脫出來。

——班雅明

　　二十世紀的西方哲學最大的特色就是「語言」和「時間」成
本為了兩大重要課題。不過,正如胡塞爾所言,時間乃是最難的
探索題目。於中國傳統哲學中,亦只有王弼嘗透過詮釋《周易》
的方式發展出一套道家的時間觀。至於儒家方面則是要等到王船
山方對時間的本質感到興趣。而事實上王船山從沒有以主題的方
式處理時間問題。即使在他關於歷史哲學的著作中,亦不存在一
種關於時間的系統理論。儘管如此,在其自然哲學的乃至歷史思
想中,時間扮演著一個非常重要的角色。基本上,其著作非常清
楚地顯示:船山不但認為「道」是動態的,而且特殊地透過「時
間」來描述動態的「道」。可以說:若不理解其時間觀,則便難
以真正進入船山哲學之堂奧!

　　從歷史的角度來看,王船山大概是傳統中國哲學中,唯一
一位「歷史哲學家」。實際上,在他之前似乎沒有任何人對「時
間」在歷史思想中所扮演的角色加以討論。儘管作為一位「前現
代」的思想家,船山一生都在「追思逝水年華」(*cherche le temps
perdu*),然而,他對於「過去」的興趣全是在於要為中華文化開

創一個美好的將來而服務。在此分際上,正如他所宣稱:「守其
故物而不能日新,雖其未消,亦槁而死。」[799] 而他所言的帶有
「跳躍」之「連續性」,很值得生活在一個空洞的、破裂的後現
代年代中的人們加以深思。那麼,王夫之歷史哲學中所蘊含的
「時間」究竟是一個什麼樣的概念?作為解答,我們首先將嘗試
把它關聯到古希臘的畢達哥拉斯派這一傳統,然後又將其關聯至
班雅明的歷史哲學。通過雙重比較,我們除了可以了解到王船
山「時間觀」之特色外,還可通過跟佛教「時間觀」之比較對其
「分位」(topos),乃至其「侷限」之所在有所認識。特別地,由
於「智測現象學」是一「新畢達哥拉斯主義」,此中可以有助於
見出船山哲學之「智測現象學」性格。

I

　　王船山本人自承他活在一個天崩地裂的年代,明朝的滅亡
對他來說,不僅只是一個朝代的終結,而且更重要的是這代表著
整個文化道統的沒落,乃至可能之消亡。他顯然認為滿洲人的統
治很可能將使得中華文化走向被摧毀之途。對於漢人王朝的沒落
之反思的同時,船山開始思考如何重建傳統文化之道,希望使之
能夠延續下去。在手法上他所採取的步驟開始於對古代經典的詮
釋,此如哈伯瑪斯 (Jürgen Habermas, 1929-) 所洞見:

> 在一個災難性的年代之傳統中,唯一倖存的就是書寫性的文
> 件。不過這些文本往往遭受到破壞,而且是以殘篇斷稿的面

貌保存下來，因此之故，對於後代那些讀者而言相當難以入
手。不過當這些文字還留存著的時候——這還是一種已經消
逝的精神之遺跡。[800]

可以說，當年正是承此方向，王船山寫下了大量對於古代經典的
注釋，其中特別集中於關於《易經》的研究。在三十歲時，他以
撰寫《周易稗疏》為開端，於其後四十年間，總共寫下了六本注
釋《周易》之著作。[801] 此中《周易外傳》代表了他的哲學之成熟
表現。相當明顯，於船山眼中，《周易》乃是提供重建傳統文化
之源頭所在。可惜的是，即使至今日，能夠見出此點之學者可謂
鳳毛麟角。

　　基本上，船山關於《周易》的著作主要是屬於「自然哲學」
方面，而非關於歷史之研究。不過，他關於「自然時間」之瞭
解，同時卻為他釐清歷史中的時間之本質為何提供了一個基礎。
可以說，船山的「自然哲學」乃是他的「歷史思想」之始點。簡
言之，對他來說，「歷史」乃是「介乎時間與永恆之間」(*entre le
temps et l'eternite*)。因此之故，其「歷史哲學」與其「自然哲學」
息息相關，正如他所指出：「道無方，以位物於有方；道無體，
以成事之有體。」[802] 牟宗三因而洞見出，於船山：「史不離道，

---

800 Jürgen Habermas, *The Philosophical Discourse of Modernity*, trans.
　　 Frederick Lawrence (Cambridge: Polity Press, 1987), p. 165.

801 其他五本著作包含：《周易考異》、《周易外傳》、《周易大象解》、
　　 《周易內傳》、《周易內傳發例》。

802 王夫之，《船山全書》第十冊，頁 1182。

道在史中。」[803]

　　從一個思想史的觀點來看，船山的「周易釋經學」乃是對於宋代易學之反動。首先，邵雍 (1011-1077) 作為宋代易學中之代表性人物，在《易經》研究上開創了一種「象數學」(icon-numerological) 的進路。正如陳榮捷所描繪：「邵子的基本觀念有三：(1) 有些最高原理（皇極），『宰制』宇宙。(2) 這些原理，可由『數』來辨識。 (3) 對這些原理的最佳認識乃是客觀，即是以物觀物。」[804] 其後，朱熹在其對於《易經》的解釋中，非常反對這一種象數學的方向，是以如牟宗三所指出：「朱子……仍未以象數解經也。」[805] 可是，由於朱熹乃是整個宋代儒學的集大成者，其正統地位使得邵雍的路線完全被邊緣化，所取代之者乃是其「道德形而上學」的進路，即使他也同時強調《易》為「卜筮之學」。儘管船山對於邵雍的《易經》研究亦有所批評，但他也不滿意朱熹的進路。為了要取代朱熹那種偏重義理的解釋立場，船山特別強調「象數」與「義理」兩者的平衡性，[806] 從而重新把《易經》的「數學層面」收納進來。於此關鍵上，他說：「彙象（之成《易》），舉《易》而皆象，象與易也，……乃盈天下而皆象矣……而《易》統會其理。」[807] 循此路線，船山追隨邵雍的

---

803 牟宗三，《生命的學問》，179。

804 陳榮捷著，楊儒賓、吳有能、朱榮貴、萬先法譯，《中國哲學文獻選編》下冊（臺北：巨流出版社，2001），頁 603。

805 牟宗三，《周易的自然哲學與道德涵義》（臺北：學生書局，1988），頁 118。

806 蕭漢明，《船山易學研究》。

807 王夫之，《船山全書》第一冊，頁 1039。

進路，如陳榮捷所描繪於此關節上宣稱：「宇宙之運行或變化是由於神，神則數，數則象，象則器。整個演化歷程，依理而行，而且是合乎自然的。」[808] 船山同時強調：「象，至常者也。……數，至變者也。」[809] 正如唐明邦所指出：「王夫之把象與數的關係，看作事物的常位性與變動性的關係。」[810] 簡言之，在船山眼中，「象」是基本單位，而這些單位之間的「變換」則是通過計算表達出來的。不過，他立刻重申：「象至常而無窮，數極變而有定。無窮，故變可治；有定，故常可貞。」[811] 這表示了：「變化乃是在不變中，而不變也在變化中」。換言之，他認為離開了「變化」就沒有「不變」，反之亦然。此外，雖然變化不可窮盡，但這並沒有排除其開展乃是有「理」可言的。他認為在本質上，宇宙的變化乃是一種創造性的過程，因為宇宙性的變化會不斷的產生「新」的現象。在這個意思上，宇宙過程乃是生生不息的。總括而言，變化的一般性模式可以說就是「循環不已」。從哲學史的角度來說，船山自承是張載的忠實信徒。[812] 不過，有別於橫渠，他能夠補充說：「天地之數，聚散而已矣，其實均也。」[813] 這些論點，使人聯想到萊布尼茲的「力的守恆定律」

---

808 陳榮捷著，楊儒賓、吳有能、朱榮貴、萬先法譯，《中國哲學文獻選編》，頁 481。

809 王夫之，《船山全書》第一冊，頁 994。

810 唐明邦，〈王夫之辯證法思想引論〉，收入蕭萐父編，《王夫之辯證法思想引論》（湖北：人民出版社，1984），181。

811 王夫之，《船山全書》第一冊，頁 994。

812 王夫之，《船山全書》第十二冊，頁 49ff。

813 同上註，頁 434。

(law of the conservation of force)。[814] 此外，尼采的斷言：「能量守恆定律預設了永恆重現 (eternal recurrence)」恰好用以點出了船山下列論點之要義：「以循理之理言之……化之所以不息。」[815] 此外，船山也把「天」描繪為一「大圓」(Great Sphere)。[816] 一般來說，船山將這一種「周行重返的可能性」視為「道」之本質所在，[817] 因此他宣稱：「終則有始，循環無窮」。[818] 通過這種方式，如尼采所言之「永恆的重現」，船山就從宇宙的演化之「循環不已」來說明變化中的時間：「易之時六十有四，時之變三百八十有四，變之時四千八十有六，皆以貞紀者也。」[819] 其中，「易之時」是通過六十四卦來表示。而「時之變〔乃〕極於三百八十四爻」。[820] 在數學上，這是八卦的互乘的「積」(product)。（但必須指出：至於「變化的數」（Time of Variation）則是四千零九十六，而不是四千零八十六。）可是，這些數字究竟代表什麼意義呢？在《周易外傳》中，船山寫道：「卦言乎象，爻言乎變。故四千九十六。」[821] 又說：「卦成於八，往來於六十四，動

814　參本書第一章〈萊布尼茲與中國自然哲學〉。

815　Friedrich Nietzsche, *The Will to Power*, trans. Walter Kaufmann and J. L. Hollingdale (New York: Vintage books, 1967), p. 547. 《船山全書》第十二冊，頁 440。

816　王夫之，《船山全書》第一冊，頁 658。

817　同上註，頁 229。

818　王夫之，《船山全書》第十二冊，頁 306。

819　王夫之，《船山全書》第三冊，頁 452。

820　王夫之，《船山全書》第一冊，頁 562。

821　同上註，頁 999。

於三百八十四，之於四千九十六，而皆有太極。」[822] 這裡每一個數字都代表一種變化的可能性，而後者就是時間的不同表象。所謂「變的時間」跟「易的時間」，在船山眼中看來，不外就是「道是變動不居」的表達。可以說，每一個數字代表了變易的不同模態，但是，問題是：為什麼船山要達至六十四卦的平方數呢？答案則要在下節方能解明。

在張載的影響下，船山肯定「對偶性原則」(principle of duality)。依張載：「一物兩體，氣也」。[823] 作為張載的忠實信徒，王船山重申「對偶性原則」的普遍性。不過，兩者之間仍存在下列的差異：一方面張載的「對偶性」概念比較是「空間性」和「結構性」，另一方面船山的「對偶性」概念則是時間性與動態的，因此之故，他認為有必要站在「對偶性原則」之立場來將六十四卦加以乘方。不過，由於「太極」始終為「一」，所以船山明言：「時者，天之恆」。[824] 而且，他指出「宇宙演化的序列」應該可以透過「數」來表示。而於其中隱藏著變化的「時間」之概念之起源。在此分際上，王船山宣稱：「期必然以符自然，則存乎數。」[825]

十分明顯，船山清楚地意識到「永恆性」一向度之存在。作為「必然性的領域」此一向度乃是「超歷史的」(supra-historical)。於事，船山跟著寫道：「以實言之，徹乎古今，通乎

822　同上註，頁 1024。

823　張載，《張載集》，頁 48。

824　王夫之，《船山全書》第三冊，頁 452。

825　王夫之，《船山全書》第一冊，頁 1079。

生死，貫乎有無，亦惡有所有先後者哉？」⁸²⁶ 無可否認，從船山的論點「無先後者，天也」，⁸²⁷ 人們可以懷疑他是否最後會將「時間」的可能性一筆勾消掉。換言之，於肯定「太極」的「永恆性」上，「自然的時間」(time of nature) 如何可能呢？然而，船山也將「太極」視為一個動態的過程，因此之故，他還明言：「有事則有時。」⁸²⁸ 此外，他宣稱：「今、昔、初、終者，人循之，以次見聞也。」⁸²⁹ 於此意義上，他接著說：「先後者，人之識力之所據也。」⁸³⁰ 可以說：依船山，離「事」就無「道」。準此：離開「事的時間」亦無「易的時間」(Time of Change)。

II

德國學者赫爾德 (Klaus Held, 1936-) 指出在探索「時間的根源向度」時，畢達哥拉斯派以「關係」一概念作為出發點，特別地在開展「時間就是先後出現的運動的『數』(number)」一論旨上畢達拉哥斯派視「兩端而一致」(Two-in-One) 為一「根源的關係」(primordial relationship)。⁸³¹ 於解釋何謂「兩端而一致」作為一種「根源的關係」上，赫爾德宣稱：

---

826 同上註，頁 1078。
827 同上註。
828 同上註，頁 1079。
829 同上註，頁 1078。
830 同上註。
831 Klaus Held, "Zeit als Zahl," *Zeiterfahrung und Peronalität* (Frankfurt/M.: Suhrkamp, 1992), p. 21.

「於關係中」("stand in a relationship") 的「二」(the Two) 意味它們並非毫不相干的並列，而是併合在一起。因此他們形成一種統一性，在其中沒有一個會凌駕在他者之上。一種關係乃是一種統一體。多，在這裡就是二，同時合為一體。這一種兩者的統一在德文通常都用「一對」("ein Paar" / "a pair") 的詞語來表達。與此相對應，「一打」一詞表示由十二個元素所組成的集合。相對的概念在其他語言都可以找到。[832]

十分有趣的是，在船山的時間哲學中，令人驚奇的地可以找到上述赫爾德的論點之「複本」(counterpart)。於宣稱「合二為一」上，[833] 船山寫道：「往來者，往來於十二位之中也。」[834] 更一般而言，他宣稱：「天下之變萬，而要歸於兩點，兩端生於一致。」[835] 此中「兩端」就是指「陰」跟「陽」，[836] 而兩者的相互作用就構成了「變易」(Change) 的基本結構。因此，船山視陰陽的相互作用為時間的可能根據所在。與此相似，正如赫爾德所指出，於畢達哥拉斯主義，「事實上，『前與後』具一種超時間的意義，由此出發，同時產生時間性意義」。[837] 可以說，船山所言的「陰」與「陽」可以看成是畢達哥拉斯學派中的「前」與「後」兩概念對應的「複本」。對於畢達哥拉斯主義者而言，

832　Ibid., p. 19.

833　王夫之，《船山全書》第一冊，頁 1027。

834　同上註，頁 1110。

835　王夫之，《船山全書》第十三冊，頁 18。

836　王夫之，《船山全書》第一冊，頁 1027；亦見第十二冊，頁 411。

837　Held, "Zeit als Zahl," p. 17.

「前與後的相互指涉是對偶性……就是運動『可以標示為數目』(numerability) 之開端」。相應地，對於船山而言，如果沒有「陰」跟「陽」的相互作用，那麼就不可能用「數」來表象宇宙的演化過程。[838] 而依畢達哥拉斯主義，「數」乃是萬物之「本質」(Wesen) 所在。兩者這一相似性可助於瞭解船山的論點：「無先後者，天也，先後者，人之識力之所據也。」[839] 更精確地，船山的意思可以透過下面的方式來表達：「深層而言，時間在生成的意義上乃是畢達哥拉斯式根源的關係——『兩端而一致』，是對於介夫靈魂與運動兩者相遇時的中間的一個決定。」[840] 因此，船山寫道：「過去，吾識也。未來，吾慮也。現在，吾思也。」[841] 值得一提的是：船山的「識」、「慮」、「思」相應於奧古斯丁 (St. Augustine, 354-430) 所言的「憶念」(memoria)、「期望」(expectio)、「意向」(intentio)。[842] 所差別者只是，對於船山而言，時間並不只是主觀的。一言以蔽之，於船山，時間就是建基在「兩端而一致」這種的根源關係之上，而這不外就是由陰陽的相互作用所形成。準此，時間表象了宇宙變易過程的繼續。然而，船山同時堅持在宇宙演化過程中，必須有人的參與。[843]（這就是《易經》所講的天地人三才。）所以，船山跟畢達哥拉斯主

---

838 Ibid., p. 20.

839 王夫之，《船山全書》第一冊，頁 1078。

840 Held, "Zeit als Zahl," p. 22；此為筆者之漢譯。

841 王夫之，《船山全書》第十二冊，頁 404。

842 Saint Augustine, *Confessions*, trans. William Watts (Cambridge, Mass: Harvard University Press, 1912).

843 王夫之，《船山全書》第一冊，頁 985。

義一樣，都將「時間」理解為我們的「心靈」與「宇宙」的運動的「交匯點」(meeting place)。可以說，對於兩者而言，「時間」就源自於生命與運動兩者的交匯。[844] 在此分際上，船山遂引入「天地之心」一概念。他進而指出：「天地之心，無一息而不動，無一息而後復。」[845] 此外，正如畢達哥拉斯主義者視「運動作為永恆的變易之非同一性」(movement as the nonidentity of the eternal change)，[846] 船山聲稱「變易」乃是「日日新」：「天地之德不易，而天地之化日新。」[847] 最後，十分關鍵地，畢達哥拉斯主義者認為「當下」(Now) 代表「某運動的蒐集性統一」(a gathering unity of a certain movement)，[848] 而同樣地，船山強調「當下」的「優先性」：「天地始者，其今日乎！天地中者，其今日乎」、[849]「往來古今，則今日也。」[850]

雖然船山跟畢達哥拉斯主義有上述的相似性，不過，十分可惜，他並沒有將他的「自然時間」概念關聯到天文學去，否則他便不會對於利瑪竇作出不當的批評。[851] 準此而觀，儘管如同畢達哥拉斯主義者，船山已經能夠體認到「《易》的時間」乃是「數學地可表象的」(mathematically representable)，但是其數學概念還

844　Klaus Held, "Zeit als Zahl," p. 22.

845　王夫之，《船山全書》第一冊，頁 229。

846　Klaus Held, "Zeit als Zahl," p. 22.

847　王夫之，《船山全書》第十二冊，頁 434。

848　Klaus Held, "Zeit als Zahl," p. 20.

849　王夫之，《船山全書》第一冊，頁 922。

850　同上註，頁 1005。

851　王夫之，《船山全書》第十二冊，頁 459ff。

是相當初基的。這解釋了緣何當畢達哥拉斯主義如斯強調「數」的「優先性」時，船山只能著重「時間」的「首出性」。

立足於上述的比較，我們可以看出船山實際上已經深入到畢達哥拉斯主義所言的「時間的根源性向度」。於此意義上，對於兩者來說，時間在本質上皆涉及「超歷史性的領域」(sphere of supra-historicity)。然而，這並不妨礙船山於接受「超歷史」的領域之同時，卻並沒有放棄「歷史性」的領域。與畢達哥拉斯主義不同，他反而強調「天人之間」的「不可分離」：永恆的「道」必須進入歷史的向度來展現其自身。換言之，「道在史中」。因而船山強調：「道之所以凝者，性也，道之所行者時，性之所承者善也，時之所來者變也，性載善而一本，道因時而萬殊。」[852] 可以說，於船山，「超歷史」的「自然」與「歷史性」的「人文世界」兩者的「成對」乃是立足於「太極」的「本體—宇宙論」的一個邏輯歸結。在依循「對偶性原則」(the principle of duality) 下，「超歷史的領域」與「歷史性的領域」必有一種「相互對應」的關係。所以，在「自然的時間」外，必然存在「歷史性的時間」。正是基於此一立場，船山方反對邵雍之侷限於象數學之進路：「邵子之學詳於自然之運數，而略人事之事變。」[853] 而他一己之特色則是：「因已然以觀自然，則存乎象；期必然以符自然，則存乎數。」[854] 不過，雖然他也強調「人之仰觀俯察而欲數

852　王夫之，《船山全書》第一冊，頁 1112。

853　王夫之，《船山全書》第十二冊，頁 436。

854　王夫之，《船山全書》第一冊，頁 1079。

之，欲知之，則有事矣」，[855] 但於此關鍵上，他因時指出：人必須努力方能夠掌握到天道，箇中之理由是：「象自上昭，數由下積。」[856] 此中關鍵之處乃是：「有事則有時，有時則有漸。」[857] 大體而言，船山主要以「歷史的時間」作為焦點，而他重注《周易》所得出的教訓是：新的東西之湧現，標示著「歷史意義的時間」的出現。

III

由上述我們知道：必須通過了解船山對於「宇宙演化的時間觀」才能掌握其所言「歷史的時間觀」。所以要強調的是：他所言的「歷史時間」並不是通常意義的，因為他是緊扣「超歷史的向度」來言「歷史性的向度」。這是船山「時間觀」最鮮明的特色所在。正由於宇宙的演化乃是一種創生性的過程，所以人作為歷史性的存在，必須通過「溫故知新」、「繼往開來」的方式活在其文化傳統中，即以「承先啟後」的途徑，來將之發揚光大。簡言之，在船山看來，人基本上乃是一種「繼往開來」的歷史性存在。而且，只有這樣才相應於宇宙的演化乃是「循環不已」的特質，因此之故，人不單單在世界上開物成務，同時還得努力地去豐富其本身的文化傳統。而對於「當下」的重視正是在於要於「未來」能夠產生新的面貌。所以，「當下」並不是一個孤立的

---

855 同上註。
856 同上註。
857 同上註。

點，此中一定包含其與「過去」和「未來」的相互作用。準此，儘管船山強調「當下」的「首出性」(primacy of presence)，但也強調：如果不跟「過去」與「未來」結合，則「當下」乃是不可能的。站在此一關鍵上，他猛烈批判佛教的時間觀：「有已往者焉，流之源也，而為之曰過去，不知其未嘗去也。有將來者焉，流之歸也，而為之曰未來，不知其必來也。其當前而為之現在者，為之名曰剎那（自注：謂如斷一絲之頃）。」[858] 其言下之意是：佛家犯了將「當下」、與「過去」、與「未來」切割開來之失。

對於佛家的時間觀，船山於是提出以下的挑戰：「前際不留，今何所起？後際不豫，今將何為？」[859] 他認為只有當我們覺察到過去、現在、未來三者構成一個不可分割的整體，我們才能夠解決這個難題。因此之故，儘管船山與佛教同樣堅持當下的「首出性」，兩者之間還存在著一個本質上的差異：一方面於佛教，「當下」是跟「過去」、「未來」分離的；另一方面，船山意義的「當下」是跟「過去」、「未來」不可分割的。此外，佛教將「當下」化約至「剎那」(ksana)，對於船山而言，實際上這不但把「當下」取消掉，而且連時間三態都會被抹煞掉。準此，船山否定了佛教的時間觀。

從一個批判性的反思角度出發，我們可以說：船山對於佛教的理解不無問題。事實上，法相宗、唯識古學與華嚴宗所發展出

---

858 王夫之，《船山全書》第二冊，頁 389-390。亦見蕭漢明，《船山易學研究》，頁 83。

859 同上註。

來的時間觀，仍然跟船山一己的時間觀，起碼存在著不少的相似性。

首先，船山著有《相宗絡索》一書，[860] 由此可知他對唯識宗有一定程度的了解，而從他書中寫道：

> 還與真如契合無二，名無垢識，一曰淨識，《解深密經》立為第九識，實即八識轉後之異名爾。[861]

可以清楚知道，他基本上是依照「法相宗」的立場來瞭解「唯識」。換言之，他是隨著「奘傳唯識」來了解「唯識宗」。從時代背景來說，自從唐武宗滅佛之後，唯識法相的典籍幾乎在漢土散佚，大概只有永明延壽的《宗鏡錄》與託稱為玄奘所著的《八識規矩頌》仍然倖存而已。儘管在這兩本「綱要書」式的唯識典籍中，關於時間的討論不多，然而船山書中出現了下列文字：

(1)「等無間緣」八識自類識中，前念方滅，後念即生，謂之無間。然必待前念之滅，後念即生，各個相等相待，如瀑流之前波去而後後波乘之，無一剎那間兩念並存之理。前念已往，空其位以待後念，後念即驪次而發，無剎那之間隙。乃至三有身生生死死分段變易，必滅此乃生彼，皆無等間也。此緣在九緣之外別有一緣，繇有前固有後，前滅故後生，生滅之門，惟識之宗也。[862]

(2) 唯第六一識，於前五過去色聲等，形去影留，忽作憶念，

860　王船山，《船山全書》第十三冊，頁 523-586。
861　同上註，頁 574。
862　同上註，頁 530。

宛在心目之間，此名有質獨影。[863]

(3)「現量」現者，有現在義，有現成義，有顯現真實義。現在，不緣過去作影。現成，一觸即覺，不假思量計較。顯現真實，乃彼之體性本自如此，顯現無疑，不參虛妄。前五於塵境與根相合時，即時如實覺知是現在本等色法，不待忖度，更無疑妄，純是此量。第六唯於定中獨頭意識細細研究，極極迥色法，乃真實理，一分是現象。又同時亦是與前五和合覺了實法，亦是一分現量。[864]

(4)「自性唯識」真如自性剎那一念結成八識，各為心王。[865]

(5)「明了意識」即「同時意識」五識一起，此即奔赴與之和合，於彼根塵色法生取，分別愛取，既依前五限量實境，故得明了。初念屬前五，後念即歸第六。其如實明了者屬性境、現量；曾起分別違順而當理者數比量，帶彼前五所知非理戀著者屬非量、帶質境。此識無獨影境，三性皆通。[866]

(6)「異時而熟」，過去因作現在果，現在因作未來果。[867]

---

863 同上註，頁 535。
864 同上註，頁 536-537。
865 同上註，頁 543。
866 同上註，頁 560-561。
867 同上註，頁 562。

(7) 此翻異熟，因伏果中，果位不圓，智成有漏。至等覺位一
剎那頃刻，七識轉盡，從此盡未來際，不受一毫熏染。[868]

從上述引文中，可以清楚看出：船山明白「時間」一概念在唯識
的重要性，而特別地，他相當明瞭「現在」的「首出性」於唯識
宗的重要地位。客觀而言，船山與法相宗的時間觀都共同地主張
「現在」之「首出性」。當然，由於我們沒有足夠的證據來論證
船山的時間觀是否受到法相宗的時間觀的影響，不過，即使從其
上述對唯識宗，特別是法相宗的描述文字中，也可以看出他不可
能以對待「空宗」（中觀學派）的時間觀之態度來否定法相宗的
時間觀。

　　而由於唯識古學典籍於中土的散佚，大概船山無法知曉真諦
「唯識古學」的時間觀，儘管如此，從一個客觀比較的立場，我
們可以看出其實船山的時間觀與唯識古學的時間觀亦存在以下的
相似之處：一方面正如日本佛教學者上田義文 (Yoshifumi Ueda,
1904-1993) 所指出，於唯識古學中，「時間」乃是一種不連續的
連續，而在解釋上，上田義文寫道：

> 於以三性為中心的立場上，識之前後的連續不單單只於識之
> 連續成立，在這裡，識與境呈現能所之對立，乃是無而有，
> 即只有在識外無境、境外無識這樣格局中識與境（無體）相
> 交徹方成立，因此之故，從識到識之連續並非從有到有、而
> 是從有到無、而又從無到有，這一從有到有，即從識到識之

868　同上註，頁 574。

連續由於無而有所中斷。[869]

另一方面，即使船山並沒有將「時間」視為「不連續的連續」，但是由於他對於「勢」的重視，而具體的時間實際是扣緊「勢」的變化而顯現出來。所以，對於船山來說，一種不扣緊「勢」而發展的時間，乃是不存在的。在這個意義之下，於船山眼中，時間本身乃是由於「勢」作為「中介」才連續起來──即是順「勢」而開展，在這個意義上也可以視為一種「不連續的連續」。

不過，儘管有上述意義的時間於「結構上的相似性」，然而，當「唯識古學」言「當下就是永恆」的時候，此中所牽涉到的「超時間性」概念與船山所言的「超歷史性的向度」卻不可同日而喻。

基本上，「唯識說」透過其所言之「同時因果」還可以說明「生死即涅槃」之「時間面」。由於「過去」、「現在」、「未來」均在同一「現在剎那」中，所以，當強調「現在」這一剎那時，此中「過」、「現」、「未」三時都是「同時」出現的。然而，說「三時乃是同時的」也意謂著：所謂「過」、「現」、「未」的「時間性」之消失。在此一意義上，「同時性」等同於「超時間性」。這樣一來，每一「剎那」都是「超時間的」。正面而言，這表示：如果說「超時間性」就是「永恆」，那麼，於此意義上便可有「剎那即永恆」之弔詭現象之出現。而實際上所謂「剎那即永恆」不外就是「生死即涅槃」之「時間面」。若果

---

869 上田義文，《佛教思想史研究》，頁 65。

佛家義之「實相」就是「生死即涅槃」，那麼其「時間面」正好
透過「現在即永恆」來表示！[870]

　　顯然，於此處上田義文還是回到無著以下的「時間觀」立
場：

> 只有當「過」、「現」、「未」這一方向的「時間之流」於
> 「現在」（＝「當下」）呈「三時」之「同時的圓環式結
> 構」，阿賴耶識與諸法之「同時更互因果」方為可能。就
> 是說，「現在」這一剎那中已包含了「過、現、未」三時。
> 「時間」並不是單一方面直線式連續過程，而乃係一具有
> 「圓環式結構」之「不連續的相續過程」，因而可於「現
> 在」剎那中「一時俱現」。此中，雖然「剎那」與「剎那」
> 間乃是「斷續的」，但這無改於「過」、「現」、「未」於
> 「同一剎那」中「一時俱現」。[871]

十分明顯，即使於船山的時間觀中「歷史的時間」與「超歷史的
時間」乃是攜手並進，可是，此中卻沒有這一種所謂的「同時的
圓環式結構」。如果回到《周易》的基本立場來描述，則船山所
言的「歷史的時間」乃是扣緊「三才」中的「人」而言，而其所
言的「超歷史的時間」則是緊扣「三才」中之「天」而言。換言
之，「超歷史的時間」是來表示「天行健」，而「歷史的時間」
則是勾畫「君子的自強不息」。如果從一個現象學的角度來看，
船山的時間觀中「超時間性」概念乃屬於「智測現象學」(mantic-

870　同上註，頁 65。
871　同上註，頁 75-79；陳榮灼，《上田唯識思想之研究：現象學的進路》
　　　（新竹：國立清華大學出版社，2022），頁 192-196。

phenomenological) 的向度。換言之，這是超出了「意識」之領域而立言。可是，與此不同，唯識古學所言的「超時間性」概念還是屬於「意識哲學」（Bewusstseinsphilosophie）中的概念。

無可否認，一方面船山是緊扣「超意識」的向度來說明「意識」向度中的時間，在這一點上，「永恆」的向度是與無著所言的「一時俱現」義的「超時間性」有本質上的差異。所以，即使兩者都可以言「當下即永恆」，可是在意義跟立場上，兩者都有分歧。

總而言之，即使船山的時間觀跟「唯識古學」與「唯識今學」存在上述的差異，然而從它們都重視「現在」的「首出性」，乃至肯定言「當下即永恆」的可能性，亦已可以看出船山不應該且亦不能否定唯識學的時間觀。

其次，當船山批評佛教的時間觀的時候，他也忽略了「華嚴宗的時間觀」。為了證明船山對於佛教的時間觀之批判其實並不能推倒華嚴宗的時間觀，讓我們先看華嚴宗的時間觀的基本內容。

簡單來說，「華嚴宗的時間觀」表現在法藏 (643-712) 的「一念十世」之命題。依法藏：

> 第五十世隔法異成門者。此約三世說。如離世間品說。十世者過去說過去。過去說未來。過去說現在。現在說現在。現在說未來。現在說過去。未來說未來。未來說過去。未來說現在。三世為一念。合前九為十世也。如是十世以緣起力故。相即復相入而不失三世。如以五指為拳不失指。十世雖同時而不失十世。故經云。過去劫入未來。現在劫入過去。現在劫入過去。未來劫入現在。又云。長劫入短劫。短劫入

長劫。有劫入無劫。無劫入有劫。又云。過去是未來。未來
是過去。現在是過去。菩薩悉了知。又云。無盡無數劫能作
一念頃。非長亦非短。解脫人所行如是。十世相入復相即。
而不失先後短長之相。故云隔法異成。教義理事等十門相即
相入。而不失先後差別之相。故名異成也。[872]

當然，從經典的根源來說，法藏上述的解說，基本上乃是對於
《華嚴經》中以下立場的詮釋：

於一微塵中，普現三世一切眾生；一切諸佛，於一微塵中，
普現三世一切諸佛佛事。佛子！是為一切諸佛十種無礙解
脫。[873]

此外，華嚴宗的立場其實同樣是以「現在」為優先，因其所言的
「一世」首先是指「現在」。對於「十世義」的解釋，於《華嚴
經明法品內立三寶章》中，法藏寫道：

十世義作二門。一建立者。如過去世中法未謝之時。名過
去現在。更望過去名彼過去為過去過去。望今現在此是未
有。是故名今為過去未來。此一具三世俱在過去。又彼謝已
現在法起。未謝之時名現在現在。望彼過去已滅無。故名彼
以為現在過去。望於未來是未有。故名現在未來。此三一具
俱在現在。又彼法謝已未來法起。未謝之時名未來現在。望
彼現在已謝無。故名未來過去。更望未來亦未有故。名未來
未來。此三一具俱在未來。此九中各三。現在是有六過未俱

872　法藏，《華嚴一乘十玄門》，《大正藏》第四十五冊：517a。
873　《大方廣佛華嚴經》，《大正藏》第九冊：595b。

無。問若於過未各立三世。如是過未既各無邊。此三世亦無邊。何但三重而說九耶。答設於過更欲立者。不異前門故唯有九。又此九世總為一念。而九世歷然。如是總別合論為十世也。第二相攝者有二門。一相即二相入。此二得成由二義故。一緣起相由義。二法性融通義。初緣起相由者。且如過去現在法。未謝之時自是現在。以現在現在望之。乃是現在之過去。是故彼法亦現在亦過去。所望異故不相違。又現在現在法。自是現在以未謝故。以過去現在望之。乃是過去之未來。又以未來現在望之。復是未來之過去。是故彼法亦現在亦過未。又未來現在法。亦現在亦未來。准之可見。[874]

然而，除了「十世相互同一」之面相外，此中亦有「十世相互矛盾」之面相，正如法藏進一步宣稱：

又此九中。三世現在必不俱起。六世過未亦不俱。一現在。二過未。此三定得俱。是故九中隨其所應有隱有現。以俱不俱故。且就俱中由過去過去無故。令過去現在法得有也。何以故。若彼不謝此不有故。又由過去現在有故。令過去過去無也。以若不此有彼無謝故。又由過去現在有。令過去未來無也。以由彼未謝令此未有故。又由此過去未來無故。令彼過去現在成有。以若此有彼已謝故是故由此未有。彼得未謝故也。又由過去過去無故。令過去未來無也。謂若彼不無此現不成有。現不成有此未來不成無。是故此無展轉由彼無

874 法藏，《華嚴經明法品內立三寶章》，《大正藏》第四十五冊：621c-622a。

也。又由過去未來無故。令過去過去無也。[875]

根據「六相圓融」的原理，法藏進一步把「過」、「現」、「未」，三者糅合起來，他寫道：

> 反上思之。如過去三世有此六義相。由現在未來各有六可知。二就不俱中有二。初顯現相由亦有六義。謂由過去現在有。方令現在現在成有。何者。以若彼不有無法可謝。至此現有。又由現在現在有故。方知過去現在是有。以若比不有彼有不成故。何者。若無此有。即令彼有不得謝無。不謝之有非緣起有。故不成有也。現在現在望未來現在亦二義。准上思之。過去現在望未來現在亦二義。謂若過去現在不有。即未來現在有不成故。反此亦准知。問俱者可相由。不俱者云何得相由。答俱者現相由。不俱者密相由。亦是展轉相由。以若無此不俱俱不成故。是故此九世總為五位。[876]

眾所周知，「十玄門」乃是「法界緣起」的基本結構所在。準此，法藏又將「過」、「現」、「未」三者所包含的「十門」結構開展出來。他宣稱：

> 有此十門。一如過去過去。唯一謝滅但是過去。現在家之過去故。二如過去現在有二門。謂是過去位中自現在故。以現在望之是過去故。是故此法亦現在亦過去。以所望異故不相礙也。三如過去未來有三門。一以過去現在望之。此未有故

875　法藏，《華嚴經明法品內立三寶章》，《大正藏》第四十五冊：622a-622b。

876　法藏，《華嚴經明法品內立三寶章》，《大正藏》第四十五冊：622b。

是過去家未來。二以現在緣現起猶未謝故。是現在現在。三
以未來現在望之此已謝故是未來過去。是故此現在現在。亦
現在亦過未。四未來現在亦二門。五未來未來唯一門。並准
可知。上來次第相由有斯九門。[877]

換言之，所謂「一世即九世」表示「現在」即「過去現在」、
「過去過去」、「過去未來」、「現在過去」、「現在現在」、
「現在未來」、「未來現在」、「未來過去」、「未來未來」。

又由於《華嚴經》宣稱：「無量無數劫，能作一念頃」，[878]
因此法藏進一步解說道：

或以長劫入短劫，短劫入長劫，或百千大劫為一念，或一念
即為百千大劫，或過去劫入未來劫，未來劫入過去劫。[879]

準此而觀，從一個「結構的觀點」來看，華嚴宗的時間觀也含有
跟船山時間觀中的「超時間性」相類似的向度。依法藏：

第十超間相由。謂若無初一則無後一等。是故如次及超間無
礙相由故。依是道理。令諸門相入相即。如經云。過去一切
劫安置未來。今未來一切劫迴置過去世。斯之謂也。凡論相
由之義有二門。一約力用。謂若無此彼不成。仍此非彼故。
以力用相收故得說入。然體不雜故不相是也。二約體性。謂

---

877 法藏，《華嚴經明法品內立三寶章》，《大正藏》第四十五冊：
    622b-622c。

878 《大方廣佛華嚴經》，《大正藏》第九冊：473b。

879 法藏，《華嚴一乘教義分齊章》，《大正藏》第四十五冊：
    506c-507a。

若無此彼全不成。故此即彼也。是故約體說為相即。釋此二
門如別說。是故不失本位不無即入也。思之可見。經云。無
量無數劫能作一念頃等。是此義也。[880]

而且，與船山強調「歷史的時間」與「超歷史的時間」是攜手並
進相似，華嚴宗也強調「第十世」與其他「九世」的「相即」關
係。在說明此點上，法藏指出：

第二約法性融通門者。然此九世時無別體。唯依緣起法上假
立。此緣起法復無自性。依真而立。是故緣起理事融通無
礙。有其四重。一泯相俱盡。二相與兩存。三相隨互攝。四
相是互即。初中以本從末唯事而無理。以末歸本反上可知。
經云。非劫入劫。劫入非劫。是此義也。二中全事之理非
事。全理之事非理。故俱存而不雜也。經中諸劫相即而不壞
本劫者。是此義也。三中由隨事之理故。全一事能容一切
也。由隨理之事故。一切事隨理入一中也。反上即是一入一
切可知。四中由即理之事。故全一即一切也。由即事之理
故。全一切即一也。是故唯理無可即入。唯事不可即入要理
事相從相即故。是故有即有入。時劫依此無礙法故。還同此
法自在即入餘義思之可解。[881]

當然，如果從其內容意義來看，法藏所言的「法性融通門」，乃
是就「真如」而言。這種的「超時間性」乃是緊扣「一切」(all)
而言，而於「時間性」方面，則是指「一」(one)。基於根植於華

880　法藏，《華嚴經明法品內立三寶章》，《大正藏》第四十五冊：622c。
881　同上註。

嚴宗的「法界緣起」立場:「一即一切,一切即一」(One is all; all is one),兩者既有「矛盾」的「相入」關係,也有「同一」的「相即」關係。此乃由於華嚴宗所言的「即」,是一種「對立統一」的關係。[882]

　　不過,由於華嚴宗的「法界緣起」等同於「三界唯心」。這表示華嚴宗底子裡是一種「絕對唯心論」(absolute idealism) 的立場。這顯然有別於船山的以「氣」為首出的立場。換言之,船山的基本立場乃是「反唯心論」的。在這個意義上,可能船山跟華嚴宗的時間觀產生衝突的根源。但是,如果以一個同情眼光來看華嚴宗的時間觀,正如澄觀 (737-838) 所指出:「如來迥超時數而現時數」,[883] 這其實是說華嚴的時間觀乃是站在「實踐的立場」強調「悲心」無所遺漏地涵蓋一切法而立言,因而致力於讓包含一切法的全體能變成清淨的法界,那麼,於此義上這一種理想主義的唯心立場便不一定能夠為船山所能夠推翻的了。相反地,可以說:兩者應有一互補的關係。

　　總括而言,船山所描述的佛學時間觀只是適用於空宗或中觀學派所發展出來的時間觀而已。不過,現在我們說主要感到興趣的,乃是通過對佛教的時間觀的勾畫做比較來幫助對其一己的時間觀作一個本質性的刻畫。簡言之,我們需要謹記下列船山時間觀中的聲稱:「今與昨相續,彼與此相函。克念之則有,罔念之

882　請參考:陳榮灼,〈「即」之分析——簡別佛教「同一性」哲學諸形態〉,《國際佛學研究年刊》1 期 (1991):1-22。

883　澄觀,《華嚴經疏》,《大正藏》第三十五冊:693b。

則無。」[884] 在此一意義上，時間構成了「歷史連續性」(historical continuity) 的可能基礎。然而，於船山，我們發現──儘管他要強調「現在」跟「過去」的「相續性」(temporal succession)──所謂「歷史的連續性」卻是一個相當脆弱的現象。這種傳統本身的脆弱性使得船山得要強調班雅明意義下的「蓄意的記憶」(volitionary memory)，以及通過「繼往開來」的行動方式來維持與保存傳統。所以，他提醒我們，作為一個歷史的存在必得遵守下列的格言：「後知所為必續其前，今知所為必慮其後。」[885] 這可以說是船山對於《易經》的名言「繼之者善」的「時間性解釋」(temporal interpretation) 之結果。[886]

　　此外，船山也批評佛教所言的「無心」(acitta) 一概念。依佛教，「無心」乃是修行所達到的最高的覺悟狀態：從時間的角度而言，在這種狀態中既無對於「過去」的回憶，也不考慮「未來」。可是，船山強調對於任何一種創生性的連續：「其幾在過去未來現在之三際」。[887] 理所當然地，這並不表示我們的行動可以隨意地在任何時間都可以進行。相反地，船山其實十分強調「當機」(timing) 的重要性：如果行動不以其時，那麼後果可能是災難性的。在此關節上，即使行動者原來的動機是良好的，但可能反而招來惡果。這就是我們一般所講的「好心做壞事」一現象。準此而觀，對於「行動以時」或「當機而行」之強調，乃是

884　王夫之，《船山全書》第二冊，頁 391。
885　同上註。
886　同上註，頁 389。
887　同上註，頁 392。

船山時間觀的另一個本質特徵。[888] 而於此一分際,可以見出:即使船山言「時間」之結構未如佛家來得豐富,但在回到《易經》上,他卻能進至「交易」之向度。這比佛家只能照顧「變化」來看「時間」顯得深刻。

IV

船山的「時間觀」還有一大特色,就是能夠緊扣「適當時機」(timing) 以論「時間」的本質。準此,船山宣稱「是知時者,日新而不失其素也」。[889] 一般而言,他認為「故先時者,來時者也;後時者,因時者也;然後齊及時者,安時者也」。[890] 特別地,即使在歷史發展中,要進行政治上的改革甚至革命,已經是一種箭在弦上的必然性,但是,他們也必須在一個「適當的時機」才能進行,否則便陷入如「永遠革命論」(permanent revolution) 這種無顧時間差別的意識型態,如此一來,一定會帶來災難性的後果。雖然船山同意說:「知天之機者,居靜以不傷物,而物亦不能傷之。」[891] 然而,他立刻補充道:所有的行動一定要對於進行的時機保持高度的警戒。同時他指出:「其行己

---

888 某些學者,如嵇文甫,曾指出了「時機」的重要性,但卻無人將其關聯至歷史連續性的問題上。嵇文甫,《王船山學術論叢》(香港:崇文書店 1973)。

889 王夫之,《船山全書》第三冊,頁 452。

890 同上註,頁 452。

891 王夫之,《船山全書》第十冊,頁 117。

也，述天理而時措之也」。[892] 因此之故，人類的行動想要成功，行動者也一定要對於自然的時間有所認識，如顯諸於有名的諸葛亮「借東風」這一歷史事件。基本上，當行動能夠應時而行，那麼其成功便可在望，而且亦只有在這種的處境中，歷史的連續性才可能得以保存。總而言之，船山時間觀的警惕作用明顯地見諸以下之論點：「時之未至，不能先焉。」[893]

　　對於船山而言，歷史不外就是時間的具體化。在他看來，歷史是以「事」為重點，但時間則在「理」上被強調。從歷史的觀點來說，《易經》大概是最古老的重視時間之典籍，而《資治通鑑》則是對歷史做出詳細分析的名著。因此之故，對於時間如斯強調的船山，一方面對於《易經》做出大量的注釋，而另一方面，亦寫出《讀通鑑論》與《宋論》，從而提出其歷史哲學思想，這種表現可說是理所當然的。基本上，對於船山而言：「理事不二」；而且必得「以史為鑑」方能找出行動的「好時機」來。所以在其對《易經》的注釋中，可以清楚地看出他對「當機」的重要性之強調。同時，他認為在「歷史性的思維」(historical thinking) 當中，除了必須「重視時機」而「觀時」之外，還一定要對「形勢」有所掌握。船山說，所謂「理」除了於「事」中見之外，而且所謂「理」不外就是「勢」之「必然」。一言以蔽之，依船山於面對歷史之發展過程是我們必須「即事言理」，以防止和避免「以理限事」。在船山的眼中，對於自然時

892　王夫之，《船山全書》第十二冊，頁 136。

893　王夫之，《船山全書》第十冊，頁 138；亦見嵇文甫，《王船山學術論叢》，頁 150。

間與行動的時機之掌握，關於一個文化傳統的連續性，甚至一個民族的存亡。行動者必須謹記此一至要之關鍵。否則的話，盲目的行動只會帶來災難性的後果。正所謂盲人騎瞎馬，夜半臨深淵。所以，在《讀通鑑論》中，船山強調：「《易》之為教，立本矣，物必趣時，趣之為義精矣，有進而趣，時未往而先倦，非趣也：有退而趣，時已過而猶，非趣也。」[894]

V

於本章開首我們提出下列的問題：「究竟在船山的歷史思想中，時間扮演了什麼角色？」，現在我們可以提出以下兩個論點作為答案：首先，「現在」、「過去」、「未來」時間三態的相互作用，乃是「歷史連續性」的可能性條件。其次，正如唐君毅所指出：「船山之論歷史，不只重人之動機善惡之評論，而重論一史事所由成之勢之不得不然，以見理之不得不然。」[895] 換言之，「論歷史之事之所以有，與此事之歷史價值，必須由整個歷史，以觀其時勢之不得不有此事，與對整體歷史之價值。」[896] 從這種時間觀出發，船山可以在儒家向來所重視的「道德判斷」之外，同時可以保障「歷史判斷」的「自性」(autonomy)。基本上，他的特殊貢獻在於能夠強調「當機」的重要性，以及重申於在了解任何歷史事件時，必須重視其客觀條件高於個人的動機。

894 同上註，頁 247。
895 唐君毅，《中國哲學原論・原教篇》，頁 656。
896 同上註。

對於船山而言，時間不單單是歷史性思考中的重要因子，也同時是歷史性思考的可能條件。因此之故，我們必須避免與泛道德的觀點來思考歷史。正如唐君毅所洞見：「船山之論歷史，不只重人之動機善惡之辯論，而重論一史事所由所成之時勢之不得不然，已見理之不得不然（亦重論一事影響之社會價值、文化價值，見事之結果之或有超乎人之動機之所料而合乎天下之公理者。」[897] 最後，依船山，如果我們能夠尊重歷史，那麼便會明瞭沒有任何東西是一成不變的。這是說，根本沒有什麼「歷史鐵律」可言。所謂「歷史發展必然模式」，對他來說，乃是一種不可能的夢。因為這不單會否定歷史發展的合理性，同時也會使得我們以一種僵化的角度來了解歷史。可是，真正的歷史合理性只能在歷史事件中追尋。換言之，此中「事先於理」。所以，離開了歷史事件，就無所謂歷史發展的合理性可言。可以說，歷史的發展從來不會服從於所謂恆常不變的決定性鐵律。於此關鍵上，我們可以想起謝林 (Friedrich W. Schelling, 1775-1854) 的名言：「歷史的進程並不隨著主觀意識而發展。」基本上，船山對於易的時間的了解，使他明白歷史世界之發展永遠在變動不居當中。而且，反過來說，如船山所指出：「知時，殆乎知天。知天者，知天之幾也。夫天有貞一之理焉，有相乘之幾焉。」[898]

　　所以，總括而言，對於船山來說，「時間」同時包括了「超歷史」(supra-historical) 與「歷史時間」兩個面向。此中所謂「超歷史的時間」，不外就是「自然的時間」。無疑，在方法論上，

897　同上註。

898　王夫之，《船山全書》第十冊，頁 117。

他比較強調一種「從上而下」的運動來了解「超時間」與「時間」的關聯。這大概乃是由於船山對於「陰陽不測之為神」一命題深有感受所致。所以，《易經》的作者首先有所謂「天文示象」，而在觀象之後，便發明了象數來對之表達。這就是中國傳統的曆法甚至對於自然了解即「自然觀」的起源。對於船山來說，「象」跟「數」都是非常重要的。這表示對於《易經》的正確了解甚至影響一個民族的存亡，因為象、數都是「理」的展露。由於宇宙的演變乃是一「創生性的過程」，所以人類的行動必須依循「苟日新日日新」的方式。在這個意義上，《易》的時間使得歷史的連續性成為可能，而船山的連續性的概念是超出「只是維持既往的心態」這種「墨守成規」、「抱殘守缺」的觀念之上。[899] 而這正是在強調歷史發展過程的「日日新」之性格，所以船山必也會同意班雅明所說的「歷史發展中存在革命性的時刻」。[900]

無可否認，船山並不是一個歷史學家，但他同時卻產生了兩部歷史哲學中的鉅著：《讀通鑑論》與《宋論》。至若問到緣何船山埋首撰述這兩部著作？在回答這個問題上，我們大概可以借用班雅明於其《歷史哲學提綱》(*Theses on the Philosophy of History*) 的論點「歷史中所發生的事件無一可以在歷史中消失掉」來作為

---

899 Walter Benjamin, "N [Theoretics of Knowledge, Theory of Progress]," in *Benjamin: Philosophy, History, Aesthetics,* ed. Gary Smith (Chicago: University of Chicago Press, 1983), p. 64. (Hereafter: N)

900 Ibid.

答案。[901] 理由是，船山在中華文化的存亡之刻，大概也會深深的感受到「過去本身藏有一種帶來救贖力量之時機上的指示」。[902] 可以說，他想表達的是一種這樣的論點：「所貴乎史者，述往以為來者師也」。[903] 對救贖力量的嚮往乃是船山一生著作所追求的目標，其「辯證」的進路使到我們聯想到下列班雅明的斷言：「辯證法家只能在連串的危機中看歷史，從而在當他在思維歷史的發展時，往往能夠做到趨吉避凶。」[904] 一言以蔽之，為了救贖中華文化傳統，船山回到「兩端而一致」這種根源性的關係，以此作為重新激活其生機的根源性動力，此中他也同時強調行動「當機」的重要性。因此之故，在他眼中「時間」不單單是「歷史連續性」的「動力」(dynamics) 所在，同時也是其「落實的條件」(condition of realization)。

---

901 Walter Benjamin, *Illumination*, trans. Harry Zohn (New York: Schocken Books, 1968), p. 254.

902 Ibid.

903 王夫之，《船山全書》第十冊，頁 225。

904 N, p. 59.

第十三章
牟宗三與海德格

> 「本質性思維」完全就是「有限的」思維。

> ——馬斯・穆勒

　　作為當代新儒家的主要創建者，牟宗三也因提出宋明儒「三系說」而著名於世。[905] 依牟宗三，在朱熹所代表的「理學」及陸象山與王陽明所代表的「心學」之外，胡五峰與劉蕺山形成了「第三系」。但是，雖然牟宗三的「三系說」已經改變了我們對中國哲學的瞭解，至今卻似尚沒有學者試圖找出此一學說的可能來源。為了填補此一空隙，本章將指出：首先，「三系說」可能受到了早期海德格在其《存有與時間》第二卷手稿中「三重超越性（或差異）」之劃分所影響。其次，就某種程度而言，海德格的「三種倫理學區分」也對牟宗三的「三系說」有所影響。這揭示海德格對於牟宗三的可能影響遠超其對康德「圖式論」之解釋，[906] 特別是：牟宗三藉深化其「本質倫理學」一概念對於前後期朱熹之分別作出一嶄新的釐清。此外，藉著劉蕺山對於朱熹早年與胡五峰學派關連之評述，將會論證：雖然劉蕺山事實上沒有引述到胡五峰的著作，但是這並不意味他對後者理論之不熟稔。

905　牟宗三，《心體與性體》。

906　陳榮灼，〈牟宗三對康德哲學的轉化〉，《鵝湖學誌》40 期（2008）：51-73。

面對現今不少學者提出質疑的情況下，通過對其根源的澄清，本
章將發展出一對牟宗三「三系說」的嶄新辯護。[907] 另一方面，
「第三系」與海德格的相似性可以幫助見出於何義上《存有與時
間》實已經超出「主體主義」。基本上，將會見出：當早期海德
格宣稱「存有」(Sein, Being) 要透過「此在」(Dasein) 來彰顯時，
其立場是跟胡五峰和劉蕺山的「以心著性」格局相近。

I

　　眾所周知，牟宗三對海德格的現象學基本上持一批判的態
度。早在《心體與性體》這部鉅著中他就作出下列之質疑：「即
海德格底靈魂深處恐亦是一種英雄氣的美學情調」。[908] 但是，
雖然牟宗三反對海德格的「基本存有論」(fundamental ontology)，
他對海德格的康德《純粹理性批判》「圖式論」的解釋卻是崇敬
有加。牟宗三承認：海德格的康德詮釋幫助他重新認識到其「哥
白尼式革命」的本質涵義與重要性。這使得他放棄了早期的《認
識心之批判》而走上見諸其《現象與物自身》的晚年定論。事實
上，在《智的直覺與中國哲學》一書中，牟宗三不僅摘譯了《存
有與時間》的兩個章節，而且廣泛地引述其《康德與形而上學之
問題》一書中的關鍵性論點作為奧援。[909] 更加重要是，牟宗三念

907　楊祖漢，〈論蕺山是否屬「以心著性」之型態〉，《鵝湖學誌》39 期
　　（2007）：33-62。

908　牟宗三，《心體與性體》第一冊，頁 186。

909　牟宗三，《智的直覺與中國哲學》。

茲在茲地企圖以其一己的「道德形上學」(moral metaphysics) 來取代海德格的「基本存有論」。

不過，雖然牟宗三對海德格之「基本存有論」有所不滿，我們卻仍可見出：即使其宋明儒學「三系說」的形塑也可能是受到海德格早期之「三重存有論的差異論說」的影響。事實上，在《心體與性體》中牟宗三廣泛地使用了由海德格的愛徒馬斯・穆勒 (Friedrich Max Müller, 1906-1994) 所紹述源自海德格的「本質倫理」(Wesensethik)、「方向倫理」(Richtungsethik) 和「存在倫理」(existenzielle Ethik) 一區分來論述宋明儒學不同之相應的倫理學類型，縱使他對此中關於海德格之「三重差異說」的闡釋並無作出任何申論。[910] 而此一欠闕並未排除牟宗三「三系說」之產生是受到海德格「三重存有論的差異說」之影響的可能性。為了確實瞭解這兩者可能的關係為何，讓我們先從闡釋海德格的「三重差異說」開始。

在展述海德格的「三重差異」時，穆勒寫道：

a)「超越的」(transzendentale) 或狹義的存有論差異：存有物 (being, Seiende) 與其「存有性」(beingness, Seiendheit) 的差異；

b)「具超越性的」(transzendenzhafte) 差異或廣義的存有論差異：存有物及其存有性與「存有」(Being, Sein) 的差異；

c)「超驗的」(transzendente) 或狹義之神學的差異：上帝與存

---

910 Max Müller, *Existenzphilosophie im Geistigen Leben der Gegenwart* (Heidelberg: Kerle, 1958). 牟宗三不能閱讀德文，他引述自馬斯・穆勒著，張康譯，〈存在哲學在當代思想界之意義〉，《現代學人》4 期（1962）：21-74。

有物、存有性和存有之間的差異。[911]

我們認為：牟宗三的「三系說」與此一「三重差異論」有下列之對應：

    (1) 由陸象山和王陽明所代表的「心學」相應於「超越的差異」或「狹義的存有論差異」；

    (2) 由胡五峰和劉蕺山所代表的「性學」相應於「具超越性的差異」或「廣義的存有論差異」；

    (3) 由朱熹所代表的「理學」對應於「超驗的差異」或「神學的差異」。

在解說海德格關於「第一種差異」的看法時，穆勒寫道：「在如唯心論中、思想就是無限的思想。因為沒有任何之東西可從其掌握中逃脫。於無限之反思中、無限的思想之外無物可存。」[912] 此一描述完全吻合於王陽明「無心外之理，無心外之物」的主張——甚至可被視作陸象山「宇宙便是吾心，吾心即是宇宙」一聲稱的德文版詮釋。[913] 關於陸象山和王陽明義的「心」，順著穆勒我們可以說：它是「意志的本質，可擺脫任何內容上之制約、即毋須於任何內容上有所依待，因而避開了他律，純由自身去決定。」[914] 的確，對於「心學」，如同對於「德國唯心論」一般，「精神意志的圓滿性（而意志乃是精神的本

911　Müller, *Existenzphilosophie im Geistigen Leben der Gegenwart*, p. 67.

912　Ibid., p. 65.

913　陳榮捷著，楊儒賓、吳有能、朱榮貴、萬先法譯，《中國哲學文獻選編》下冊，頁 703、795。

914　Müller, *Existenzphilosophie im Geistigen Leben der Gegenwart*, p. 30.

質，正如精神乃是意志的本質）就是對其自身所稟賦之絕對性與
無限性的自我達致」。[915] 而更加重要的是：本來如果能夠（如
海德格的「基本存有論」般）做到以「存有」(Sein) 為核心，那
麼便應肯定人之「有限性」，然而可惜「心學」與「德國唯心
論」同病相憐，不但將人之主體性「無限化」，並視之為萬物之
「本」；職是之故，兩者都犯了將「存有」(Sein, Being) 化約為
「存有性」(Seiendheit, beingness) 的過失。從而只能囿於「超越的
(transzendentale)（或狹義的）存有論差異」、即以「存有性」與
「存有物」(Seiende, being) 的差異來說明「主體性」與萬物之關
係。

　　其次，當以「天」取代「上帝」即可見出：朱熹之「心理
二分」、「氣理二分」等同於海德格義之「神學的差異」。實際
上，朱熹義的「理」對應於海德格與穆勒所稱的「存有的秩序」
(Ordnung des Seins)。[916] 兩者都可透過牟宗三下列對朱熹哲學的評
述來加以說明：

> 性只成存在之理，只存有而不活動，心只是實然的心氣之
> 心，心並不即是性，並不即是理，故心只能發其認知之用，
> 並不能表示其自身之自主自決之即是理，而作為客觀存有之
> 「存在之理」（性理）即在其外而為其認知之所對，此即分
> 心理為能所。[917]

最後，於極成其將胡五峰和劉蕺山並列為「第三系」上，牟宗三

915　Ibid.

916　Ibid., p. 30.

917　牟宗三，《心體與性體》第一冊，頁 105。

是基於兩者對《中庸》所提出之相同解釋作為證明。此中，牟宗三首先展示劉蕺山晚期對朱熹之「心性二分」或「理氣二分」立場的批評。十分清楚，劉蕺山認為朱熹此一論點偏離了《中庸》的基本立場。另一方面，劉蕺山對《中庸》的理解則與胡五峰者完全吻合。[918] 這是說，他們同樣採用「以心著性」之格局來解說心性的關係。而且，此一格局提醒我們：海德格在論述「具超越性的差異」或「廣義的存有論差異」（這是指存有物及存有性〔beingness, Seiendheit〕與「存有」〔Being, Sein〕之間的差異）時，並沒有忘記強調人與存有之間相類的親密關係。如穆勒所述：對海德格而言，「存有卻是那涵攝一切邁向其在、其現實性之實在的歷史」。[919] 事實上，這種關係早於《存有與時間》中已經都有所論述。依海德格，人是「存有」彰顯其自身之「處」(Da)。更明確地說，「人底存有」(Being of the human being) 主要被理解成「對存有之瞭解」(Seinsverständnis)。在萬物之中，人享有一獨特的地位，就是說：只有「人」方可以顯現「存有本身的真理」(Truth of Being itself, Wahrheit des Seins selbst)。從一結構的角度以觀，牟宗三所賦給胡五峰和劉蕺山的「以心著性」模式已經隱存於《存有與時間》之中。[920] 一言以蔽之，對於胡五峰、劉蕺山和海德格三者來說，人能顯現存有本身。正如劉蕺山所言：「性非心不體」。[921]

---

918 劉蕺山，《劉宗周全集》第二冊，頁 301；牟宗三，《心體與性體》第一冊，頁 30。

919 Müller, *Existenzphilosophie im Geistigen Leben der Gegenwart*, p. 67.

920 牟宗三，《心體與性體》第一冊，頁 42。

921 劉蕺山，《劉宗周全集》第二冊，頁 138。

　　以上所述大概足以顯示出於何義上牟宗三之「三系說」可能
是受到海德格「三重存有論差異」的區分之影響而發展出來的。

II

　　在近來對牟宗三「三系說」的挑戰中，有些學者論證道：不
但沒有任何文獻上之引述足以顯示胡五峰與劉蕺山有任何關連，
遑論有前者影響後者的任何證據。[922] 無可置疑，在劉蕺山的著作
中並沒有明白地指涉到胡五峰之處——此一事實也為《心體與性
體》所指出。[923] 但是，這並不排除兩者之間的可能關連性。基本
上，從劉蕺山對朱熹與張栻 (1133-1180) 通信的評述中，我們可
以合理地推論：劉蕺山對於胡五峰的論點是相當熟悉的。[924] 理由
是：在試圖為胡五峰的弟子張栻作辯護之過程中，劉蕺山顯示出
其對「湖湘學派」的同情理解。而眾所周知，胡五峰正是此一學
派的主要奠基者。

　　從一歷史的觀點而言，朱熹起先是贊同「湖湘學派」的立
場，而其早期與晚期學說的本質差別亦反映於他對此一學派的先
後不同之態度上。從一文獻的角度來說，此種改變可以明顯地從
他與張栻的通信中看出。在這些重要的信函中，朱熹不僅提綱挈
領地解說其一己對於「中和」概念的前後期不同觀點的差異，且
對其本身在「思路」(Denkweg) 上之改變有所說明。眾所周知，在

922　劉述先，《黃宗羲心學的定位》。

923　牟宗三，《心體與性體》第一冊，頁 46。

924　黃宗羲，《黃宗羲全集》第四冊，頁 830。

本質上，朱熹之「理學」就是基於其晚期的「中和論」而建立起來。

　　於《心體與性體》中，牟宗三十分詳細地區分出了胡五峰之「湖湘學派」與晚期朱熹之「理學」的根本差異。他指出：一方面，對於胡五峰而言，「性」是一「存有論的運動」，而「心」則是一「道德的活動」。這意謂：雖然「性」具有存有論上的優位性，但卻只能透過「心」、「性」才能夠彰顯出來。[925] 另一方面，對於晚期朱熹而言，「心」與「性」則是相互分開的。更加重要的是，「性」變成了僅僅是一「不活動」的「存有論原理」，而「心」亦只是屬於認知性之「現存的」(ontic) 活動。這引生了「理」與「心」之間的「存有論差異」。由於將「心」的本質功能定位為「認知性」，所以朱熹又必得區分「人心」與「道心」的不同。因此，對照於胡五峰將「性」與「心」連結為「一體」的立場，牟宗三認為朱熹於兩者之間建立了不可跨越的鴻溝。而正於此義上我們將朱熹所言之「心理二分」與海德格義「超驗的存有論差異」、即「神學的差異」相提並論。

　　現在讓我們轉向劉蕺山對朱熹之背棄「湖湘學派」所作出的評述。首先，劉蕺山完全贊同朱熹早期的中和論。尤其，如他指出：「但有覺處，不可便謂之已發，此覺性原自渾然，原自寂然。」[926] 其次，劉蕺山推崇早期朱熹於論「心」的本質功能時所作之論調：「這知覺又有箇主宰處，正是天命之性，統體大本、

925　牟宗三，《心體與性體》第二冊，頁 499。
926　黃宗羲，《黃宗羲全集》第四冊，頁 830。

達道者。」[927] 第三，對於朱熹的「中和新論」，劉蕺山則寫道：

> 而實有所謂未發者存乎其間，即已發處窺未發，絕無彼此先
> 後之可言也……以性情為一心之蘊，心有動靜，而中和之理
> 見焉，故中和只是一理。一處便是仁，即向所謂立大本、行
> 達道之樞要。[928]

從一批判的角度來看，必須指出：劉蕺山此處完全誤解了朱熹
「中和說」底「轉變的本質」。十分清楚，劉蕺山只把朱熹「中
和新說」之出現理解成非關鍵性的轉變。在劉蕺山眼中，其中之
分別只不過如他進一步於評論朱熹給張栻的信函中所寫道：「第
一書言道體也，第二書言性體也，第三書合性于心，言工夫也，
第四書言工夫之究竟處也。」[929]

總而言之，依劉蕺山看來，這些轉變充其量只顯示了朱熹
「工夫論」上的新進路，因而並不影響朱熹對「湖湘學派」的
「理論哲學」之忠實度。正正由於劉蕺山把「後期朱熹」與「湖
湘學派」的差異只化約至「實踐的層次」，所以他方會認為：在
說明朱熹的轉變上，應轉向周敦頤，而非李延平以作為參照點。
這是說，只有周敦頤、而非李延平的立場方可以充當溝通朱熹與
「湖湘學派」的橋樑。無可否認，劉蕺山後來終於也能辨認出朱
熹之「中和新說」對「湖湘學派」的棄離。然而，重要的是從其
上列對於朱熹新舊「中和說」之差異的理解可以清楚地看出：劉
蕺山不但非常熟悉「湖湘學派」之理論，而且他根本上很認同胡

927 同上註。
928 同上註，頁 832。
929 同上註。

五峰的思想。十分明顯，這是一確立劉蕺山與胡五峰在思想上有本質相似性的有力證據。

可是，相當奇怪，牟宗三本人卻竟忽視了上述劉蕺山對朱熹信函的這些具有關鍵涵義的反應。基於牟宗三辛勤地於整部《心體與性體》第三冊集中分析朱熹前後期「中和說」之轉變的本質、乃至史無前例地提出「宋明儒三系說」，此實屬一使人感到非常可惜的失誤。事實上，由此而造成的侷限也助長了當今一些學者對其「三系說」之批評的出現。不過，從以上所指出劉蕺山對胡五峰學派之認同的證據出發，卻可以為牟宗三之「三系說」作出一嶄新的辯護。因為，十分清楚：任何否認劉蕺山與胡五峰思想有本質性關連的宣稱根本無法再成立了。

III

在「轉向」(Kehre) 之後，海德格放棄了「三重存有論的差異」之說法。據其後來之說明：這是「因為它是一個未經證實，而僅是思辯性建構出的一個理論。」[930] 不過，此一改變並不影響牟宗三之「三系說」的有效性。相反地，這種區分還可以為「三系說」發展出一海德格式的安立。現讓我們來看此一弔詭式結果如何可被證成。

在對於其「三重存有論的差異說」作自我批評時，海德格承認：

930 Otto Pöggeler, *Martin Heidegger's Path of Thinking*, trans. Daniel Margurshak and Sigmund Barber (Atlantic Highlands, N.J.: Humanities Press International, INC., 1987), p. 129.

於這種超脫實在或事實之哲學活動朝向其可能性，從而挺進
那作為使得一切之可能性成立的根本可能性之存有，恰在其
行程中邁向這一可能性……這一種實在性只有那使得可能性
成立的根本可能性能夠可以為之準備一理解盤地，不過一定
要自然地挺進這一可能性，而毋須受到外加之強制才成。存
有並非「本來」即為現實的。它不是「純然的行為」，但它
卻作為使得可能性成立的可能性而實在，甚至是「實在的實
在與一切的實在」，而作為先行的實在、它既存於一切之中
又使得一切通過它而存在。[931]

這顯示出早期海德格至少犯了兩重錯誤。首先，將「存有」等
同為「超越根據」(transcendental ground)、甚至是「終極基礎」
(ultimate foundation)。其次，他並未對「存有」之作為萬物的「超
越根據」提出任何現象學的證據。簡言之，海德格早期的「三重
存有論的差異說」尚未能完全擺脫「康德式超越進路」(Kantian
transcendental approach)。在方法論上，像胡塞爾一樣，海德格未能
突破「尋本」之進路的侷限。直到「轉向」之後，海德格才得以
體認到「無本」(Ab-grund) 的積極意義。於是他方瞭解到一關於
「存有」的真正現象學只能從克服「尋本」之進路方能獲致。[932]
與此相類，「心學」同樣困圍於「超越分析」之進路。因此，海
德格的「轉向」可以為劉蕺山之反陽明「心學」提供一種支持。
實際上，這也可幫助我們見出劉蕺山之所以批評王陽明「於性

---

931 Müller, *Existenzphilosophie im Geistigen Leben der Gegenwart,* p. 67.
932 Martin Heidegger, *Identität und Differenz* (Pfullingen: Neske, 1957).

（存有）猶未辨也」絕非偶然。[933] 更重要地，海德格早期「三重差異說」的「思辯性」本質主要是顯諸於「神學的差異」（這也見於朱熹）以及「超越的差異」（這也見於陸象山與王陽明）均缺欠現象學上的「明證性」(evidence)。因此之故，從現象學的角度否定「神學性差異」與「超越性差異」之合法性並不蘊涵必須放棄「廣義之存有論的差異」的成立。而在此種改變方式下，海德格晚期對「三重差異說」之修正不僅沒有動搖牟宗三的「三系說」，而且能夠證成其對劉蕺山之進路所做的「現象學式」解釋。[934]

　　無可否認，牟宗三本人對於其「三系說」的「發生性根源」從未作出交待。然而，我們以上對其根源的探索在雙重意義上應是一有價值的補充。首先，它有助於揭露牟宗三「三系說」的隱藏動機。其次，它也能夠證成後來牟宗三將劉蕺山從陽明「心學」區分開來的舉動。總而言之，這對於其「三系說」無論於釐清其本質或為其正確性之辯護上都可產生正面的作用。

　　值得補充的是：在《存在哲學在當代思想界之意義》(Existenzphilosophie im Geistigen Leben der Gegenwart) 一書中，穆勒還介紹了海德格關於「本質倫理」、「方向倫理」和「存在倫理」的區別。在釐清三者的差異時，穆勒首先寫道：

> 於本質倫理學之倫理中個人為各種之存有秩序所覆蓋，所以這種倫理乃是一種覆蓋與遮蔽的倫理；與此相反，唯心論的倫理學之倫理則是一種全面開展性的倫理：它擺脫了牢

933 劉蕺山，《劉宗周全集》第二冊，頁 285。
934 請參本書第三章〈論唐君毅與牟宗三之「蕺山解」〉。

固的覆蓋性本質秩序、而代之以直接通向無限的、無內容的
境界之突進。於本質哲學之實在論中，存有被等同為種種之
本質秩序，在其背後存有卻同時消失了，而只淪為這些本質
秩序。另一方面，唯心論則把存有等同精神，而精神就是那
從感性和有限性解放出來的無限性、亦即是絕對的自由本
身。[935]

從一歷史的觀點來看，柏拉圖、亞里斯多德和聖多瑪斯被視為
「本質倫理」的代表；而從康德到黑格爾「德國唯心論」的倫理
學說則屬於「方向倫理」。此外，在肯定「存在之抉擇」作為
「存在倫理」的核心概念上，海德格與沙特乃是其主要奠立者。

　　原則上，此三種倫理學之區分亦可對牟宗三的「三系說」
作出支持。眾所周知，牟宗三鮮明地將「心學」視作一「方向倫
理」。而在證成此一定性時，他指出：如同德國唯心論，「心
學」將人等同為一絕對無限的心靈。[936] 基本上，牟宗三宣稱：
「攝理歸心，心即是理……心亦即是『道德判斷之標準』」乃是
「心學」的口號。[937] 此外，與德國唯心論肯定「神聖本性」之說
法相似，「心學」確立了「道體」、「性體」、「神體」、「仁
體」和「誠體」等概念。毫無疑問，亦正如牟宗三所強調：類似
於德國唯心論反對康德只以「自由意志」作為一「設準」的立
場，「心學」堅持：在「心體」之「開顯」(Entbergung) 過程中、
「自由意志」可以「具體地呈現」(concretely present)。

935　Müller, *Existenzphilosophie im Geistigen Leben der Gegenwart*, pp. 30-31.
936　牟宗三，《心體與性體》第一冊，頁 184。
937　同上註，頁 165。

其次，在描述朱熹倫理學之特性時，可以遵循穆勒下列的描述：「於此中人之意志活動為受到一外來者所決定，即受制於具有一定內容的自然本性、欲望，乃至種種的特定目標，以致意志無論在動機或方向上都受制於這種『他律』。」[938] 而這正是牟宗三將朱熹倫理學判為「本質倫理」的理由所在。[939] 正如牟宗三所描畫：

> 此一系統澈底是漸教，亦澈底是唯智主義的他律道德。形構之理之重要即順成此他律道德。形構之理與存在之理皆所以律吾人之心氣者也。……此一系統亦使一切行為活動只要是順理（順形構之理之實然與順存在之理之當然與定然）即是道德的，此是唯智論與實在論之泛道德，而道德義亦減殺。此其所以為他律道德，亦曰「本質倫理」也。……提綱說，這一存有之系統，即是應當之系統。此是以「存有」決定「善」者。此其所以為實在論、為本質倫理也。[940]

無疑，在牟宗三眼中，朱熹的倫理學為一「他律道德」——因而必須被批評。不過於，方法論上，朱熹的「唯智主義」(intellectualism) 祇是其「本質倫理」的結果、而並非其原因。正如牟宗三所強調：

> 理是存有論的實有，是形而上者，是最圓滿而淨潔空曠的；而心是經驗的認知的心，是氣之靈，是形而下者。因此，決

---

938 Müller, *Existenzphilosophie im Geistigen Leben der Gegenwart,* p. 59.

939 牟宗三，《心體與性體》第一冊，頁 59。

940 同上註，頁 111-112。

定我們的意志（心意）以成為吾人之實踐規律者乃是那存有
論的實有之理（圓滿之理），而不是心意之自律。因此，
對氣之靈之心意而言（朱子論心只如此，並無孟子之本心
義），實踐規律正是基於存有論的圓滿之他律者。故彼如此
重視知識。[941]

此外，正如穆勒所進一步指出：「本質倫理學的口號是：你要通
過實現你的自然本性來完善自己，這只能透過遵守秩序來進行，
而這同時意謂：當你達致圓滿且對這種圓滿性有所認識，那時你
便成為有福之人了。」[942] 這可幫助說明朱熹之「主敬論」的目
標所在。一般而言，依「本質倫理」之觀點，「只有當人將種種
之客觀可能性、種種之本質性轉化成現實的存在，從而建立出家
庭、經濟條件、藝術、科學知識和國家，方為使得自己真正落實
與達致圓滿。」[943] 此處亦可有助於瞭解緣何朱熹如此重視《大
學》一書。但是，在「存有論的層次」上，像作為本質倫理的西
方主要代表之柏拉圖一樣，朱熹主張「兩重世界的理論」(two-
world theory)。就是說，如同於柏拉圖的哲學中，朱熹的「本質倫
理」與其「實在論之形上學」並行不悖。這證實了前面所揭示的
論點：於其哲學的底層有一可與「神學的差異」相提並論的「存
有論的差異」。

最後，於釐清海德格義「存在倫理」概念時，穆勒寫道：

人的本質是：「挺立」(Ek-sistenz)，即是躍升至存有中去

941　牟宗三，《從陸象山到劉蕺山》，頁 10。

942　Müller, *Existenzphilosophie im Geistigen Leben der Gegenwart*, p. 26.

943　Ibid., pp. 26-27.

(*Ausstand in das Sein hinein*)、對之開放。人的生命是一「走
出自身的存在」(*Aussersichsein, Ekstasis*)，這是說：人不是存
在與挺立於自身之中、而乃是於「存有」之中。並不是人作
為主體本身便可以變成「存有」、「絕對」與「無限」……
人不是「存有」本身，更不是「存有」之「主宰」，而乃是
「存有」之「守護者」、「存有」之「牧者」。「存有」雖
然無限地超越人，但它卻將自己托付給人；「存有」恰在這
一「將自己托付給人」、「將自己付給人之手」中，讓人參
與此一無限的超越過程。[944]

相類地，正如牟宗三所指出：

> 「存在倫理」以「存有」（實存）為中心：面對實有而站出
> 來，把自己掏空，一無本性，一無本質，然而完全服役於實
> 有便是人的本性、人的本質，即真實存在的人。[945]

這是說，「存在倫理」不但凸出人之「有限性」(finitude)，而且，
此中透露出「人能弘道，非道弘人」的格局，這與胡五峰和劉蕺
山所持之「以心著性」立場非常相應。特別地、劉蕺山不是高呼
「天非人不盡，性非心不體」嗎？[946] 不過，相當可惜，牟宗三並
未將「第三系」單獨視為「存在倫理」，他反而宣稱：

> 就海德格說，當「後天而奉天時」的時候，就是他的「存在
> 倫理」。可是「後天而奉天時」原與「先天而天弗違」連在

944　Ibid., p. 41.

945　牟宗三，《心體與性體》第一冊，頁 186。

946　劉宗周，《劉宗周全集》第二冊，頁 138。

　　一起的。良知的當下決斷亦就是他的「存在倫理」中之存在
　　的決斷，獨一無二的決斷，任何人不能替你作的決斷。可是
　　良知的當下決斷原是本良知本體（即性體心體）而來。**947**

十分清楚，對牟宗三而言，作為「方向倫理」之皎皎者的陸王
「心學」同時乃是「存在倫理」的一個代表。這顯示了牟宗三並
未看出「方向倫理」與「存在倫理」之間的本質差別。職是之
故，縱然牟宗三努力地將胡五峰與劉蕺山從「心學」中分離出
來，他卻對「第三系」與「心學」的倫理學作出一致之定性。換
言之，在他眼中，這兩個學派同時符合「方向倫理」和「存在倫
理」的標準。特別地，他強調「存在的抉擇」應該由王陽明義的
「良知」所執行。這意謂：如果離開了良知，則一切「存在抉
擇」都不可能。

IV

　　從一反省的角度出發，可以提出下列的質疑：牟宗三會否接
受王陽明的「良知」等同於海德格之「此在」(Dasein) 的結果？
從牟宗三之拒絕海德格的《存有與時間》，可以確定地推論出否
定性答案。十分明顯，對他而言，「存在抉擇」之真正主體應當
是王陽明的「良知」、而非海德格的「此在」。此外，在堅持
「良知」的「無限性的」情況下，牟宗三必然地會拒絕海德格認
為「人是有限的」一主張。但是，細察之下，於將「第三系」
與「心學」兩派的倫理學混成一體上，牟宗三卻因而犯了一個

---

947 牟宗三，《心體與性體》第一冊，頁187。

「自相矛盾」的錯誤。理由是:「存在倫理」的主體必須是「有限的」,而這正與「方向倫理」中之主體為「無限的絕對精神」相互對立。如前所述,實際上陸王「心學」與「德國唯心論」一般同將人之「主體性」「無限化」,因而只能以「存有性」(Seiendheit, beingness) 與「存有物」間之「超越的 (transzendentale)(或「狹義的」)存有論的差異」來說明「主體性」與萬物之關係。於此義上,陸王「心學」根本與以「存有」(Sein, Being) 為核心的「存在倫理」無緣。

毫無疑問,如果忠實於其宋明儒「三系說」的立場,那麼仍可找出修正牟宗三上述的錯誤之途徑。事實上,甚至早在牟宗三引入宋明儒「三系說」之前,他已經體認出:對劉蕺山而言,「心自心,意自意,原不可以意為心,但不可離意求心耳。」[948]原先當劉蕺山宣稱「意者,心之所存,非心之所發也」,[949] 其目的就是要以他所言之「意」來取代王陽明義的「良知」。就倫理的向度而言,這意謂:依劉蕺山,只有他所言的「意」,而非王陽明的「良知」,方是「心」的主宰。於重新將「意」定義成「心」的「定盤針」上,劉蕺山之立場在本質上已經遠離了王陽明學派。這蘊涵在其倫理學中,劉蕺山是以其所瞭解的「意」,而非王陽明義的良知,作為「存在抉擇」的主體性。所有這些均在在地顯示出兩者的倫理學在本質上之差異:一方面,陽明「心學」屬於「方向倫理」,而另一方面,劉蕺山「性學」則屬於

---

948 劉宗周,《劉宗周全集》第二冊,頁 344;牟宗三,《宋明儒學的問題與發展》,頁 174。
949 劉宗周,《劉宗周全集》第二冊,頁 390。

「存在倫理」。然而，這也同時證實了牟宗三早期的洞見：「劉蕺山不先抽離地設定一『無善無惡』之『心之體』，直就具體的眼前呈現的動用之心而言心，此不是超越分解地說，而是現象學地、描述地說。」[950] 更明確地，正如牟宗三所進一步闡釋：劉蕺山的心「雖不是經驗層上的『念』，但它卻也是現象學地呈現的，它不是一個抽象，也不是一個設定」。[951] 最為關鍵的是：順著劉蕺山的現象學進路，「心」可以被具體地給出的。相比之下，王陽明卻無法提出任何現象學上之證據來顯示其所言之「良知」非僅為一設定而已。因此之故，藉著將劉蕺山的「存在倫理」從王陽明的「方向倫理」區分開來，反而可以強化牟宗三「宋明儒三系說」的正確性。

另一方面，可以發現：「內在的超越」(transcendence in immanence) 之概念是同存於海德格和「第三系」中。這讓我們進一步見出：胡五峰和劉蕺山的「以心著性」模式也潛藏於《存有與時間》之中。首先，就早期海德格緊扣「顯現存有」言「此在之存有」而論，我們已不能宣稱《存有與時間》是受困於「主體主義」。無可否認，當代研究海德格思想的學者中，不少都錯誤地以為《存有與時間》持有的立場之失。但通過「第三系」之「以心著性」的格局反而可助釐清它並無此過。此外，在「轉向」之後，海德格發現「存有的真理」是一「彰顯」和「隱閉」之「雙重活動」。這讓他體認到：「非真理」(untruth, Unwahrheit) 屬於真理的「本質」(Wesen)。在此一對真理本質的新發現之幫

950　牟宗三，《宋明儒學的問題與發展》，頁 173。
951　同上註，頁 174。

助下，海德格其實可以重建其早期的「三重存有論差異」理論。無可否認，如前所述，海德格本人晚期由於這一理論的「臆測性」而對之放棄。不過，順著其晚期「存有之真理」的新概念，應可以發現：實際上，「神學的差異」和「超越之（狹義的）存有論差異」二者的思辯性格只不過顯示了它們的「非真理」地位。然而，作為「非真理」，這無改它們仍可屬於真理的本質。換言之，它們反而應視為屬於「作為存有底歷史的形上學」(Metaphysik als Seinsgeschichte) 一部分。於此意義上，這兩種「存有論的差異」的可能性反而印證了只有「存有物」及其「存有性」和「存有」之間的「存有論的差異」——即「廣義存有論差異」——方為「存有底真理」中與「真理」相應之部分。這樣一來，相應地，可以再次支持「第三系」是優於「心學」和「理學」。

　　基本上，藉助於海德格之「三重超越性」之概念還可為牟宗三的「宋明儒三系說」提供一嶄新的勾畫方式：首先，朱熹之「理學」所信守的乃是「超驗之超越性」(transcendent transcendence) 觀念——因為「理」外在於「心」。其次，在肯定「心與理同一」上，陸象山和王陽明的「心學」僅僅把「超越性」化約成「內在性」（即 transcendence = immanence）。換言之，其「主體主義形上學」在本質上以「內在性」吞沒了「超越性」。而與此兩種立場殊異，於胡五峰和劉蕺山的「性學」卻找到可以相應於「內在的超越性」(immanent transcendence) 之概念。這因為惟有奠基於「以心著性」的模式上，真正之「內在的超越性」方可能。

　　總括而言，海德格之「廣義之存有論的差異」顯示了胡五

峰和劉蕺山之「性」一概念的現象學分位。這是說，「第三系」
的「性」是一「存有論的」(ontological) 概念。相比之下，朱熹
與「心學」所立言之「性」則是屬於「現存的」(ontic) 概念。而
且，還可以看出：陸王「心學」與朱熹的「理學」難以通過海德
格對「形上學的批判」，但胡五峰和劉蕺山的「第三系」卻可以
和海德格的「存有思想」並行共存。[952] 此也可對牟宗三立足於
「第三系」發展「儒家式圓教」之應有做法有所支持。[953] 因此之
故，雖然牟宗三本人反對海德格的現象學，可是十分弔詭地，海
德格的「存有思想」反而對其「宋明儒三系說」之成立有莫大甚
至不可或缺之裨益！

952　Wing-cheuk Chan, "Confucian Moral Metaphysics and Heidegger's Fundamental Ontology," *Analecta Husserliana* 17 (1984): 187-202.

953　牟宗三，《圓善論》。

第十四章
圓善與圓教

最高的幸福……從來不會是圓滿的……而是在於對於新的有
趣的事情和新的完滿的不斷追求和進步之中。停滯不前只會
使我們的心靈變得愚笨起來。

——萊布尼茲

在將儒家重建為一「道德形上學」之後，牟宗三又致力於建
立一儒家式的圓善論。在其《圓善論》中，牟宗三順著康德的立
場開宗明義地宣稱：「圓滿的善是哲學系統之究極完成之標識。
哲學系統之究極完成必函圓善問題之解決；反過來，圓善問題之
解決亦函哲學系統之究極完成。」[954] 理由是：「依康德，哲學系
統之完成是靠兩層立法而完成。在兩層立法中，實踐理性（理性
之實踐的使用）優越於思辨理性（理性之思辨的使用）。實踐理
性必指向於圓滿的善。」[955] 如眾所周知，康德的「圓滿的善」是
指「德福一致」，康德認為「道德」與「幸福」之結合是「綜合
的」而不是「分析的」，但是康德認為：「在實踐原則中，我們
至少可以思議『道德底意識與作為道德之結果的那相稱的幸福之
期望這兩者的一種自然而必然的連繫』為可能」，[956] 因此，他

954　牟宗三，《圓善論》，頁 ii。
955　同上註。
956　同上註，頁 206。

最後訴諸上帝之存在來作為圓善之可能基礎。換言之，圓善之可能是要靠上帝之保障德福之間的必然聯繫。然而，對於康德這一依據基督敎傳統而來的關於圓善的可能性之解答，牟宗三卻不能接受。其理由是：「康德的解決並非圓敎中的解決，而乃別敎中的解決。因為敎即非圓敎，故其中圓善之可能亦非真可能，而乃虛可能。」[957] 相比之下，圓善「之真實可能只有在圓敎下始可說也」，[958] 而儘管牟宗三同意「圓敎」之確立，是以佛敎方面之天台宗貢獻最大，但卻強調：「圓境卻必須歸之於儒聖」[959] 因為只有「依儒家義理而說儒家圓敎……之顯出始可正足解答圓善之可能」。[960] 此外，牟宗三還聲稱「圓敎成則圓善明」，而「圓敎種種說，尼父得其實」。[961] 那麼，儒家式圓善論之完成便代表整個人類「哲學系統之究極完成」，[962] 而「哲學思考至此而止」。[963]

I

對於牟宗三上述這些論點，我們想提出一些反思式的置疑。首先，在圓善問題上，牟宗三之所以不能接受康德之依基督敎傳統而成的解決，是因為「上帝之保證圓善之可能終是一句空話，

957　同上註，頁 i。
958　同上註，頁 265。
959　同上註，頁 x。
960　同上註。
961　同上註，頁 334。
962　同上註，頁 ii。
963　同上註，頁 334。

而圓善亦終於不可得其具體而和真實的意義之可能」。**964** 但是，為什麼透過儒家式圓教對圓善問題之解決，又能不止是一句空話而已？其次，是否「圓善問題」真的是哲學系統之究極問題？又當牟宗三提出其圓教式解答時，是否表示儒家已是一究極的哲學系統？即是否整個人類的哲學思考可以於此儒家式圓善論而止？

　　基本上，牟宗三這種透過「道德形上學」的進路對圓善問題的解決，其關鍵在於人作為「無限心」之可能——即「必昇至『明覺之感應為物』，然後始可致福德一致」」。**965** 首先，我們認為這種做法在本質上只是將「圓善問題」完全「存有論化」。雖然這種解決方式無需依靠外在的上帝，但這種建基在「無限心」的存有論義之創生作用之上所能談到的「福」，頂多只能算是「天福」，而沒有涉及「人爵」。因為當牟宗三宣稱：「無限心於神感神應中潤物、生物，使物之存在隨心轉，此即是福」**966** 時，他坦然承認此「自然王國」卻「非現象層次自然」，可是，他也肯定「所欲所樂都屬於福」，**967** 顯然，「作為感觸世界中的結果看的幸福」，**968** 是毫無疑問地屬於「現象層次的自然」。借用海德格的術語來說，「圓善問題」中所涉及的「福」乃是屬於「現存的」(ontic)。所以，如果按照牟宗三這種將「福」化約為「天福」的立場，來解決康德所提出之圓善問題，那麼，這個

964　同上註，頁 x。
965　同上註，頁 333。
966　同上註，頁 57。
967　同上註，頁 220。
968　同上註，頁 202。

「福」的概念便完全失去其在康德所提出之圓善問題中的原有意義，這實際上等於並沒有解決「圓善問題」——眾所周知，康德是緊扣滿足我們的「所欲」而言「福」的。

其次，關於康德之所以追求「福德一致」，其背後動機是在於希望保障：「好人有善報，壞人有惡報」。但康德也明白「道德」與「幸福」之間在現象界中，並沒有必然的聯繫，因此他唯有藉助於上帝來扮演幸福之分配者，以達到「幸福必須準確比例於道德」。當然，由於康德這種主持「幸福」與「道德」之間之準確的比例者是上帝，所以這種「幸福必須準確比例於道德」之主張還可以不算危險，但是如果主持這種「準確的比例於道德之幸福的分配者」，是落在人身上，那麼這種立場——即以道德作為幸福之分配標準——是很容易引起負面的結果產生：就是可能會出現如在大陸所見的「紅專問題」的流弊。如果以「紅」和「道德」相提並論，那麼我們便可以看出：上述這種立場，很容易導致人們只需「紅」而不必「專」，卻可必然的獲得「幸福」；然而，這最後只使得整個社會走向「一窮二白」的困境。其實羅爾斯 (John Rawls, 1921-2002) 在其《正義論》一書中，便曾批評這種「以道德作為分配標準」的想法，例如他清楚地宣稱：「道德價值的概念並不提供一個用於分配正義的第一原則」，[969]又說：「關於正義的分配額是按照各人的道德價值來獎賞各人的說法是不正確的」。[970] 儘管羅爾斯同意：「確實，在一個合理的

---

969 John Rawls, *A Theory of Justice* (Cambridge, Mass.: Belknap Press of Harvard University Press, 1971), p. 312.
970 Ibid., p. 313.

組織良好的社會中，那些觸犯了正義法律而受到懲罰的人，通常是做了惡事」，[971] 但他同時也指出：「把分配的正義和懲罰的正義看成是相對立的兩端是完全錯誤的，這意謂著在不存在道德基礎的分配額那裏加進了一個道德基礎。」[972] 因此之故，如果儒家式圓善論，是一方面仍然堅持康德那種「幸福之分配必須準確的比例於道德」的立場，而又把這種幸福之分配者從上帝轉移到人的身上，那麼，他必須要面對來自羅爾斯之批判，同時那種已經出現在大陸之環繞「紅專問題」而見到的「泛道德主義」之弊：即大家「做也三十六，不做也三十六」，而終導致整個國家陷於「一窮二白」之毫無幸福可言之境地，儒家式圓善論又應如何來防範呢？

當然，儒家可以辯說作為幸福的分配者乃是聖人，而聖人是絕對無私的，所以把一定能夠做到公平的分配，不會產生流弊。但是，即使聖人毫無私心，可是道德的價值又怎麼能夠被客觀的量度？就是說：聖人如何能夠知道「誰是道德」、「誰是不道德」？另外如果「幸福」是如康德所言乃是指對我們所有「欲求之滿足」，那麼，顯然每個人的欲求都不一樣，只是作為道德修養完美者的聖人，又如何能夠知道每個人的欲求之內容？誰能「準確的比例於其道德價值」而分配其在欲求上相應的滿足？即使之獲得相應的幸福？這一切的可能，唯有當我們假定聖人，除了是一位道德的完美者以外，還必須是一位好像佛教中所言的「一切智者」。換言之，做為「無限心」的聖人，如果他真的能

971　Ibid.

972　Ibid., p. 315.

夠取代來自基督教傳統的上帝，擔任那「準確的比例於道德而分配幸福」的主持人，那麼，他也必須像上帝一樣，除了「全善以外，還必須有「全知」和「全能」之條件。

可是，在牟宗三的「圓善論」中我們找不到好像佛教所提出的關於「一切智者之存在」的說法和論證。特別地，即使在建立儒家之圓善論上，牟宗三還欠缺對「理論理性」這一向度的重視與運用。這點其實牟宗三本人也有意識到，但他只是仍然滿足於「取疏解經典之方式講，不取『依概念之分解純邏輯地憑空架起一義理系統』之方式講。所以如此，一因有所憑藉，此則省力故；二因講明原典使人易悟入孟子故；三因教之基本義理定在孟子，孟子是智慧學之奠基者，智慧非可強探力索得，乃由有真實生命者之洞見發，為不可移故」。[973]

但是，正如牟宗三本人也指出「哲學系統」之完成，按照康德除了「實踐理性」以外，還必須依恃「理論理性」之使用，所以一個欠缺「理論理性」的圓善論，能否符合康德所說的「哲學系統」意義？這是非常值得懷疑的。眾所周知，中國哲學向來缺乏「理論理性」，因此，從黑格爾以來，很多西方思想家便否定中國有哲學之存在，而逕稱哲學源於西方；實際上，牟宗三本人也承認中國哲學向來缺乏「知性」，而康德所說的「理論理性」基本上就是「知性」。這樣一來，不但中國傳統哲學——當然包括孟子思想在內——很難符合康德「哲學系統」之定義，而一個漠視「理論理性」之使用而建立出來的圓善論，也很難符合這一定義，更遑論可以享有「哲學系統」之究極完成的資格呢？

---

973 牟宗三，《圓善論》，頁 x-xi。

其次，康德本人之所以提出「圓善問題」，主要是要回答：
「我們能祈望什麼？」這一問題，可是，依照康德本人，「我
們能祈望什麼？」這一問題，只是與「我們能知道什麼？」即
「我們應該做什麼」三者並列，而康德之所以提出這三個並行的
問題，目標在於回答更重要的「人是什麼？」這一問題。所以圓
善問題之解決，在康德只是一個基本環節，而非哲學系統之究極
完成的標識。無可否認，正如牟宗三所指出：康德在討論到「哲
學」一詞之古義時，是將「哲學」等同為「最高善之理論」，但
是徵之於康德本人「哲學系統」之基本問題，「最高善論」只是
他的哲學的一個環節而已。另一方面，無疑在希臘「古典的政治
學」或「實踐哲學」，乃是存在著下面如哈伯瑪斯所指出的三個
特徵：（一）政治學在於研究幸福與道義的生活原理，政治學乃
是倫理學的延伸；（二）古典政治學從不管技術問題，根本對於
在政治上進行科技管理一無所知；（三）只滿足以「實踐智慧」
(Phronesis) 為能力，而沒有將政治學發展為一有確定性的嚴格知
識。但是，哈伯瑪斯同時也指出「古典政治學」仍只是「實踐
哲學」，並非「社會哲學」；而從「實踐哲學」進展至「社會哲
學」之開出，則乃是「近代哲學」的一個本質特徵，這一轉變首
先出現在霍布斯 (Thomas Hobbes, 1588-1679) 的思想中。[974] 康德
本人的實踐哲學，可說是處於這一轉變的中間地帶。所以，即使
「圓善問題」是如牟宗三所說，於康德的實踐哲學中居有首要的
地位，但是徵之於整個西方哲學的發展，把「圓善問題」看做

---

974 Jürgen Habermas, *Theory and Praxis,* trans. J. Viertel (Boston: Beacon, 1973), p. 42ff.

「實踐哲學」的首要問題，只是「古典政治哲學」之殘留而已。而隨著「社會哲學」之開展，西方哲學早已轉進一個新的向度之提昇。因此之故，即使「圓善問題」能夠充分被解決，也只能代表一個「古典問題」的終結，甚或是「古典實踐哲學」的終結，而不能說是整個「哲學」本身之究極完成。這一點特別可以從牟宗三本人在《政道與治道》一書中的立場，來做一補充說明。在此書中，牟宗三很能夠批評傳統儒家把政治與道德混在一起之流弊，而提出要建立尊重政治領域之自性的「新外王哲學」。然而，如今儒家的「新外王哲學」還尚未見到有任何系統之構造，豈可因為圓善問題之解決，便把儒家視作哲學系統之究極完成，且聲稱哲學思考至此而止？

II

此外，牟宗三曾自設問：「你們儒家既這樣重視道德實踐，使道德實踐成為睜眼點，何以你們中國如此殘暴？你們中國人又有多少道德實踐？」他跟著辯稱：「此為問非其類。因為實理之本質既如此，你就當正視此作為核心的實理之本質，至於某時某處有若何結果或成敗利鈍出現乃是第二義的問題或其他方面的問題，不能一概而論。」[975]

但是我們卻要想一想：馬克斯主義在今日之所以受到猛烈的批評，還不是因為在東歐之實踐上的失敗而導致的嗎？其實從純理論的觀點來看，共產主義社會的「各盡所能，各取所需」之原

---

975 牟宗三，《圓善論》，頁 156。

則，比起以道德作為幸福的分配基準的圓善思想來得公平，但卻仍因為脫離實際而淪為「烏托邦」罷了。

牟宗三又認為整個西方文化固有精采，但作為人世之核心的道德實踐卻成為了虛點。原因之一，是在西方思想中，「主體之門不開」。[976] 這卻使我們聯想起黑格爾在《歷史哲學》中，下列對東方文化所做的批評：

> 東方世界把道德的實體性作為它們的核心原則，從而第一次克服了沉沒在實體性之中的隨意性。道德的規定被宣稱為法規，然而這些法規卻作為一種外在力量支配著主觀意志；一切內在的東西、思想、良心、正式的自由都不存在；法規僅僅以外在方式得以執行，只是作為強制法律而存在⋯⋯但是即使對道德的內容做了完全正確的規定，內在的東西也還是被外化了。那種發布命令的意志並不缺少，缺少的倒是那種發自內心的行動抑制。由於精神還沒有獲得內在性，所以它僅僅表現為自然的精神狀態。[977]

因此之故，黑格爾宣稱在中國：「自由的情感，特別是道德的立足點被徹底抹殺了。」[978]

黑格爾的批評的確值得我們深思，因為從儒家的「仁義內在」似乎不能馬上把「良心」直接等同為康德義之「自律道德」

976 同上註，頁 155。

977 Georg W. F. Hegel, *Vorlesungen über die Philosophie der Geschichte*, (Frankfurt/M.: Suhrkamp, 1970), p. 142ff. 中譯見：夏瑞春編，《德國思想家論中國》（南京：江蘇人民出版社，1989），頁 111。

978 同上註，頁 124。

中的「道德主體性」。首先，「自律道德」中的「定言命令」是要滿足知性的條件，但牟宗三本人也承認中國文化缺乏「知性」之向度，故提出其「一心開二門」的思想，來加以補救。顯然儒家的道德哲學向來並沒有把良知提昇至知性之層次來開展。其次，「自律道德」之可能，必隱含主體對其行動之「負責任性」(responsibility)；但是中國傳統的道德哲學罕見有論及道德主體對行動之負責問題。這樣看來，儒家之討論良知畢竟還沒有遠到康德義的道德主體性之層次，更遑論有像黑格爾那樣能夠以「倫理」(Stittlichkeit) 來揚棄「道德」(Morolität)，使得道德實踐能夠在相應的政治自由條件下得以落實的立場。另一方面，儒家向來言道德，有偏「內聖」輕「外王」之傾向，以致道德之實踐只緊扣個人的修養功夫而立言，往往忽略了相應的政治條件是道德實踐得以落實之基礎這一要點，終致在現實上找不出一些具體的「道德人格」(moral personality) 來。其實，從中國大陸四十年來，根本無法出現有道德上的完整人格這一事實，便可知道相應的政治自由是道德自由之落實的不可或缺乏條件。

III

　　基本上，牟宗三是認為只有進至「圓教」之立場方能解決「圓善」之問題，可是「正統的儒家」是否有一種「圓教」的立場呢？牟宗三又於何意義上肯定儒家為一「圓教」呢？

　　首先，依照牟宗三「正統的儒家」是以「知體明覺」為一具有創生義的「無限心」：

　　依此無限智心之潤澤一切，潤適一切，通過道德的實踐而體

現之，這體現之至極，必是以天地萬物為一體，為一體即是無一物能外此無限智心之潤澤。以天地萬物為一體之生命，即是神聖之生命，此在儒家，名曰聖人或大人或仁者。仁者之以天地萬物為一體非私意之臆想造作其是如此，乃是其心之仁（其無限智心之感通潤物之用）本若是其與天地萬物為一體也。此即是說，其無限智心本有此存有論的遍潤性。此遍潤性之所以為存有論的乃因此無限智心是「乾坤萬有之基」之故也。[979]

但是，依照牟宗三在《佛性與般若》的看法，要發展成為「天台宗式圓教」，必須滿足下面之條件：首先，必須進至說「法性是無明」；其次，其所言之「心」乃是「一念無明法性心」；最後，更重要的是其對一切法之存有論「根源」之解釋是在於「從無住本立一切法」。[980] 顯然，此義之「圓教」中的「心」並不能是「無限心」而只能是一「有限心」。而言「從一念無明法性心立一切法」，不外就是說「從無住本立一切法」，這意謂此「心」並非一切法之「本」（而乃是一「無住本」）。相比之下，「正統儒家」卻以其「心」為「無限心」，並把此「無限心」看做一切法之「基」之「本」；所以在這兩個重要關鍵上，「正統儒家」根本不能看做「天台式圓教」。其實，當牟宗三在《圓善論》中首先指出：「王陽明之四句教尚不是究竟圓教，但只是究竟圓教之事前預備規模。究竟圓教乃在王龍溪所提出之『四

979 牟宗三，《圓善論》，頁 307。

980 牟宗三，《佛性與般若》（下冊），頁 679。

無』，而四句教則為『四有』也。」[981] 繼而終於又承認：若真依天台「『一念三千，不斷斷，三道即三德』之方式而判，則『四有句』為『別教』，『四無句』為『別一乘圓教』。」[982] 就已顯然自覺到「正統儒家」乃是無法符合成為「天台式圓教」的條件。

但是，為什麼牟宗三還堅持儒家是一種天台式的圓教呢？主要原因在於牟宗三認為：儒家中的胡五峰之「天理人欲同體而異用，同行而異情」的模式，[983] 卻可以滿足成為「天台式圓教」的資格。但是，即使胡五峰的思想是一種真正的圓教，然而，在其「以心著性」之立場所言之「心」能否看成是一「無限心」，卻大有疑問。更何況當牟宗三本人把劉蕺山與胡五峰判為一系，劉蕺山之主張「性體奧密」固與五峰之言「性也者，天地上鬼神之奧也」立場一致。而且，在遵守「歸顯於密」的原則下，很難會有以「心」做為「乾坤萬有基」的立場。一言以蔽之，如果從胡五峰到劉蕺山這一系之思想真的是符合做為天台式圓教之條件，那麼，他們不但要反對「無限心」之概念，且必須持有「無住本」的想法。

可是，牟宗三本人卻好像沒有覺察這一重要區別的存在，最後又終於回歸到「正統儒家」之立場，一方面宣稱：「圓教必透至無限智心始可能。」[984] 另一方面逕言：「無限智心能落實而為

981　牟宗三，《圓善論》，頁 316。

982　同上註，頁 324。

983　同上註。

984　同上註，頁 332。

人所體現，體現之至於圓極，則為圓聖。」[985]

因此之故，牟宗三最後的結論是：

> 只要理性作主，不是感性作主，由其隨時可以呈現，吾人即
> 可用「當下指點」之法令一般人通過「逆覺體證」（操存涵
> 養）而「時時體現」之，終至於「完全體現之」。此完全體
> 現是可能的，此即函「圓頓體現」之「可能」。儒家「圓
> 教」必須從此「圓頓體現之可能」處說。[986]

可是，這種無異於把儒家帶往「禪宗式」的「頓悟立場」之做
法，更會有招致把聖人「小乘化」之危險。因為，正如在當年西
藏的「拉薩論爭」中，蓮華戒便曾指出：

> 禪是以自己開悟為目的，在開悟成佛方面認為一切可以一氣
> 呵成。換言之，人缺少「方便」便能到達般若智，且般若波
> 羅蜜多勝過一切，若完成般若智時，則其他的諸波羅蜜多同
> 時完成。可以說，顯示缺少利他誓願的只顧自利的立場，進
> 而以本末具有的「如來藏」為根據，捨棄「觀」而不欲到達
> 證得「空」的智，且以享受三昧為通於如來境地。[987]

而更嚴重的就是當我們記得：牟宗三之所以不能接受康德本人對
於「圓善問題」之解決，其理由是「康德的解決並非圓教中解
決，而乃別教中的解決」。可是，現在這種以「無限心」做為

985　同上註，頁 333。
986　同上註，頁 308。
987　許明銀，《西藏佛教史》（臺北：中央文物供應社，1988），頁 87-
　　 88。

「乾坤萬有基」的「正統儒家」立場，牟宗三自己也只把它判為
「別教」或是「別數一乘圓教」，那麼，這比起康德的解決來
說，還不都是屬於「別教」的立場？

此外，縱然儒家能夠成為天台式圓教，這也似乎不能建立出
關於「圓善問題」的真正解決方案。因為把儒家看成圓教，只不
過將佛家的解脫後涅槃中的「常」、「樂」加諸於儒家的聖人身
上，是以才有「天刑即是福」之結論。[988] 但是，這種與涅槃中的
「樂」相提並論的「福」，也只不過是「天福」而已。這種「天
福」，在本質上已經完全脫離康德本來在提出其「圓善問題」中
扣緊「物理的自然」而說的「幸福」之立場。所以，正如我們
前面所已指出：這只是將康德圓善問題中的「福」完全「存有論
化」，即把「福」完全化約為「天福」──亦唯有這樣，才可以
說「圓教」可以解決「圓善」之問題，但是，顯然這種解答是康
德本人所不能接受的。

IV

無可否認，牟宗三之所以把儒家提昇至天台義「圓教」來解
決「圓善問題」，乃是由於他原先能夠正視：只有當「幸福」是
緊扣「在成德之外有獨立意義的『改善存在』言」，[989] 方可達
至真正地解決「福德一致」的「問題」。但是，現在他只是透過
「無限心」的「存有論之遍潤性」來說「存在之轉化」，結果完

988　牟宗三，《圓善論》，頁 326。
989　同上註，頁 270。

全把「存在」之「自性」一筆勾銷了。在此牟宗三好像當年的費希特，通過道德實踐以「主體」把「客體」完全吞沒掉。

　　從一個反省的角度來說：即使通過「圓教」可以解決「圓善」之問題，這種解決最多只能還是一種「宗教式」，而非「哲學式」解答。正如黑格爾所指出：「宗教中之理性只有在符合政治自由的條件中，才能贏得一客觀的實現」。[990] 基本上，與康德相同，牟宗三的「圓善論」仍囿於一種黑格爾所說的「理性底純粹宗教」(pure religion of reason) 之立場。這種宗教在本質上與「崇拜式的信仰同樣抽象，因為它既無法觸動我們的心窩，也無能影響我們的感受和需要，因而它亦淪落成為一種個人式的宗教 (private religion)，理由是它脫離了公共生活的制度，而且無法激起任何的熱情。」[991]

　　其次，在本質上，牟宗三的「圓善論」是一種羅爾斯所謂的「完善論」(Perfectionism) 的學說：「這種學說認為善即存在於自我完善的過程中，自我完善是實現自我價值（包括實現自然所賦予人類的能力）的過程。」[992] 依羅爾斯，「『完善論』的錯誤在於它把人的道德活動看做是脫離社會的自我實現。」[993] 一言以蔽之，我們之所以無法接受牟宗三對「圓善問題」的解決，乃在於這種解決「無法把宗教之塑造融貫入一整個國家的倫理總體中，

990　Jürgen Habermas, *The Philosophical Discourse of Modernity*, trans. Frederick Lawrence (Cambridge: MIT Press, 1987), p. 26.

991　Ibid.

992　趙敦華，《勞斯的「正義論」解說》（臺北：遠流出版公司，1988），頁 137。

993　同上註。

以致能夠激發出一種政治自由的生活」。[994]

當然，我們對於牟宗三苦心孤詣的營造其圓善論的原委深表同情，因為正如康德所指出：「如果最高善〔圓善〕是依照實踐規律而為不可能的，則命令著『最高善必須被促進』的那道德法則必須是『幻想的』，是被引至於『空洞想像的目的』上去，因而結果亦必須是『固自地假的』」。[995] 而這一點也是牟宗三所擔心的：「行善必無福，因此行善必等於自毀。」[996] 不過，雖然我們同意道德法則之實行必須涉及幸福，但是我們卻反對倚靠一上帝或作為「無限心」的聖人來使得「幸福準確的比例於道德而分配」這種想法。

我們認為只有在羅爾斯所說的「正義社會」中 (just society)，幸福與道德才可能有正面結合的可能性。正如羅爾斯本人所指出：「在一個組織良好的社會中，作一個好人（而且具體地說具有一種有效的正義感）對一個人的確是一種福。」[997] 此外，只有進至黑格爾所說的「現代國家」(modern state) 中，個人的完全自由（包括道德自由與外在自由）和個人的福祉才能相結合。[998]

大概當康德說：「我們應當努力去促進這圓善」的時候，[999]

---

994 Habermas, *The Philosophical Discourse of Modernity,* p. 26.

995 牟宗三，《圓善論》，頁 196。

996 同上註，頁 199。

997 Rawls, *A Theory of Justice,* p. 577.

998 Georg W. F. Hegel, *Grundlinien der Philosophie des Rechts* (Frankfurt/M.: Suhrkamp, 1970), p. 406ff. 中譯本：黑格爾著，范揚等譯，《法哲學原理》（北京：商務印書館，1979），頁 261ff。

999 牟宗三，《圓善論》，頁 228。

他也應該會同意我們這邁向一個羅爾斯所說的「正義社會」和黑格爾所說的「現代國家」之建立的方向；而若能作此轉向，則牟宗三的「圓善論」仍將標識著當代新儒家發展上的「高峰」(summit)。

結論
回顧與展望

　　哲學的發展一般而言都好像有一種「發展的邏輯」(logic of development)。從歷史的觀點來看，可以說無論是中國哲學、印度哲學，或是希臘哲學，都是首先從「自然哲學」開始。在中國的哲學史中，自然哲學以《周易》作為代表。不過其哲學成分主要還是見諸於較後的《易傳》之中。在此之前，大概《周易》只是被視為一種「占卜」之書。而在漢朝，《易經》中的自然哲學基本上被發展成為一種「宇宙生成論」(cosmogony)。換言之，於研究《易經》的學者眼中，其基本任務在於說明「宇宙的生成」(genesis of cosmos)。儘管存在這種侷限，但起碼存在兩種貢獻：第一，間接地把《易經》中所蘊含的「象數層面開發出來；第二，明顯地把「氣」的概念引進此一自然哲學之中。然而，這種沿著《易經》所發展出來的進路，並沒有使得儒家的自然哲學能夠從面對魏晉玄學，乃至於佛學的挑戰之中，能夠存活下來。基本上，在過去大約兩千年之中，此一古典的自然哲學系統，幾乎為主流的知識分子所遺忘。即使在宋代儒家有復興的發展，其中基本上自然哲學還沒有辦法得到核心的地位。這主要源自於宋明儒學乃是以「心性論」為主幹，特別地大概由於受到竺道生 (355-434) 的影響，宋明儒學在強調「成聖之道」時，在工夫上只是側重於對內心的審察，而相對的對於外在的自然較少注意。即使在所謂「天道論」，乃至「理氣論」的範圍裡面，主要的概

念還是落在「元氣」上。此中大概有兩個重要的例外：邵雍與張載。首先是邵雍能夠試圖重申象數的重要，其次正如王船山所指出：「蓋張子之學，得之《易》者深。」**1000** 不過由於張載於宣稱「一物而兩體，氣也，一故神，二故化」之時，已能夠超出漢代將「元氣」等同於「形而下之氣」的侷限，而開發出「形而上之氣」的可能性。這使得後來在王船山的「理氣一元論」中，能夠緊扣「氣」跟「數」來重新詮解《周易》的自然哲學。

　　總括而言，在過去，《易經》中所蘊含的中國自然哲學，是在不同的層面被進一步開發。十分可惜，儘管後來朱熹同時對於《易經》展示出強大的興趣，但其主要的成就在於集中於對《易經》所藏有的道德涵義之開發而已。因此之故，《易經》中的核心部分，即對於「宇宙的數學結構理論」，卻為他所忽略。因此，儘管朱熹強調「理」，但是此中卻沒有任何對於自然的科學探索之內在價值。其後在明朝，由於王陽明的「唯心儒家學說」只重視「良知」的道德涵義，乃至一種「道德形上學」的功能，所以《易經》這一路線的自然哲學完全被遺忘。只有當王船山提出其對於《周易》的深入解釋時，傳統的中國自然哲學才首次達到應有的理解。於張載的影響之下，船山嘗試去重建《周易》之原意。基本上，船山的自然哲學與方以智 (1611-1671) 所提出的有相近之處，兩者在時代上也相近，而更重要的，兩者均有「實學」的精神。從西方的語言來說，這種立場帶有「實證主義」(positivism) 的色彩。眾所周知，與顧炎武等人，相同都十分強調理論的「效用性」(efficacy)。大約受到這種發展的影響，在清代

1000 王夫之，《船山全書》第十二冊，頁 490-491。

出現了兩位從數學的觀點來重新解釋《周易》的自然哲學之大家：胡煦與焦循。

　　從一個反省的角度來看，王船山和方以智的一面與胡煦跟焦循的一面，兩者在對傳統中國自然哲學的重建上，有不同側重之處。前者的重心在於中國自然哲學的「內容」一面，但後者所強調卻是中國自然哲學的「形式」一面。簡言之，前者的核心概念是「氣」，然而後者的核心概念則是「數」。

　　十分可惜，即使在今天，中國自然哲學的發展仍然非常落後。儘管在 1919 年的五四運動，歡迎「德先生」與「賽先生」的口號高唱入雲，不過，即使那些高喊「全盤西化」的學者與提倡發揚國粹的保守派均沒有對於傳統的《周易》自然哲學有所青睞。所以即使中國今天在科技上大力模仿西方，但對於其背後的自然哲學思想也並無所覺。一言以蔽之，如果不能回到傳統《周易》自然哲學來重新出發，進而吸收西方的自然哲學，那麼真正的科學精神與研究很難真正在中國的大地生根。

　　從本書所得出的結果，我們主要可以看出：一方面船山與張載所發展出來的、以「元氣」為中心的自然哲學，可以跟萊布尼茲建基於「力」的自然哲學相提並論。而另一方面，透過「智測現象學」可以重建胡煦與焦循所發展出來的《周易》解釋。這兩者可以為重建中國的自然哲學提供兩種並行之可能性。

　　事實上，中國自然哲學的基本概念乃是「和諧」(harmony)。在開發此一概念上，《易經》特別發展出一種特殊的「一多邏輯」。簡單而言，依《易經》「一」跟「多」之間有一個相互倚待性，這是說，當「一」離開「多」就不成立，而另一方面，當「多」離開「一」也不可能。儘管「一」跟「多」乃是相異，甚

至對立的概念，兩者於「相剋」之外，還有「相生」的功能。在此一意義上，中國自然哲學超越了形式邏輯中的矛盾律與排中律。不過這種「一多相即」的邏輯，與黑格爾所言者有所不同。換言之，這並不是黑格爾意義的「辯證」邏輯。因為這裡「一」跟「多」的「相即」在本質上是「直接的」，換言之，並非以任何東西為中介的；其中也並沒有從「一」走到「多」，或是從「多」走到「一」的「相互過渡」。然而，這都並不排斥「一」、「多」兩者是可以相互包含。準此，《易經》並不需要向黑格爾所言的「揚棄」(Aufhebung) 的過程，便已可使得兩者統一起來。當然在強調「統一性」的「首出」地位上，兩者仍然有共通之處。

　　值得指出的是：《易經》這種「非辯證的統一和諧性」立場，相對於黑格爾的辯證進路，卻有一種優越性。首先，它並不需要設定一種終極性的階段。換言之，它所描繪的整個過程是開放的、沒有終點的，這就是所謂「生生不息」的意思。其次，此中「統一」之成就並不包含對於「他者」的排斥。相反，對於這種「統一」來講，包含「他者」反而是其本質要素。實際上，只有通過「對於他者的包含」而非排斥，方能使得「和諧」與「同一」(identity) 有所區別。準此，我們可以回到史伯與晏嬰所強調的「和諧」概念之內在結構：

> 夫和實生物，同則不繼。以他平他謂之和，故能豐長而物生之。若以同裨同，盡乃棄矣。故先王以土與金木水火雜以成百物。是以和五味以調口，剛四支以衛體，和六律以聰耳，正七體以役心，平八索以成人，建九紀以立純德，合十數以訓百體，出千品，具萬方，計億事，材兆物，收經入，

行姟極。故故王者居九畡之田，收經入以食兆民。周訓而能
用之，和樂如一。夫如是，和之至也。于是乎先王聘後于異
姓，求財于有方，擇臣取諫工，而講多以物，務和同也。聲
一無聽，物一無文，味一無果，物一不講。（《國語・鄭
語》）[1001]

公曰：「和與同異乎？」對曰：「異。和如羹焉，水火醯醢
鹽梅，以烹魚肉，燀之以薪，宰夫和之，齊之以味，濟其不
及，以洩其過。……」（《左傳・昭公二十年》）[1002]

此中，正如馮友蘭所指出：「『以他平謂之和』；如以鹹味加酸
味，即另得一味。酸為鹹之『他』；鹹為酸之『他』；『以他平
他』即能另得一味；此所謂『和實生物』也。若以鹹味加鹹味，
則所得仍是鹹味。鹹與鹹為『同』，是則『以同裨同』，『同則
不繼』也。推知若只一種聲音，則無論如何重複之，亦不能成音
樂。如只一種顏色，則無論如何重複之，亦不能成文彩。必以其
『他』濟之，方能有所成。」[1003] 這不單顯示於何種方式上，「和
諧」與「他者」可以共存、相互合作，也可以進一步說明為何
《易經》儘管強調「統一性」，但仍然注重「個體性」的概念。
依《易經》，每一個「個體」在其自然的「生成過程」中都是獨
一無二的，此中沒有任何東西可以被其他的東西所取代、取消。
可以說，每一個體都是所謂「保合太和、元亨利貞」的過程之產
品。正是在這個意義上，牟宗三把中國自然哲學勾畫為「生成觀

1001 轉引自馮友蘭，《中國哲學史》，頁59、60。
1002 同上註。
1003 同上註，頁59。

的中立一元論」。[1004]

　　順著牟宗三的洞見，我們可以進一步說：依照《周易》的自然哲學，「整體」不是由諸事物組成的，而是由「關係」所組成的。這也說明為什麼儘管《周易》中的基本單位是「八卦」，卻聚焦於「六十四卦」來立言。這明顯顯示一種「以關係為首出」(the primacy of relation) 的立場。[1005] 基本上，可以說焦循所言的「旁通」、「時行」、「相錯」乃是宇宙結構的三種基本關係。其中，「旁通」是建基在「相互依賴關係」(inter-dependence)：意味宇宙中兩事物互為存在的條件。「時行」是建基在「決定關係」(determination) 上：意味宇宙中兩事物 A 跟 B 是 A 倚賴 B，然而 B 並不倚賴 A。「相錯」建基在「聚集關係」(constellation)上：意味宇宙中兩事物並存，但卻並非互為對方存在的條件。此外，從功能的觀點來看，宇宙的結構可以分成兩大類：一類是存在於「過程」(process) 中，這裡兩個功能體之間有一種「相連」(connection) 的功能，這就是牟宗三所言的「合取關係」(conjunction)，即為一種 "both...... and" 的關係；另一類是存在於「系統」(system) 中，兩個功能體之間有一個「相離」(separation)的功能，這就是牟宗三所言的「析取關係」(disjunction)。即為一種 "either...... or" 的關係。如果前者是緊扣「歷時」(diachronic) 的觀點立言，那麼後者則是採取「共時」(synchronic) 的進路立言。

　　從牟宗三的青年著作還可以幫助見出：焦循的「周易解的核心概念是「比例」(proportion)，而胡煦的「周易解」的核心概念

1004 牟宗三，《周易自然哲學與道德涵義》，頁 226。
1005 這裡可以使人聯想起張東蓀的論點：中文語文的基本結構是「關係」。

則是「和諧」(harmony)。

　　準此而觀，胡煦的進路是「時間性的」(temporal)，其要旨在於勾畫「生成的過程」，而焦循的進路則是「空間性的」(spatial)，其旨趣在於說明「變通」的途徑。

　　此外，我們可以聯想到鄭玄 (127-200) 的「『易』三義說」：「變易」(change)、「不變」(invariance)、「簡易」(simplicity)。我們如果從數學的觀點來看，可以聯想到傅立葉 (Fourier) 所言的宇宙三態：包容、穩定、簡潔。詳言之，「變易」對應於「包容」，「不變」對應「穩定」，「簡易」對應「簡潔」。

　　總而言之，《易經》以「和諧」為核心概念並非偶然，正如 G. Lowes Dickinson 在 *The Greek View of Life* 中指出：

> 啊！和諧。而在此詞中，我們可以找到解開古希臘文化的核心概念之鑰匙。
>
> (A harmony! and in this word, we have the key to the dominant idea of the Greek civilization.) [1006]

依此我們也可以回到萊布尼茲所言的「預定和諧說」(the pre-established harmony)。而更重要的是，這一切都證成我們採取「智測現象學」的進路來重建中國自然哲學的合理性。表面看起來「數」的進路跟「氣論」好像沒有關聯，但其實不然，因為正如胡煦所指出：「一氣流轉，循環不息之妙。而八卦一圖，庶有以

1006 G. Lowes Dickinson, *The Greek View of Life* (NY: Routledge, 2016[1886]), p. 253.

發其秘矣。」[1007] 因此之故，而即使朱子先前亦已言：「有是氣，便有是數。蓋數乃是分界限處。」[1008] 要窮盡中國傳統自然哲學的本質，必定要從「氣」一概念出發，再輔之以「數」的進路，方能窺其全貌。[1009]

　　從中國自然哲學中對於宇宙所持的這種「開放的發展過程觀」出發，可以推論出真正的儒家形而上學不應該指向「絕對知識」(absolute knowledge) 的「心學」。職是之故，儒家應該放棄其表現在「當代新儒學」的「唯心論」或「觀念論」立場。在「當代新儒家」中，唐君毅基本上表現出一種黑格爾義「絕對唯心論」思想；牟宗三則從康德式「超越觀念論」出發，而達至一種費希特式的主觀唯心論立場。不過，若從哈伯瑪斯的觀點來看，迄今為止，新儒家的學說還圍於一種「意識哲學」(philosophy of consciousness / Bewusstseinsphilosophie) 的立場。特別地，唐、牟二人都跟「心學」傳統中的陸王將「心」作為所有道德規範的終極有效判準所在。這種內在的進路的優點在於能夠重視康德所言的「自律道德」。換言之，能夠強調「道德心」乃是「自我立法」能力。可是，同時卻把這一「道德心」加以「絕對化」，從而開出一種所謂「心學」式「道德形上學」。這樣一來，道德心不單單是整個倫理世界的基礎，也是形而上學世界的基礎。但是這種「主體主義的形而上學」卻無法通得過來字自海

1007 牟宗三，《周易自然哲學與道德涵義》，頁 184。

1008 朱熹，《朱子語類》第四冊，頁 1609。

1009 此方面之進一步的深入探討，請參不日出版之拙著《萊布尼茲的智測現象學》。

德格之批判，而其立場還有一莫大的缺陷：一方面它忽略了個體之間的「差別性」。換言之，這種進路很難真正安立「互為主體性」(intersubjectivity)；另一方面，儘管它能夠強調「即存有即活動」，但是仍然犯了將「存有」化約到「主體性」之缺陷。總而言之，以牟宗三的新儒學為代表，可以看出當代新儒家在進路上是「獨白式」的 (monological)，而其立場是「非認知主義」(non-cognitivist)。儘管牟宗三也透過所謂「一心開二門」的模式，試圖從「道德主體性」出發，透過所謂「自我坎陷」而開出科學與民主。然而由於其缺乏強調「團體的首出性」(primacy of community) 之缺陷，因此很難真正為民主之開出提供落實的條件。此外，其「非認知主義」的立場也很難為開出科學提出落實的法門。

　　針對上述的當代新儒家之侷限，作為對治之道，一方面可以回到前面提到的自然哲學作為基礎來幫助科學開出，另一方面於「實踐哲學」可以向哈伯瑪斯的「溝通理論」借鏡。[1010] 不過，必須要首先貞定「具體的主體性」，方能同時成立真正的「互為主體性」而正如從劉蕺山與亨利的相比較可以看出，「真正的主體性」首先見諸「純情自感」。準此而觀，即使哈伯瑪斯的「溝通理論」建基於「溝通理性」(communicative rationality)，還是有忽略「道德情感」之偏失。所以，必須要做到「情理交融」方能建立一套新的倫理學系統。這意味：一個個體必須要做到「通情達理」才能使得一個「理性的社會」(rational society) 能夠建立起來。亦唯有做到這樣地步，方能真正避免戴震所指出的「以理殺

1010 陳榮灼，〈朱子與哈伯瑪斯〉，《當代儒學研究》13 期 (2012): 139-170。

人」的不良現象。當然，要建立一「具體的主體性」，我們還必
須要回到以胡五峰所言的「天理人欲，同體而異用，同情而異
行」作為出發點。總而言之，一個真正的「具體主體」乃是一個
有「理」、有「情」和有「欲」的個體，而其中「理性」既是具
有探討自然真理的智能，也有在實踐上能夠具有掌握「當然之
則」的格物致知之能力。[1011]

　　在我們將「宋明儒第三系」與海德格，乃至天台宗作比較之
時，我們看出其中存在下列一些饒富趣味的關聯。首先，於海德
格與天台宗，特別兩者之所以有「圓教」的性格，關鍵乃在於海
德格言 Dasein 的「存有結構」具有「自爾」跟「非自爾」兩種存
在可能性，與此相似，天台宗言「一念無明法性心」。可是，我
們看到作為孟子的繼承人，劉蕺山特別地雖要堅持「性善論」，
那麼儘管蕺山非常強調對於「性」一概念必須要做詳盡的了解，
但究竟持「性善論」之立場如何可以與上述那種圓教性格相容
呢？在解決此一重大問題上，我們大概需要回到黃宗羲《孟子師
說》的立場。首先，黃宗羲稱本然狀態之氣為「中氣」、「中
體」：

> 蓋天地之氣，有過有不及，而有愆陽伏陰，豈可遂疑天地之
> 氣有不善乎？夫其一時雖有過不及，而萬古之中氣自如也，
> 此即理之不易者。人之氣稟，雖有清濁強弱之不齊，而滿腔
> 惻隱之心，觸之發露者，則人人所同也，此所謂性即在清濁
> 強弱之中，豈可謂不善乎？若執清濁強弱，遂謂性有善有不
> 善，是但見一時之愆陽伏陰，不識萬古長存之中氣也。[1012]

1011 關於這方面進一步的深入研究將來可再出版。
1012 黃宗羲，《黃宗羲全集》第八冊，頁 287。

其次，《孟子師說》寫道：

> 《通書》云：「性者，剛柔善惡終而已矣。」剛柔皆善，
> 有過不及，則流而為惡，是則人心無所為惡，止有過不及
> 而已。此過不及亦從性來，故程子言「惡亦不可不謂之性
> 也」，仍不礙性之為善。[1013]

由此可見，如果蕺山和梨洲接受程子言「惡亦不可不謂之性
也」，則顯然是緊扣「氣質之性」而言。所以，就「義理之性」
而言，則可以說「仍不礙性之為善」。十分明顯，與儒家不同，
海德格跟天台宗都沒有「義理之性」這一層面。所以，當蕺山和
梨洲倡言「性本善」時，並沒有與之衝突。準此而觀，其實於蕺
山與梨洲，「性」是有一「十字打開」之局面。其中，「性」既
有「氣質之性」的「平面的」一層，也有「義理之性」的「立體
的」一層。所以就「氣質之性」之「平面層」而言，其乃跟海德
格與天台宗都可以有相應的結構。但是，即使這樣這並不妨礙作
為孟子的信徒，於「義理之性」的「立體的」一層，蕺山和梨洲
仍然可以堅持「性本善」。

　　最後，由此可見：依照本書上述的路數來探索與重建「氣
論」和「宋明儒三系說」之諦義與立場，不但使儒家可以避免
海德格的批判，而且還可以把中國哲學帶到真正「現代化」之
途。[1014]

1013 黃宗羲，《黃宗羲全集》第一冊，頁 67-68。
1014 這方面之進一步發展，請參考將來發表之筆者現於中央研究院所進行之
　　研究項目：「社會性感通的人性論基礎及其政治哲學涵義」。

附錄
純情自運，交感互通
──《色 · 戒》之哲學涵義

李安⋯⋯所知之事甚多，但對於至為重要的一事卻全無所
知。[1015]

　　本章嘗試以哲學的觀點來分析《色 · 戒》本身從原著小說到
電影所涵攝的意義。此中特別比較由臺灣導演李安的《色 · 戒》
與香港導演關錦鵬的《紅玫瑰 · 白玫瑰》改編張愛玲 (1920-1995)
兩部小說而成的電影作為對照。[1016]《色 · 戒》這一部電影在華
人世界造成很大的轟動，招致中國大陸把電影中三場床戲刪掉，
據說女主角湯唯更因而被禁演，這可以說是已經變成了一種政治
的現象了。除了以哲學的角度來詮釋《色 · 戒》與《紅玫瑰 ·
白玫瑰》的內涵，本章還嘗試以這兩部電影作為一種具體的證據
來仲裁當代現象學內部所出現的一些論爭。這是說，《色 · 戒》
與《紅玫瑰 · 白玫瑰》從原著小說到電影所涵攝的意義恰好為解
決法國與德國現象學中的一些論爭帶來啟示。總而言之，從哲學

1015 林沛理，〈李安是狐狸不是刺蝟〉，《中華探索》48 期（2007）：
　　 48。
1016 莊宜文首先將兩者相提並論，請參見莊宜文：〈文學／影像的合謀與拮
　　 抗──論關錦鵬《紅玫瑰 · 白玫瑰》、李安《色 · 戒》和張愛玲原文
　　 本的多重互涉〉，《政大中文學報》9 期（2008）：69-99。

來看小說或電影可以得到不同的見解，而從小說或電影來看哲學
也可以獲得新的啟發。本章之主要論點是：從亨利之「主體的身
體」一概念出發，可以證立李安之透過性愛場面演繹張愛玲之純
情世界的手法；而對比於馬克斯・謝勒之將純情建基於客觀價
值、亨利之「生命就是自感」一主張亦可於張愛玲之愛情觀得到
奧援。

I

關於《色・戒》的評論在海內外不同的報章雜誌上我們可以
見到不同的分析、詮釋。其中，最具代表性的可能是香港學者李
歐梵的評論。他的論點是：李安所執導的電影，都表現出一共同
的色彩——壓抑。之所以如此，是因為李安深受中國傳統文化，
尤其是儒家文化的影響所致。[1017] 但我不同意這樣的論點，因為以
哲學的角度來看《色・戒》，我恰好得到與李歐梵相反的論點：
儘管李安不是屬於離經叛道型的導演，但總體來說，他有一種傾
向：那就是「犯禁」（transgression）。即李安喜歡挑戰一般人不
想碰觸的禁忌題材，如「斷背山」探討同性戀的議題，而《色・
戒》中之大膽而激烈的床戲更在華人社會中引起廣大的討論。當
然，這種「犯禁」的心態原也表現於張愛玲的作品中，她尤其喜
歡挑戰中國傳統文化特別以儒家為主流的價值觀。然而，我認為
他們這種挑戰傳統權威的心態並不完全是為了反對而反對。確實
《色・戒》也在挑戰傳統儒家文化沒錯，因為它在不同的層面

1017 李歐梵，《睇色，戒》（香港：牛津大學出版社，2008），頁 55-58。

（特別如色慾、忠奸等）上觸犯了以道德為中心的儒家傳統之禁忌。但在張愛玲眼中，小說或文學世界本來就不是以道德為中心，而乃是以「情」為中心。特別地，張愛玲《色·戒》原著之思想內涵本是以「情感」為中心，其要表達的是一種「純情」的世界。所以在面對「道德」與「情感」的衝突時，毫無疑問地，張愛玲傾向放棄「道德」而選擇「純情」。由於張愛玲思想強調「純情」的首出性，在中國傳統小說中，張愛玲理所當然地偏愛《紅樓夢》，她且曾出版專門研究《紅樓夢》的《紅樓夢魘》一書，**1018** 因為《紅樓夢》所建構出來的也正是一種「純情」的世界。

因此之故，如何將小說裡所表達的「情感」以電影來傳達乃是導演最重要的工作。一般而言，最簡單的途徑就是訴諸「哭泣」的場面，即以「眼淚」來傳達情感，韓劇便慣用這種手法。日劇雖然高明一些，其中的人物是不用哭泣的，但傾向以劇情帶動觀眾去醞釀情緒，最後導致天下有情人同聲一哭之效果，這實質上依舊是以眼淚來表達情感。相較之下，李安成功的地方在於：不論是處理劇中人物或面對觀眾，他均不強調以淚水來表達情感，這也是他作為一個國際級導演的功力所在。於此點上在藝術上的成就可謂斐然。然而，十分可惜，李安在解釋自己作品的時候，他說：「我覺得對我來說，『色』好像是感性，『戒』好

1018 十分自然地對張愛玲而言：「『癡女兒』顯然含有『情癡』的意義。」張愛玲，《紅樓夢魘》（臺北：皇冠文化出版有限公司，1991），頁226。

像是理性一樣，有一個辯證的味道在裡面。」[1019] 這表示他似只滿足於以「感性」與「理性」的衝突來解釋他作品中所具有的思想內涵。我並不滿意這樣的解釋，所以我試圖從哲學的觀點出發，對《色‧戒》提供一「現象學式」（phenomenological) 解釋。首先，詮釋學告訴我們：作品本身往往比作者更瞭解它自己的意義，而且還有後現代主義所謂「作者已死」之說。[1020] 這在在都顯示：以「作者意向」作為瞭解作品意義的標準，很容易產生荒腔走板的結果。這也表示一部偉大的作品所具有的深刻涵義，往往連作者自己也無法得知。職是之故，雖然李安是一位十分值得尊敬的藝術家，於將《色‧戒》完美地「具象化」上，且有勝於原著的表現。但就哲學的角度來看，關於他對自己作品所提出的以「感性與理性的衝突」為主調的解釋，我並不贊同。我認為《色‧戒》最精彩之處並不在於「感性」與「理性」的衝突。可是，我並非李安，憑什麼宣稱比他自己更瞭解他的作品？對此，我將以哲學論證的方式來回應上述的質疑。

II

其實，在另一部由張愛玲小說改編而成並由香港導演關錦鵬執導的電影——《紅玫瑰‧白玫瑰》中，關錦鵬在詮釋張愛玲小說的時候便已以「性」作為主線，並將之具體表達在電影中的六

1019 鄭培凱主編，《色‧戒的世界》（桂林：廣西師範大學出版社，2007），頁 46。

1020 Agnes Heller, "Death of the Subject," *Thesis Eleven* 25, no. 1 (1990): 22-38.

場床戲上。因此之故，假如已經看過《紅玫瑰 · 白玫瑰》，則對於《色 · 戒》中的三場床戲應該不會感到那麼震撼。相信李安應該看過關錦鵬之《紅玫瑰 · 白玫瑰》，並且在床戲的拍攝手法上於某種程度受到關錦鵬的啟發。基本上，《色 · 戒》中的三場床戲具有非常重要的作用，而我認為這三場床戲的順序是經過巧妙安排而為一連續之發展。正如下文所見，從哲學的觀點來看，這三場床戲具有一種發展的邏輯，是不能隨意改動次序的。此外，李安之強調以王佳芝作為主線並非偶然，其中是具有深意的。然而，這種改變並不能簡單的以「感性與理性的衝突」來加以說明，此顯示了李安對自己的作品的詮釋有所不足的事實。於克服此一缺失的關頭上，必得借助哲學家之參與。而哲學對於藝術或現實之所以能發揮作用，就在於它能對藝術作品做出更進一步與更深層的解釋。

　　另一方面，通過對《色 · 戒》這一部電影的詮釋，我希望對於哲學上的一些爭論也能給出一個合理的仲裁。就現象學而言，它發源於德國，並盛行於歐洲，更風行於北美哲學界。近年來法國現象學尤領風騷，其中，亨利所發展出來的「生命現象學」(phénoménologie de la vie / phenomenology of life) 顯得十分耀目。從西方哲學史之角度而言，此一「生命現象學」之提出是針對笛卡兒言「我思故我在」(I think, therefore I am)[1021] 而發的。眾所周知，笛卡兒所安立之「我」乃為一「思維主體」。與此不同，另一位法國哲學家比漢則主張：只有通過「同一的與恆常的情感我們方

1021 René Descartes, *Discourse on Method,* trans. Lawrence Lafleur (Indianapolis: Bobbs-Merrill, 1956).

能不變地具有我們的個人存在」(identical and constant feeling that we invariably have of our personal existence)，[1022] 其涵義就是「我感故我在」(I feel, therefore I am)。此中的「我」為一「情感主體」。雖然「思維主體」與「情感主體」不必然是衝突的，但是兩者卻有主從之別。亨利繼承了比漢的立場而肯定「我感故我在」。由於情感與身體的本質性關連，亨利還發展一新穎的「身體現象學」(phenomenology of body)，並以此批評法國另外一位現象學家梅洛龐蒂的「身體現象學」。因為他認為儘管梅洛龐蒂成功地將「主體」「肉身化」(embodied)，但其所言之「身體」還是一「思維主體」的「身體」。相較之下，若從「我感故我在」的立場出發，則以「情感主體」為主的「身體」便有一優先性。因此，即使梅洛龐蒂與亨利都強調「我就是我的身體」(Je suis mon corps)，但他們所言之「我」卻有「思維主體」與「情感主體」的差別。特別地，亨利所強調的是一「情感性身體」(affective body)。準此而觀，《色•戒》中的三場床戲，會使人先聯想到亨利的「三身說」。[1023] 基本上，亨利首先將「身體」視為一種「客體的身體」(objective body)，即「身體」就像客觀的存在物一般，存在於

1022 Maine de Biran, *Œuvres de Maine de Biran*, vol. X-2 (Paris: 1989): 10; here I follow the English translation by Luís António Umbelino in Luís António Umbelino, "Feeling as a Body: On Maine de Biran's Anthrological Concept of Sentiment," *Critical Hermenenutics*, special 2 (2019): 77.

1023 以下對亨利身體說的勾畫主要基於 Henry, *Philosophy and Phenomenology of the Body*, pp. 11-51。關於其整個現象學的核心概念之闡明，請參本書第五章〈回歸「徹底內在性」——東西方「生命現象學」之比較研究〉。

外在空間之中，乃是「外在知覺」(external perception) 的對象。
這可說是西醫眼中的「身體」，為一佔有外在空間的客體。但是
更高一層次的「身體」則是「機能的身體」(organic body)。就醫
學的角度而言，這比較接近中醫所了解的「身體」，乃是一由各
種功能所整合成的「系統」，它具有「整體大於各部分之和」
的特質。所以，正如亨利所強調：「我們之機能的身體的存有
不能化約至我們某一或其他器官的存有，卻必被決定為一於其
中所有我們的器官均整合在一起的全體。(The being of our organic
body cannot be reduced to the being of one or the other of our organs, but
having been determined as the ensemble in which all of our organs are
integrated.)」[1024] 而「機能的身體」是可以通過「內在感覺」(inner
sensation) 來掌握的。最後則是「主體的身體」(subjective body) 層
次。這個概念乃是亨利受到比漢之啟發而引進的。在本質上，
「主體的身體」就是我們的「主體性」。反過來也可以說：「主
體性」就是「主體的身體」的「我」。一言以蔽之，「主體的身
體」就是「自我」(ego)。若離開了「主體的身體」，則「我」
就不成其為「自我」了。而且，這種「自我」是「不可見的」
(invisible)。不過，對於此不可見的絕對的自我、通過情感性的自
感是可以自我意識的。基本上，如比漢和胡塞爾已經指出：這
是一種「我能」(je peux / Ich kann / I can)，乃是一「能力的體系」
(System der Vermöglichkeiten)。就中國人的說法，這代表了一種
「元氣」的表現。

亨利「三身說」對於詮釋《色・戒》這一部電影具有很大

1024 Henry, *Philosophy and Phenomenology of the Body*, p. 123.

的裨益，因為《色‧戒》中的三場床戲恰好可以對應這三種「身體觀」。首先，第一場床戲乃近乎強暴，女主角完全是被動、處於被操控的狀態。此中王佳芝的「身體」對於男主角而言只不過是一「客體的身體」。作為一對象物，「客體的身體」是全幅外露的。一般而言，於「客體的身體」之層次，身體逕由其外觀所決定。但是到了第二場床戲，很清楚地，男女主角是有互動的，而且算是很頻繁的相互纏繞。不過，實際上看起來更像兩頭野獸在交媾。以此觀之，女主角的「身體」則已提昇至一「機能的身體」之層次。而最後一場床戲，則是李安處理床戲的精湛功力所在。因為其間女主角不但毫無保留地投入於性愛之中，並且在整體情勢上，她是佔居上風而擁有全面之主動權。這尚且是就外在的觀點而言，若果通過亨利之「主體的身體」的觀點視之，則可發現王佳芝自身的一大突破是：此時她發現了自己的「主體性」（自我）。這乃是前兩場床戲所付之闕如的。當然，個中已從性愛層次躍升至愛之萌生。就是說，此時女主角已不只為一「性愛對象」(sexual object)，而屬一「情感性主體」(feeling subject) 的身體了。準此而觀，通過亨利之「三身說」正好可以說明《色‧戒》三場床戲中主角在「身體」層次的轉換。此中，就發展邏輯而言，作為主線的王佳芝對自己之「身體」的自我意識是層層往上昇的。即從作為「客體的身體」到作為「機能的身體」再到作為「主體的身體」，這乃是一帶「跳躍性」的「非連續性」(discontinous) 提升之「連續性」(continuous) 發展，使她最後能達致對作為「主體的身體」之「主體性」（自我）的覺醒。由於在電影中此一對自己「主體性」之覺醒表現在王佳芝身上，這可解答為何李安如斯集中以「女主角」為主線來發展情節。事實上，

正如亨利所指出：相較於男性的身體，女性的身體較具有性感之
特色，同時在性愛中女性的「身體」更能突顯出「純情自感」這
一概念。[1025] 十分明顯，李安本人並沒有認知到這一種對「身體」
自我意識在層次上的轉換與提升及其涵蘊的意義。但從現象學的
觀點來分析《色‧戒》電影中之三場床戲，則其思想涵義便昭然
而現了。

　　此外，亨利指出：「主體的身體」與「主體性」是一而
二、二而一的關係。於他眼中：「此根源性身體之生命就是主
體性之絕對生命 (The life of this original body is the absolute life of
subjectivity)」。[1026] 這一論點可以藉其於「身體現象學」中所論及
的「性」與「身體」的關係來做進一步說明。首先，亨利認為：
「性」若缺乏來自「主體」的興趣，它甚至不能被視為一種「自
然的需求」(natural need)。本來，子曰「食、色，性也」，[1027] 此
即是認為「食」、「色」都是自然的需求。若非如此，人又如何
延續生命呢？況且，這不但對個體如是，對群體亦復如是。但
亨利卻強調「食」、「色」不單單只是屬於外在的生理需求。
無疑孟子也早宣稱人與禽獸最大的差別在於人具有「道德主體
性」。[1028] 亨利現則進一步指出：「主體性」必須通過「主體的

1025 Henry, *Incarnation: une philosophie de la chair*, p. 296. 而於此分際，
　　　Virginie Caruana 指出：依亨利，這主要由於女性是處於被動的狀況
　　　所致。 Virginie Caruana, "La chair, l'érotisme," *Revue Philosophie*, no. 3
　　　(2001): 373-382.

1026 Henry, *Philosophy and Phenomenology of the Body*, p. 128.

1027 〈告子上〉，《孟子》。

1028 〈離婁下〉，《孟子》。

身體」才能具體的表現出來。所以他認為不應只說「我有一個身體」(I have a body)，而更根源地代之以說：「我就是我的身體 (I am my body)」。[1029] 事實上，人與禽獸都有「機能的身體」。其次，有進於胡塞爾，亨利斷言「性的意向性」(sexual intentionality) 不單單只是指向外物（另外一個身體），而且是集中在它的對象上。因為只有透過集中在它的對象上，它才能夠掌握整個世界。這是說「性的意向性」有一個基本功能：使「性愛的對象」不單單只是一個「所欲的身體」(desired body)，且通過「性愛的對象」還能夠看到整個世界。[1030] 亨利這種論點正可以說明王佳芝與易先生交往過程中的心態轉變，特別地說明了為何她最後要放走易先生，而終使自己落入被槍決的命運。因為就「性的意向性」的觀點而言，透過「性愛的對象」王佳芝所觀看到的世界與以往者已大有所不同，即她的世界觀已有本質性之改變。最後，亨利還認為「性」具有一種「神秘性」，此一「神秘性」可以使參與者於其中獲得無窮的力量。[1031] 即在性愛的過程中，參與之主體釋出了無窮的力量。王佳芝之所以如斯堅定不移地貫徹其意志，在於此一無窮的力量之效果。實際上，正如亨利所指出：「情感構成了意志的本質，它內在於意志中，而且等同於其存有 (Being)，它必然地先於其〔＝意志之〕行動，不但規定它〔＝意志之行動〕，而且使到其自身不會成為行動的結果。」[1032]

1029 Henry, *Philosophy and Phenomenology of the Body*, p. 196.

1030 Ibid., p. 213.

1031 Ibid., p. 214.

1032 Henry, *The Essence of Manifestation*, p. 665.

　　一言以蔽之，依亨利，若無「主體」則「性行為」也不成其為「性愛」。這也可說明為什麼李安之《色‧戒》或關錦鵬之《紅玫瑰‧白玫瑰》要安排大量的床戲並非只是為了票房上之需要。無疑港、臺一般觀眾在茶餘飯後所集中討論的主要是《色‧戒》中這三場床戲，然而他們是否真的懂得這三場床戲背後所代表的意涵呢？不過，若從亨利這種解說「性與身體之密切關連」的現象學觀點出發，則不但可以說明這三場床戲存在的必要性，也可以證立李安以王佳芝作為電影的主線之苦心。對於湯唯沒有獲得應屆金馬獎最佳女主角的獎項，李安感到非常失望，因為他事實上在女主角身上花了最多的心思。

III

　　於張愛玲的小說中，「純情」是非常重要的。李安成功地於電影中透過「身體」、「性」把「純情」具體化。關於這一種拍攝手法的高明處，也可以通過亨利之「生命現象學」來幫助說明。首先，亨利指出「純情」(pure affectivity) 本身是「非感觸性」(non-sensible)。簡言之，對比與一般感於外物而生的「感性情感」(sensible feeling)，「純情」並不須要通過「外在對象」來加以界定。舉例而言：當我們看到某加油站的汽油半價時，便會開心的衝過去加油。此時所產生喜悅之情便是感於外物而有的「感性情感」。而相較於「純情」，這種「感性情感」屬於比較低的層次。另一方面，由於「純情」是「自感」(auto-affection)，所以不受限於外物而出現。張愛玲的文學世界十分能夠體現這種「自感」的「純情」。於此我們也可瞭解為何李安要以床戲來表達

「純情」的世界。因為「主體的身體」在本質上是「自感」。其實，亦只有在第三場床戲中王佳芝方可以通過對「主體的身體」之自我意識來體現她自己的「主體性」。這一種哲學性的解讀證明了李安透過「身體」、「性」的形象來表達「純情」的世界可有來自現象學的支持，但也顯示了若只以「理性」和「感性」的衝突來詮釋《色‧戒》是無法觸及電影的深層意涵的。

值得補充的是，一般都認為王佳芝之所以放走易先生是因為獲得鑽戒的關係，即這一鑽戒使王佳芝發現易先生對她之愛意，進而對易先生動生了真情。[1033] 但實際上王佳芝在此之前早已對易先生心動，這可從她為易先生唱起故鄉小調的一幕見出端倪。更加重要的是：若通過亨利之「身體現象學」來看對身體自我意識的發展邏輯，則我們可以說：當王佳芝慢慢地建立起自己的「主體性」時，同時也與男主角易先生有了「交感互通」(pathos-avec / inter-feeling)。[1034] 特別地，這種「共感」正是在她發現易先生有危險時所同時產生的一種共安危的感受。換言之，那一刻她覺得易先生的安危就是自己的安危。正由於有這樣子的一種「交感互通」，她才會放了易先生。事實上，「感通」(Einfühlung) 的概念在現象學的創始人胡塞爾已有強調，這是表現在他對「互為主體性」(intersubjectivity) 之建立的說明中。在解決「我如何能知道有他人（或其他自我）的存在？」一問題上，胡塞爾認為必需從「通過我對我之身體的知覺轉移到對他人之身體的知覺」這

1033 張小虹，〈愛的不可能任務：《色｜戒》中的性—政治—歷史〉，《中外文學》38 卷 3 期（2009）：9-48。

1034 Henry, *Material Phenomenology*, pp. 101-134.

一關鍵性環節出發。[1035] 但此中他所言的「感通」仍屬於「認知性」(cognitive)，即以「思想我」為主體。然而，亨利的「身體現象學」中所強調的則是「情感我」(feeling I)。所以得知他人的存在的前提在於我對他人「非認知性」(non-cognitive) 的「交感互通」。可以說：就是因為有這種「非認知性的」、「純情的」(purely affective)「交感互通」，王佳芝明知放走易先生會使整個行刺計畫失敗且置自己與合夥之友人於死地，但她還是這麼做了。最後，在電影中我們看到王佳芝被槍決之前是面帶微笑的。為何她對於自己的死這麼無怨無悔呢？就亨利「身體現象學」的觀點而言，這除了因為王佳芝的世界觀已有本質性之改變外——即以「真情實感」凌駕於一切的既存價值（無論是「政治性」抑或「國族性」），還可見出其所言之「超身體的愛」(bodyless love) 的概念。眾所皆知，在西方哲學中，柏拉圖低貶肉體的價值之立場向具代表性：由於「靈魂」被困在「身體」之中，因而「靈魂」與「身體」永遠處於一種緊張對立的關係，因此，「身體」只具有消極的、負面的地位。但亨利之「超身體的愛」的觀點卻一反柏拉圖式低貶身體的立場，因為此種「超身體的愛」必得通過其「三身說」中所說之三種「身體」的自我意識層層提升方能達到的境界。[1036] 而在電影中當王佳芝發現了其「自我」即「主體性」後便覺悟到：縱使犧牲了生命，她也可達到「超身體的愛」之境界。這可說是王佳芝最後能夠坦然面對死亡的原因。

1035 Edmund Husserl, *Cartesianische Meditation und Pariser Vorträge* (The Hague: M. Nijhoff, 1950).

1036 Henry, *Philosophy and Phenomenology of the Body*, p. 218.

　　總括而言，我們之所以反對通過「感性與理性」之格局來論《色‧戒》之理由在於它無法交待下列之關鍵性問題：

　　(1) 三場床戲只屬可有可無嗎？

　　(2) 緣何床戲只有三場，而非兩場或四場？

　　(3) 三場床戲之次序可以更改嗎？

　　相比之下，從亨利之「身體現象學」出發，則不但可以找到上述問題的答案，而且還有突顯張愛玲原著的「純情世界」之功！無可置疑，自康德以來，「感性與理性」之區分一直左右整個西方哲學的發展，但是正如亨利的「生命現象學」所顯示：在此一區分之底下基層還有一「純情的領域」，而「純情」並非「感性」，「情感主體」亦比起「理性」更具根源性。李歐梵嘗說：「李安如何既深入又不落俗套？我覺得他是從身體方面去描繪人性的。」[1037] 而順著亨利的「身體現象學」不僅可以證立這一洞見，且還可以從身體之向度去說明緣何李安於電影中完全以女主角為主線。

IV

　　以下我們將焦點專移到關錦鵬的《紅玫瑰‧白玫瑰》這一部電影。電影中敘述一位留學英國的中國工程師佟振保，在英國本有一位女朋友，但因無法一起回中國便中斷了戀情。重要的是：在歐洲時，振保曾赴巴黎召洋妓，這對他是一段非常不好的

1037 李歐梵：〈談〈色，戒〉：細品李安〉，《中華探索》49 期
　　（2007）：49。

回憶，因為於召妓的過程中，其實不是他玩弄妓女，而反是被妓女所玩弄了。而這一段負面性的回憶也影響到他後來與另外兩位女性——嬌蕊、煙鸝的交往心態。一如原著、電影中之所以用紅玫瑰與白玫瑰來比喻嬌蕊與煙鸝，除了由於本來男主角在英國的女朋友的名字就叫玫瑰之外，主要是因為嬌蕊與煙鸝的個性恰好形成一強烈對比，其中，紅色熱情的「紅玫瑰」象徵作為情婦之嬌蕊，而白色無瑕的「白玫瑰」則象徵作為妻子之煙鸝。雖然振保的妻子煙鸝表面上來似乎是純潔的，但由於振保對她的貶視，導致後來她與裁縫師發生姦情。當振保發現此事之後儘管感到非常痛苦，但是為了世俗上的價值觀，他並沒有選擇離婚。此外，在結婚之前，振保曾與朋友的妻子嬌蕊發生了曖昧關係，原本嬌蕊為了這份愛情願意犧牲自己的婚姻而改嫁，不過礙於世俗的價值觀，振保始終沒有選擇與嬌蕊在一起。諷刺的是：當後來兩人在一次偶然相遇中，嬌蕊坦承對於「愛情」的體認是始於她與振保的交往，然而此時嬌蕊已完全投入於自己的家庭生活，且在精神上也享受相當美滿的婚姻，主因在於她的丈夫對她之真愛。面對這樣子的場景，振保哭泣了，除了忍不住眾多複雜的情緒一起湧上心頭外，也因為振保聯想起妻子的姦情。在小說中張愛玲冷冷地指出：像振保這種男人在中國是不計其數的。[1038] 確實，以振保為例，他試圖闖出一番大事業，不但終究無法成功，根本也逃離不了外在社會的價值規範。另一方面，他自身私生活總是不檢點的，但卻又想追求真愛。更諷刺的是：當真正的愛情來臨時，

1038 張愛玲，《紅玫瑰與白玫瑰》，《張愛玲典藏全集》（短篇小說卷二）1944 年作品（臺北：皇冠文化出版有限公司，2001），頁 110。

他卻又不敢接受。凡此都顯示出世俗的價值規範對於中國男人的深刻影響。基本上，小說與電影的張力也就表現在振保的這種矛盾心態上：每當振保發現了自己的失敗與錯誤時，他總想力圖振作、重新做人，但卻又不斷的陷入這樣惡性循環之中。而對於這種矛盾心理的刻畫與表達可說是小說與電影的成功之處。

相較於《色·戒》，在《紅玫瑰·白玫瑰》中出現了六場的床戲。因為這特別回應了每當男主角振保發現自己的妻子有了外遇時，便以一種報復心態在外面召妓買春之事實。即便如此，振保依舊不斷的試圖重新出發、作個好人。對於這種劇情安排背後的涵義，可以通過德國哲學家馬克斯·謝勒的「情感現象學」(phenomenology of affectivity) 來解讀。首先，以嬌蕊與煙鸝之轉變來說，她們表現出一種女性主義的意識之抬頭——尋求與建立自己的「主體性」。但她們建立「主體性」的方式並不完全依靠「身體」，而主要是建基於一種「內在感受」(inner feeling)。謝勒指出：「人本身對於自己都有一種『內在感受』，這種內在感受本身使得人對自我的價值可以產生一種肯定。」[1039] 例如，嬌蕊本來是一個非常開放的人，其性關係非常複雜，然她內心也不覺得這有什麼大不了。此時的她可說尚未建立起屬於自己的「主體價值」。不過，自從與振保交往因而體會到真愛之後，她對於自身的價值觀便有了重大之轉變。這種「內在感受」的改變使得她對於外在世界的觀感也發生的重大的轉變。可以說：謝勒「感情現象學」中「內在感受本身使得人對自我的價值可以產生一種

1039 Scheler, *Der Formalismus in der Ethik und die Materiale Wertethik*, p. 349.

肯定」[1040] 之論點在嬌蕊這一角色上表現得非常清楚。而這一點也同樣表現在煙鸝身上。煙鸝本是一無知天真的少女，結婚之後則表現為事事以男性為依歸的傳統婦女。但因為先生振保的無理取鬧，使得她轉而另尋慰藉，進而與裁縫發生了外遇式關係。這表示最後煙鸝還是選擇忠實於自己的感受、以建立自身價值之途。就謝勒的「感情現象學」觀點看來，這是一種典型之「自我評估」過程。一般而言，人對於自身的價值、人格有一種內在的感情，而這種「內在感情」可經由外在事物的影響而升降，但這一「升降」的狀態反過來又可以影響人自身對外在世界的評估。另一方面，謝勒「價值之層級」(hierarchy of values) 與「情感之向度」(ordo amoris) 的概念也可以用來說明男主角的心態。因為謝勒認為感情的價值是有不同的層級的。例如，在淪陷區時的男主角表現出來的是一種慷慨激昂的情感，並且對於他的母親也盡了十足孝道。此中，他的行為是完全符合世間高規格價值規範的要求。然而，這並無法滿足他對自身感情上的需求。而他最終還是沒有與妻子煙鸝離婚，因為在「愛情」的肯定上，他似乎對自己並沒有喪失信心，因此他始終想重新開始，主宰自己的情感。但實際上他只停留在謝勒所言之「理想的應然」(ideal ought) 之層次，其具體之行為準則仍然不外是世俗之價值規範。

　　作為一位「情感現象學家」，謝勒劃分了四種情感：I.「感觸性感情」（sensorial feeling）；II.「生命性感情」(vital feeling)；III.「心理性感情」(psychic feeling)；IV.「精神性感情」(spiritual

---

1040 Ibid.

feeling)。[1041] 於極成此一分類上，謝勒宣稱：這源自我們的整個存在結構分成四種相應的「情感性層次」(affective levels)。他首先清楚地指出：即使作為底層之「感觸性感情」也不能化約至感覺 (sensation)，更不是單純地作為感覺的性質。無疑，由於「感觸性感情」是一種首先是一種在「外向」的脈絡中作為「外在的內容」(transcendent content) 而呈現，所以它必須奠基於一系列有序之特定感觸性內容之上。此外，與感覺相似，「感觸性感情」必得經過有機的身體方能表達。於此義上，「感觸性感情」不但屬於身體，而且，可於身體的相應部位上對之加以「定位」(located)。謝勒遂宣稱：「（『感觸性感情』）之給出……是奠基於一己身體之某些已經規劃的部位的被給出，即作為此部位的狀態。」[1042] 又說：「我感受到我的感情，在這裡我經驗到使得此情感成為心所 (state) 的有機統一性。」[1043] 不過，「感觸性感情與人格 (person) 並無關係，而只能通過一雙重的間接方式關連至『自我』。」[1044]

不同於「感觸性感情」之只能定位於我的身體某一特殊部位，「生命性感情」涉及之我的整個身體。而且，與「感觸性感情」之只呈現為一簡單的事實迥異，「生命性感情」不著時空，這是一種對在我一己之身體內或外發生的生命過程之價值成分

1041 以下對於謝勒之「情感現象學」的勾畫主要基於 Scheler, *Der Formalismus in der Ethik und die Materiale Wertethik*, pp. 336-359.
1042 Scheler, *Der Formalismus in der Ethik und die Materiale Wertethik*, p. 336.
1043 Ibid.
1044 Ibid.

的意向性掌握。然而，「生命性感情」通過有機身體可直接地與「自我」相關連。準此而觀，《紅玫瑰‧白玫瑰》中煙鸝由於便秘所感到的痛苦當然導致一種不快的「感觸性感情」，但由此而關連至因受丈夫之低貶使到整個人陷入憂鬱的心身狀態則是一「生命性感情」。

謝勒指出：基本上，只有「心理性感情」本身即已是「『自我』的性質」，而毋須首先「要將自身呈現成『自我』的狀態或功能，……而憑『自我』於現象之層次具有其身體，方以屬於此『自我』的方式才屬於我。」¹⁰⁴⁵《紅玫瑰‧白玫瑰》中當嬌蕊享受來自丈夫之真愛時所滋生的便是一種「心理性感情」。

最後，「精神性感情」與「自我」有一本質上的內在關連。若果「自我」離開了「精神性感情」便不能成為「自我」。於此義上，「精神性感情」可說是「自我」之具體表現。《紅玫瑰‧白玫瑰》中振保在慷慨激昂地陳詞時所有的應是此種「精神性感情」。

一言以蔽之，謝勒之感情「四分法」乃是立足於種種與「自我」的不同關係上。於《紅玫瑰‧白玫瑰》中可找到其種種具體化表現。

無可置疑，謝勒之「情感現象學」相當細緻地描述和分析了種種不同的情感本質及其可能的給出方式。可是，於亨利眼中，謝勒卻犯了不少毛病。

首先，在討論「情感之存有」(Being of feeling) 時，亨利認為謝勒將作為感情之本質結構的「根源性自身顯現」(original auto-

---

1045 Ibid.

revelation) 與「感情之表象自身」(representation of feeling in itself) 這兩回事混淆起來。實際上，後者只出現於對情感「進行表象的存有論境域」(ontological milieu of representation) 中。這是說，由於謝勒將「情感之顯示力量」(power of revelation of affectivity) 等同於「一知覺的意向結構」(intentional structure of a perception)，遂導致所謂的「情感性知覺」(affective perception) 與其內容之「非同一性」。而這使得「情感性知覺」最後淪為「知性」的一種形式 (form of understanding)。[1046] 一言以蔽之，謝勒實際上首先將「情感」視作「認知性」(cognitive)。這清楚顯示謝勒仍陷於以「知識論」先行之窠穴：「人，作為我思 (ego cogito)，至少首先是思惟，而非愛。(Man, as ego cogito, thinks, but he does not love, at least from the outset.)」[1047] 與此針鋒相對，為了強調「情感」相對「認知作用」(cognition) 的「獨立性」和「優先性」，亨利宣稱：「感情之情感性 (affectivity of feeling) 不可能以『表象作用的境域』(milieu of representation) 為其基礎。」[1048] 在根源上，情感是純然「自感」，而「自感」乃是「非意向性」(non-intentional)。一般來說，若無「情感性之自感」，則任何指向外物之知覺或內在感覺均不可能。換言之，「非意向性」(non-intentionality) 是「意向性」(intentionality) 之可能條件。於此一意義上，「情感」構成了作為「徹底內在性」(radical immanence) 之「生命」的本質。

1046 Henry, *The Essence of Manifestation*, pp. 575, 584.

1047 Jean-Luc Marion, *The Erotic Phenomenon*, trans. Stephen E. Lewis (Chicago: The University of Chicago Press, 2007), p. 7.

1048 Henry, *The Essence of Manifestation*, pp. 606-607.

其次，依謝勒：「當我充滿情感地知覺一物，例如某些價值，價值就會與主體產生作用上之關連，而主體對此〔物〕的知覺是比當我表象一物給我自己時來得親切。」[1049] 但亨利指出：謝勒「將此一存在於與作為感受性知覺的『自我』之關係的模式和與作為表象的『自我』之關係的模式之間的差別誤作為存在於感情自身的關係與對『自我』之表象的關係。」[1050] 實際上，謝勒還宣稱：「『自我』只能在一內在的直覺中給出。」[1051] 不過，亨利卻只出：這意謂謝勒「只承認一『經驗我』(empirical ego)。」[1052] 這一批判也可有助於說明《紅玫瑰・白玫瑰》中男主角所達致的還不是一真正的主體性，因為振保只是通過一「自我表象」來肯定自己。相比之下，兩位女主角則各自能夠緊扣一己之真正「內在感受」來建立其「人格主體性」。這也顯示謝勒所言的「人格」(person) 應是一更高級之「自我」的概念。

最後，謝勒所肯定的「價值界」(world of values) 乃是由先前已給出的價值內容組成；不過，亨利指出：正由於這種「柏拉圖式實在論」立場使得謝勒無法見出「構成感情之實在性 (reality of feeling) 的於徹底內在性中之情感性 (affectivity)」。[1053] 這「徹底內在的情感性」不但與知覺領域完全異質，而且與「外向性」(transcendence) 異質。所以，儘管謝勒能夠確認出情感對行動有直

1049 Scheler, *Der Formalismus in der Ethik und die Materiale Wertethik*, p. 334.

1050 Henry, *The Essence of Manifestation*, p. 622.

1051 Scheler, *Der Formalismus in der Ethik und die Materiale Wertethik*, p. 334.

1052 Henry, *The Essence of Manifestation*, p. 617.

1053 Ibid., p. 639.

接之影響，但終「未能將情感視作行動的內在根源。」[1054] 然而本質上，「內在性之內在結構」就是「情感本身」(affectivity itself)。更精確地說：「情感就是自感 (auto-affection)，它是內在地對自我的自身體驗。」[1055] 一言以蔽之，謝勒根本不能做到扣緊「徹底的內在性」(radical immanence) 以論「感情」之本質。換言之，謝勒之侷限在於未能進致「能感即所感」之向度。此為其「情感現象學」之最大過失。

亨利與謝勒在「情感現象學」上之差異，正可為李安的《色‧戒》與關錦鵬之《紅玫瑰‧白玫瑰》兩部電影電影中女主角之「主體性」的建立分別與「身體」和「情感」的發展邏輯之不同關連方式提供說明。一方面，《色‧戒》體現了亨利式「純情自運、交感互通」的立場；另一方面，於《紅玫瑰‧白玫瑰》中，則可以見出謝勒所肯定的外在價值之絕對權威性以及內在感受於自我估價上之轉變力量。反過來看，這兩部電影之對比於仲裁亨利與謝勒的論爭上會有所貢獻。基本上，亨利的「生命現象學」(phenomenology of life) 並不需要肯定獨立自存之外在的價值，而純粹通過「自感」來肯定「情感」做為「主體性」的最重要的本質，並可以具體地落實在「身體」上。這與謝勒先肯定外在的理、客觀的價值，再回過頭來說「情感」的方式完全不同。若從中國哲學之角度來看，則可發現謝勒與朱熹的立場非常相近。「理」對兩者而言都是一種外在客觀的存在，即不論我們是否能體會到此一客觀的「理」，它依舊存在而不會有任何的

1054 Ibid., p. 642.
1055 Ibid., p. 657.

改變。並且，「理」不只是「所以然之故」且還是「所當然之
則」，即一種客觀的價值。由於「理」是外在的，因此我們必須
先認知此一外在的「理」，才能發展出與之相應的「情感」，進
而對「自我」做出肯定。但這種「由外而內」的方式完全被亨利
所顛覆。這一點從張愛玲的小說《色·戒》與《紅玫瑰與白玫
瑰》或李安與關錦鵬的改編電影之對比中我們也可以獲得相應的
啟示。

V

　　儘管這兩部小說有特殊之時代背景，不過，此中張愛玲並非
旨在對所涉及之「暴力性的政治架構與國族意識的對抗與強制」
進行分析。基本上，張愛玲於《紅玫瑰與白玫瑰》與《色·戒》
中的關懷既非「政治性」、更無關「國族意識」，其重點乃是在
於展示「純情」的本質與發展邏輯。從上面之分析可以見出：她
一方面暗批傳統社會之「矯情薄義」，另一方面則處處藉對愛情
之歌頌而強調「真情實感」的救贖力量。但這無改於在這兩部著
作中她其實採取了不同的進路。一方面，在《紅玫瑰與白玫瑰》
中種種「情」都是毫無保留地「顯」露出來的；這也是關錦鵬如
斯肆意地將劇中人的感情奔放出來的原因。但是張愛玲的潛台詞
是藉對佟振保之「矯情」乃至「煽情」的表現之嘲諷而暗示出中
國傳統價值之崩潰。無疑，這一種對傳統價值之崩壞的冷雋勾畫
更清楚地表現於《傾城之戀》中白流蘇兄嫂的種種「假情假義」
與其整個婚姻的「虛偽」上。相比之下，於《色·戒》中張愛玲
做到了以「歸顯於密」之方式來表達「純情」之本質。與其《半

生緣》同調，個中之「悲劇性」反而彰顯了「真摯情愛」之難能可貴。[1056] 而李安則成功地將此「密」之向度收於「身體」的「自感」。因此之故，李歐梵方誤以為「壓抑」是《色‧戒》電影乃至原著之主調。當然，在身體層次上，關錦鵬未能如李安般超越「客體的身體」和「機能的身體」而達致「主體的身體」。

而於哲學，特別是於「情感現象學」之領域中，對比於亨利強調從「可見的向度」(the visible) 回歸至「不可見的向度」(the invisible)，如同《紅玫瑰‧白玫瑰》中之言「情」、謝勒只侷限於「顯」之層次。在方法論上這歸咎於謝勒無視了：「情感底存有 (Being of feeling) 完全通過自身呈現……因為它從不是一直覺性給出 (intuitive datum)，它永不能被知覺 (perceived) 或被感覺 (sensed)。」[1057] 於此關節上，無論作為小說或電影《色，戒》的「歸顯於密」之成功表現都證成了亨利對謝勒之批評。

張愛玲在《惘然記》的卷首語論及《色‧戒》時還說了一句十分重要的話：「愛就是不問值不值得。」[1058] 這意謂：愛毋須建基在任何「價值」之上，愛的本質就是「純情自感」。如果這一句話能夠成立，也可使亨利的論點在《色‧戒》這一部作品中可以獲得莫大的支持。何況，從李安電影更可以得到進一步的啟示：若無「純情自感」，能否真正對「生命」的基本東西有所

1056 莊宜文對此點有相當深入而細緻的分析，請參見莊宜文，〈距離的調節與情愛的回歸——《半生緣》影劇改編的修訂與超越〉，《中央大學人文學報》44 期（2010）：189-242。

1057 Henry, *The Essence of Manifestation*, pp. 682-683.

1058 張愛玲，《鬱金香》（北京：北京十月文藝出版社，2006），頁 461。

決定的呢？因為此乃屬於每個人之「內在秘密」！而這也說明透過對《色‧戒》與《紅玫瑰‧白玫瑰》的哲學性解讀，可以提供一條仲裁亨利與謝勒在「情感現象學」上紛爭之途徑。無疑，於《色‧戒》中張愛玲採取了「偏鋒」的手法將「愛」置於一切之上。個中她好像實施了馬里昂所言之「情愛還元法」(erotic reduction)。作為亨利的忠實信徒之馬里昂開宗明義地宣稱：「人並非通過道理 (logos) 或其存有，而乃是通過他愛（或恨）——無論他想要或不想要——這一事實而被界定。」[1059]「情愛還元法」的作用就是藉著「有人愛我嗎？」(Does anyone love me?) 這一發問、使我們回到自感的生命這一根源性向度。王佳芝正是一個展示人是通過「情愛」(the erotic) 這一根本的模態方建立真正之主體性的鮮明例子。相比之下，佟振保則仍是一個始終弄不清愛情為何物的傢伙！與此同病相憐，雖然謝勒也強調「愛」，但其進路仍囿於「主智主義」(intellectualism)。從一「文化研究」的角度來說，張愛玲以小說的形式對傳統儒家社會作出深刻而冷雋的批判，於此點上她完全屬於「五四運動」之同路人；不過，十分弔詭的是，其對「真情實感」的執著，卻不經意地為重建儒家文化帶來明光，因為孟子之「四端」在本質上原是一種「純情」。[1060]在這一關鍵上，也可對夏志清推崇其為當代中國最偉大之作家的論點作出一嶄新的安立。

1059 Marion, *The Erotic Phenomenon*, p. 7.

1060 請參見陳榮灼，〈「四端」究竟是什麼？——「唯氣論」之孟子解〉，收入郭齊勇、胡春依編，《東亞儒學研究論集》（長沙：岳麓出版社，2011），頁 81-94。

　　一般而言，若果說「文學世界」在本質上就是「情感世界」，那麼張愛玲於《色·戒》更具體地說明了文學之可能基礎，而且還點出了文學的文化功能。可以說，她對「真情實愛」之毫無保留地肯定，至今仍有「獅子吼」式之作用，因為在這以技術掛帥、拜金主義盛行的社會，現代人已遺忘：與電腦不同、只有人才是「愛的動物」(the loving animal)。[1061] 而且，人作為「愛的動物」是「道成肉身」的。正如亨利所強調：「主體的身體」首先是一「情感的身體」。而於一步一步地將人從一「被見的」(seen)、「被感受的」(felt) 身體引領回到「不可見的」(invisible)、「能感的」(feeling) 之「愛的身體」(the loving body) 上，雖然李安對其中之「所以然」即使有所不知，但其功卻不可沒！於此意義上，可以見出：「若沒有哲學，藝術是盲目的」；但同時「若沒有藝術，哲學是空洞的」。

1061 Marion, *The Erotic Phenomenon*, p. 7.

參考文獻

一、古籍

《大方廣佛華嚴經》，《大正藏》第九冊。

〔漢〕鄭玄，《周易正義》（臺北：藝文印書館，1989）

〔唐〕法藏，《華嚴經明法品內立三寶章》，《大正藏》第四十五冊。

〔唐〕法藏，《華嚴一乘教義分齊章》，《大正藏》第四十五冊。

〔唐〕法藏，《華嚴一乘十玄門》，《大正藏》第四十五冊。

〔唐〕澄觀，《華嚴經疏》，《大正藏》第三十五冊。

〔唐〕柳宗元，《柳宗元集》，北京：中華書局，1979。

〔宋〕張載著，章錫琛點校，《張載集》，北京：中華書局，1978。

〔宋〕朱熹，《朱子語類》，北京：中華書局，1986。

〔宋〕朱熹，《四書集注》，臺北：世界書局，1977。

〔宋〕胡宏，《胡宏集》，北京：中華書局，1987。

〔宋〕陸九淵，《陸九淵集》，北京：中華書局，1980。

〔宋〕朱熹，《朱子全書》，上海：上海古籍出版社，2002。

〔宋〕朱熹，《朱子文集》，臺北：德富文教，1990。

〔明〕王廷相著，王孝魚點校，《王廷相集》，北京：中華書局，1989。

〔明〕王守仁，《王陽明全集》，上海：上海古籍出版社，
　　　　1992。

〔明〕王守仁著，水野實、三澤三知夫、永富青地校注，張文朝
　　　　譯，《陽明先生遺言錄》，《中國文哲研究通訊》
　　　　8 卷 3 期，1988，頁 3-15。

〔明〕劉宗周著，吳光等點校，《劉宗周全集》，杭州：浙江古
　　　　籍出版社，2007。

〔清〕黃宗羲著，《黃宗羲全集》，杭州：浙江古籍出版社，
　　　　2002。

〔清〕王夫之，《船山全書》，長沙：嶽麓書社，1988，1992，
　　　　2011。

〔清〕胡煦，《周易函書》，北京：中華書局，2008。

〔清〕焦循，《易學三書》，北京：九州出版社，2003。

二、近人著作

牟宗三，《心體與性體》，臺北：正中書局，1968。

牟宗三，《歷史哲學》，香港：人生出版社，1970。

牟宗三，《智的直覺與中國哲學》，臺北：商務印書館，1971。

牟宗三，《從陸象山到劉蕺山》，臺北：臺灣學生書局，1979。

牟宗三，《佛性與般若》，臺北：學生書局，1989。

牟宗三，《康德的道德哲學》，臺北：學生書局，1983。

牟宗三，《圓善論》，臺北：學生書局，1985。

牟宗三，《周易的自然哲學與道德函義》，臺北：文津出版社，
　　　　1988。

牟宗三，《五十自述》，臺北：鵝湖出版社，1989。

牟宗三，《生命的學問》，臺北：三民書局，2003。

牟宗三，《宋明儒學的問題與發展》，上海：華東師範大學，
　　　2004。

吳光，《儒道論述》，臺北：東大圖書公司，1994。

李安，〈李安說色戒〉，收入鄭培凱編，《色・戒的世界》，
　　　桂林：廣西師範大學出版社，2007，頁 46-47。

李明友，《一本萬殊》，北京：人民出版社，1994。

李明輝，《孟子重探》，臺北：聯經出版事業公司，2001。

李振綱，《證人之境——劉宗周哲學的宗旨》，北京：人民出版
　　　社，2000。

李歐梵，〈談〈色，戒〉：細品李安〉，《中華探索》49 期，
　　　2007。

李歐梵，《睇色，戒》，香港：牛津大學出版社，2008。

岡田武彥，吳光等譯，《王陽明與明末儒學》，上海：上海古籍
　　　出版社，2000。

東方朔，《劉蕺山哲學研究》，上海：人民出版社，1997。

東方朔，《劉宗周評傳》，南京：南京大學出版社，1998。

林月惠，〈劉蕺山論「未發已發」——從「觀念史」的考察談
　　　起〉，收入鍾彩鈞編，《劉蕺山思想學術論集》，臺北：
　　　中央研究院中國文哲研究所籌備處，1998，頁 127-154。

林月惠，〈劉蕺山對《大學》〈誠意〉章的詮釋〉，《中央研究
　　　院中國文哲研究集刊》19 期，2001，頁 407-449。

林月惠，〈朱子與劉蕺山對《中庸》首章的詮釋〉，收入楊儒賓
　　　編，《朱子學的開展——東亞篇》，臺北：漢學研究中

心，2002，頁 125-185。

林月惠，〈從宋明理學的「性情論」考察劉蕺山對《中庸》「喜怒哀樂」的詮釋〉，《中國文哲研究集刊》25 期，2004，頁 177-218。

林月惠，〈劉蕺山「慎獨之學」的建構：以《中庸》首章的全是為中心〉，《臺灣哲學研究》4 期，2004，頁 116。

林月惠編，《中國哲學的當代議題：氣與身體》，臺北：中央研究院中國文哲研究所，2019。

林沛理，〈李安是狐狸不是刺蝟〉，《中華探索》48 期，2007。

唐君毅，《中國哲學原論‧原性篇》，香港：人生出版社，1968。

唐君毅，《中國哲學原論‧原教篇》，香港：新亞研究所，1975。

唐君毅，〈張橫渠之心性論及其形上學之根據〉，《唐君毅全集》，卷 18，臺北：臺灣學生書局，1991，頁 211-233。

唐君毅，《唐君毅全集》，臺北：臺灣學生書局，1991。

唐明邦，〈王夫之辯證法思想引論〉，收入蕭萐父編，《王夫之辯證法思想引論》，湖北：人民出版社，1984，頁 179-191。

夏瑞春編，《德國思想家論中國》，南京：江蘇人民出版社，1989。

徐志民，〈葉爾姆斯列夫的語符學理論〉，《語言學研究集刊》3 期，2006，頁 318-331。

荒木見梧著，廖肇亨譯，《佛教與儒教》，臺北：聯經出版事業公司，2008。

衷爾鉅，《蕺山學派哲學思想》，濟南：山東教育出版社，
　　1993。

馬斯・穆勒（Friedrich Max Müller）著，張康譯，〈存在哲學在
　　當代思想界之意義〉，《現代學人》4 期，1962，頁 21-
　　74。

張小虹，〈愛的不可能任務：《色｜戒》中的性—政治—歷
　　史〉，《中外文學》38 卷 3 期，2009，頁 9-48。

張岱年，〈關於張載的思想和著作〉，收入張載著，章錫琛點
　　校，《張載集》，北京：中華書局，1978。

張愛玲，《紅樓夢魘》，臺北：皇冠文化出版有限公司，1991。

張愛玲，《張愛玲典藏全集》〔短篇小說卷二〕1944 年作品，臺
　　北：皇冠文化出版有限公司，2001。

張愛玲，《鬱金香》，北京：北京十月文藝出版社，2006。

莊宜文，〈文學／影像的合謀與拮抗——論關錦鵬《紅玫瑰・
　　白玫瑰》、李安《色・戒》和張愛玲原文本的多重互
　　涉〉，《政大中文學報》9 期，2008，頁 69-100。

莊宜文，〈距離的調節與情愛的回歸——《半生緣》影劇改編的
　　修訂與超越〉，《中央大學人文學報》44 期，2010，頁
　　189-242。

許明銀，《西藏佛教史》，臺北：中央文物供應社，1988。

陳康，《論希臘哲學》，北京：中華書局，1960。

陳榮灼，〈本是無本〉，《哲學雜誌》14 期，1955，頁 76-88。

陳榮灼，〈「即」之分析——簡別佛教「同一性」哲學諸形
　　態〉，《國際佛學研究年刊》1 期，1991，頁 1-22。

陳榮灼，〈道家之「自然」與海德格之「Er-eignis」〉，《清華學

報》34 期，2004，頁 245-269。

陳榮灼，〈牟宗三對康德哲學的轉化〉，《鵝湖學誌》40 期，2008，頁 51-73。

陳榮灼，〈「四端」究竟是什麼？──「唯氣論」之孟子解〉，收入郭齊勇、胡春依編，《東亞儒學研究論集》，長沙：岳麓出版社，2011，頁 81-94。

陳榮灼，〈朱子與哈伯瑪斯〉，《當代儒學研究》13 期，2012，頁 139-170。

陳榮灼，《上田唯識思想之研究：現象學的進路》，新竹：國立清華大學出版社，2022。

陳榮捷著，楊儒賓、吳有能、朱榮貴、萬先法譯，《中國哲學文獻選編》，臺北：巨流圖書公司，1993。

傅佩榮，《儒家哲學新論》，臺北：業強出版社，1993。

勞思光，《中國哲學史》，香港：友聯出版社，1980。

嵇文甫，《王船山學術論叢》，香港：崇文書店，1973。

程志華，《困境與轉型》，北京：人民出版社，2005。

萊布尼茲著，龐景仁譯，〈萊布尼茲致雷蒙的信：論中國哲學〉，《中國哲學史研究》3 期，1981，頁 22-30；4 期，1981，頁 89-97；1 期，1982，頁 101-107。

馮友蘭，《中國哲學史新篇》，臺北：藍燈文化，1991。

馮友蘭，《中國哲學史》，上海：上海書局，1990。

黃俊傑，《孟學思想史論》卷二，臺北：中央研究院中國文哲研究所籌備處，1997。

黃敏浩，《劉宗周及其慎獨哲學》，臺北：學生書局，2001。

黃敏浩，〈從《孟子師說》看黃宗羲的心學〉，收入李明輝、葉

海煙、鄭宗義編，《儒學、文化與宗教——劉述先先生七秩壽慶論文集》，臺北：學生書局，2006，頁 25-42。

黑格爾，《法哲學原理》，范揚等譯，北京：商務印書館，1979。

楊伯峻，《孟子譯注》，北京：中華書局，1960。

楊祖漢，〈論蕺山是否屬「以心著性」之型態〉，《鵝湖學誌》39 期，2007，頁 33-62。

楊祖漢，〈黃宗羲對劉蕺山思想之繼承〉，收入楊祖漢、楊自平編，《黃宗羲與明末清初學術》，中壢：國立中央大學出版中心，2011，頁 21-46。

楊儒賓編，《中國古代思想中的氣論及身體觀》，臺北：巨流出版社，1993。

楊儒賓，《儒家身體觀》，臺北：中央研究院中國文哲研究所籌備處，1996。

楊儒賓、祝平次編，《儒學的氣論與工夫論》，臺北：臺灣大學出版中心，2005。

鄔焜，〈在循環中永生 ——「宇宙熱寂論」批判〉，《人文雜誌》2 期，1991，頁 27-32、38。

趙敦華，《勞斯的「正義論」解說》，臺北：遠流出版公司，1988。

劉述先，《黃宗羲心學的定位》，臺北：允晨文化實業股份有限公司，1986。

劉述先，〈論黃宗羲對於孟子的理解〉，《鵝湖》295 期，2001，頁 2-11。

蔡家和，〈牟宗三〈黃宗羲對於天命流行之體之誤解〉一文之探

討〉，《湖南科技學院學報》27 卷 1 期，2006，頁 1-7。

蕭漢明，《船山易學研究》，北京：華夏出版社，1987。

三、西文著作

Ahn, Tong-su. *Leibniz und die chinesiche Philosophie*. Diss. Konstanz, 1990.

Becker, Oskar. *Dasein und Dawesen*. Pfullingen: Neske, 1963.

Becker, Oskar. *Grösse und Grenze der mathematischen Denkweise*. Freiburg: Karl Alber, 1959.

Benjamin, Walter. "N [Theoretics of Knowledge, Theory of Progress]." In *Walter Benjamin: Philosophy, History, Aesthetics*. Edited by Gary Smith. Chicago: University of Chicago Press, 1983, pp. 43-83.

Benjamin, Walter. *Illumination*. Translated by Harry Zohn. New York: Schocken Books, 1968.

Caruana, Virginie. "La Chair, L'Érotisme." *Revue Philosophie* 3 (2001): 373-382.

Chan, Wing-cheuk. "Confucian Moral Metaphysics and Heidegger's Fundamental Ontology." *Analecta Husserliana* 17(1984): 187-202.

Chan, Wing-Cheuk. *Heidegger and Chinese Philosophy*. Taipei: Yeh Yeh Book Gallery, 1986.

Chan, Wing-tsit. *A Sourcebook in Chinese Philosophy*. Princeton: Princeton University Press, 1963.

Cook, Daniel J. and Henry Rosemont, Jr. "The Pre-Established Harmony between Leibniz and Chinese Thought." *Journal History of Ideas* 42, no. 2(1981): 253-267.

Deleuze, Gilles. "What is a Dispositif?" In *Michel Foucault, Philosopher*. Edited and translated by Timothy J. Armstrong. New York: Routledge, 1992, pp. 159-168.

Descartes, René. *Discourse on Method*. Translated by Lawrence Lafleur. Indianapolis: Bobbs-Merrill, 1956.

Dickinson, G. Lowes. *The Greek View of Life*. New York: Routledge, 2016[1886].

Foucault, Michel. "Two Lectures." In Michel Foucault, *Power / Knowledge: Selected Interviews and Other Writings, 1972-1977*. Edited and Translated by Colin Gordon. New York: Pantheon Books, 1980, pp. 78-108.

Foucault, Michel. *Critique and Power: Recasting the Foucault / Habermas Debate*. Edited by Michael Kelly. Cambridge, Mass.: The MIT Press, 1994.

Freeman, Kathleen. *Ancilla to The Pre-Socratic Philosophers*. Oxford: Blackwell, 1962.

Gale, George. "'Leibniz' Force: Where Physics and Metaphysics Collide?" In *Leibniz' Dynamica*. Edited by Albert Heinekamp. (Stuttgart: Franz Steiner, 1984; *Studia Leibnitiana* – Sonderheft 13), pp. 62-70.

Garber, Daniel. "Leibniz and the Foundations of Physics: The Middle Years." In *The Natural Philosophy of Leibniz*. Edited by Kathleen Okruhlik and James R. Brown. Dordrecht: D. Reidel, 1985, pp.

27-130.

Habermas, Jürgen. *The Philosophical Discourse of Modernity.* Translated by Frederick Lawrence. Cambridge: Polity Press, 1987.

Habermas, Jürgen. *Theory and Praxis.* Translated by J. Viertel. Boston: Beacon, 1973.

Hart, James. "Michel Henry's Phenomenological Theology of Life: A Husserlian Reading of *C'est moi, la verité." Husserl Stud*ies 15, no. 2 (1999): 183- 230.

Hegel, Georg W. F. *Grundlinien der Philosophie des Rechts.* Frankfurt/M.: Suhrkamp, 1970.

Hegel, Georg W. F. *Vorlesungen über die Philosophie der Geschichte.* Frankfurt/M.: Suhrkamp, 1970.

Heidegger, Martin. "Das Sein (Ereignis)." *Heidegger Studien* 15 (1999): 9-15.

Heidegger, Martin. *Aristoteles, Metaphysik Θ1-3.* Frankfurt/M.: Klostermann, 1981.

Heidegger, Martin. *Basic Concepts of Aristotelian Philosophy.* Translated by Robert D. Metcalf and Mark B. Tanzer. Bloomington: Indiana University Press, 2002.

Heidegger, Martin. *Die Frage nach dem Ding.* Tübingen: Niemeyer, 1975.

Heidegger, Martin. *Die Grundprobleme der Phänomenologie.* Frankfurt/M.: Klostermann, 1975.

Heidegger, Martin. *Identität und Differenz.* Pfullingen: Neske, 1957.

Heidegger, Martin. *Kant and the Problem of Metaphysics.* Translated by James Churchill. Bloomington: Indiana University Press, 1962.

Heidegger, Martin. *Kant and the Problem of Metaphysics*. Translated by James Churchill, Bloomington: Indiana University Press, 1968.

Heidegger, Martin. *Kant und das Problem der Metaphysik*. Frankfurt/M.: Klostermann, 1973.

Heidegger, Martin. *Kants These über Sein*. Franfurt/M.: Kloestermann, 1963.

Heidegger, Martin. *Logik: Die Frage nach der Wahrheit*. Frankfurt/M.: Klostermann, 1976.

Heidegger, Martin. *Metaphysische Anfangsgründe der Logik*. Frankfurt/M.: Klostermann, 1978.

Heidegger, Martin. *The Basic Problem of Phenomenology*. Translated by Albert Hofstadter. Bloomington: Indiana University Press, 1982.

Held, Klaus. *Zeiterfahrung und Peronalität*. Frankfurt/M.: Suhrkamp, 1992.

Henry, Michel. "Does the Concept of 'Soul' Mean Anything?" Translated by Girard Etzkorn, *Philosophy Today* 13, no. 2 (1969): 94-114

Henry, Michel. "Phénoménologie non intentionnelle: une tâche de la phénoménologie à venir" In *L'Intentionalité*. Edited by Dominique Janicaud. Paris: Vrin, 1995, pp. 383-397.

Henry, Michel. "Quatre Principes de la Phénoménologie," *Revue de Métaphysique et de Morale* 96, no. 1 (1991): 3-26.

Henry, Michel. *Auto-Donation: Entretiens Et Conferences*. Paris: Beauchesne, 2004.

Henry, Michel. *I Am the Truth: Toward a Philosophy of Christianity*. Translated by Susan Emanuel. Stanford: Stanford University Press

University Press, 2002.

Henry, Michel. *Incarnation: une philosophie de la chair*. Paris: Le Seuil, 2000.

Henry, Michel. *Phénoménologie Matérielle*. Paris: Presses Universitaires de France, 1990. (*Material Phenomenology*. Translated by Scott Davidson. New York: Fordham University Press, 2008.)

Henry, Michel. *Philosophy and Phenomenology of the Body*. Translated by Girard Etzkorn. The Hague: Nijhoff, 1975.

Henry, Michel. *The Essence of Manifestation*. Translated by Girard Etzkorn. The Hague: M. Nijhoff, 1973.

Henry, Michel. *The Genealogy of Psychoanalysis*. Translated by Douglas Brick. Stanford: Stanford University Press, 1993.

Hjelmslev, Louis. *Prolegomena to a Theory of Language*. Translated by Francis J. Whitfield. Madison, Milwaukee, and London: The University of Wisconsin Press, 1969.

Holz, Hans H. *Leibniz, eine Einführung*. Frankfurt/M. und New York, 2007.

Husserl, Edmund. *Cartesianische Meditation und Pariser Vorträge*. The Hague: M. Nijhoff, 1950.

Janicaud, Dominique. *Phenomenology and the "Theological Turn."* Translated by Bernard Prusak et al. New YorK: Fordham Unversity Press, 2000.

Kant, Immanuel. *Critique of Pure Reason*. Translated by Norman K. Smith. London: MacMillan, 1964.

Kant, Immanuel. *Kritik der Reinen Vernunft*. Hamburg: Felix Meiner,

1956.

Kant, Immanuel. *The Metaphysic of Morals*. Part II. Translated by Mary J. Gregor. Philadelphia: University of Pennsylvania Press, 1964.

König, Josef. "Leibniz's System." Translated by E. Miller. *Contemporary German Philosophy* 4 (1984): 104-125.

Leclerc, Ivor. *The Philosophy of Nature*. Washington: Catholic University of America Press, 1986.

Leibniz, Gottfried W. *Die philosophischen Schriften von Gottfried Wilhelm Leibniz*. Hrsg. von C.J. Gerhardt. Frankfurt/M: Weidmannsche Buchhandlung, 1875-1990.

Leibniz, Gottfried W. *Zwei Briefe über Das Binäre Zahlensystem Und Die Chinesische Philosophie*. Edited by Renate Loosen and Franz Vonessen. Stuttgart: Chr. Belser Verlag, 1968.

Leibniz, Gottfried W. *Philosophical Papers and Letters*. Edited and translated by Leroy E. Loemker. 2nd ed. Dordrecht: D. Reidel, 1976.

Leibniz, Gottfried W. *Vernunftprinzipien der Natur und der Gnade / Monadologie*. Hamburg: Felix Meiner, 1982.

Marion, Jean-Luc. *The Erotic Phenomenon*. Translated by Stephen E. Lewis. Chicago: The University of Chicago Press, 2007.

Merleau-Ponty, Maurice. *Phenomenology of Perception*. Translated by Donald A. Landes. London & New York: Routledge, 2014.

Müller, Max. *Existenzphilosophie im Geistigen Leben der Gegenwart*. Heidelberg: Kerle, 1958.

Mungello, David E. *Leibniz and Confucianism: The Search for Accord*.

Honululu: University of Haiwaii Press, 1997.

Needham, Joseph. *Science and Civilization in China*. Vol. II. Cambridge: Cambridge University Press, 1954.

Nietzsche, Friedrich. *The Will to Power*. Translated by Walter Kaufmann and J. L. Hollingdale. New York: Vintage Books, 1967.

Pöggeler, Otto. "Hermenutische und mantische Phänomenologie." *Heidegger*. Edited by Otto Pöggeler. Cologne: Kiepenheuer & Witsch Koln, 1969, pp. 321-357.

Pöggeler, Otto. *Martin Heidegger's Path of Thinking*. Translated by Daniel Margurshak and Sigmund Barber. Atlantic Highlands. N.J.: Humanities Press International, INC., 1987.

Rawls, John. *A Theory of Justice*. Cambridge, Mass.: Harvard University Press, 1971.

Saint Augustine. *Confession*. Translated by William Watts. Cambridge, Mass: Harvard University Press, 1912.

Salomonson, Jan W. *Chair, Sceptre and Wreath: Historical Aspects of Their Representation on Some Roman Sepulchral Monuments*. Groningen: Ellerman Harmsm, 1956.

Scheler, Max. *Der Formalismus in der Ethik und die Materiale Wertethik*. München: Francke Verlag, 1980.

Schneiders, Werner. "Harmonia universalis." *Studia Leibnitana* 16 (1984): 27-44.

Tang, Chun-i, "Chang Tsai's Theory of Mind and Its Metaphysical Basis." *Philosophy East and West* 6 (1956): 113-136.

Tang, Chun-i. "Liu Tsung-chou's Doctrine of Moral Mind and Practice and His Critique of Wang Yang-ming." In *The Unfolding of Neo-Confucianism*. Edited by Wm. Theodore de Bary et al. New York: Columbia University Press, 1970, pp. 305-332.

Tengelyi, László. "Selfhood, Passivity and Affectivity in Henry and Levinas." *International journal of Philosophical Studies* 17, no. 3 (2009): 401-414.

Umbelino, Luís António. "Feeling as a Body: On Maine de Biran's Anthrological Concept of Sentiment." *Critical Hermeneutics*, special 2 (2019): 73-83.

Van Buren, E. Douglas. "The Sceptre, its Origin and Significance." *Revue d'Assyriologie et d'archéologie orientale* 50, no. 2 (1956): 101-103.

Westfall, Richard S. *Force in Newton's Physics*. New York: MacDonald & Co., 1972.

Westfall, Richard S. *The Construction of Modern Science*. Cambridge: Cambridge University Press, 1971.

Whitehead, Alfred N. *Concept of Nature*. Cambridge: Cambridge University Press, 1920.

Whitehead, Alfred N. *Process and Reality*. Corrected edition. New York: Free Press, 1978.

Zempliner, Arthur. "Leibniz und die chinesische Philosophie." In *Studia Leibnitana* Supplementa V (1971):15-30.

四、日文著作

上田義文，《佛教思想史研究》，京都：永田文昌堂，1958。

岡田武彥，《王阳明と明末の儒学》，東京：明德出版社，
　　2004。

人名索引

國家圖書館出版品預行編目 (CIP) 資料

氣論與宋明儒三系說新解/陳榮灼作. -- 初版. -- 新竹市：國
立清華大學出版社, 2023.06
424 面 ； 15×21 公分
ISBN 978-626-97249-2-5(精裝)

1.CST: 中國哲學 2.CST: 文集

120.7   112007931

氣論與宋明儒三系說新解

作　　者：陳榮灼
發 行 人：高為元
出 版 者：國立清華大學出版社
社　　長：巫勇賢
執行編輯：劉立葳
封面設計：陳思辰
封面圖片：郎靜山〈三山半落青天外〉/ 郎靜山基金會授權
地　　址：300044 新竹市東區光復路二段 101 號
電　　話：(03)571-4337
傳　　真：(03)574-4691
網　　址：http://thup.site.nthu.edu.tw
電子信箱：thup@my.nthu.edu.tw
其他類型版本：無其他類型版本
展 售 處：紅螞蟻圖書有限公司 (02)2795-3656
　　　　　http://www.e-redant.com
　　　　　五南文化廣場 (04)2437-8010
　　　　　http://www.wunanbooks.com.tw
　　　　　國家書店 (02)2518-0207
　　　　　http://www.govbooks.com.tw
出版日期：2023 年 6 月初版
定　　價：精裝本新臺幣 650 元

ISBN 978-626-97249-2-5   GPN 1011200639